改变孩子一生的9堂心理课

黄启团 著

家庭教育
光有爱 还不够

中信出版集团 | 北京

图书在版编目（CIP）数据

家庭教育光有爱还不够 / 黄启团著 . -- 北京：中信出版社, 2024.6
ISBN 978-7-5217-6564-9

Ⅰ. ①家… Ⅱ. ①黄… Ⅲ. ①家庭教育 Ⅳ. ① G78

中国国家版本馆CIP数据核字(2024) 第 092506 号

家庭教育光有爱还不够
著者：　　黄启团
出版发行：中信出版集团股份有限公司
　　　　　（北京市朝阳区东三环北路 27 号嘉铭中心　邮编　100020）
承印者：　北京盛通印刷股份有限公司

开本：880mm×1230mm 1/32　印张：11.5　　字数：290 千字
版次：2024 年 6 月第 1 版　　印次：2024 年 6 月第 1 次印刷
书号：ISBN 978-7-5217-6564-9
定价：69.00 元

版权所有·侵权必究
如有印刷、装订问题，本公司负责调换。
服务热线：400-600-8099
投稿邮箱：author@citicpub.com

目录
CONTENTS

·自序·家庭教育，仅有爱是不够的，还得有智慧 //V

| 第一课 | **家庭教育如何影响孩子的一生** //001

没有任何成功可以弥补孩子教育的失败 //003

为什么知识型父母却养出问题孩子？ //006

家庭教育的关键是什么？ //010

什么样的家庭能培养出"三有"人才 //013

| 本章功课 |

| 第二课 | **性格如何决定命运** //019

人生的所有结果都跟性格有关 //021

什么是性格 //024

五种常见性格的底层逻辑 //027

性格与家庭教育 //038

如何培养一个性格健康的孩子 //074

小结 //076

| 本章功课 |

| 第三课 | 学校培养不来的能力　　//079

　　智商　//081

　　情商　//088

　　| 本章功课 |

| 第四课 | 信念与价值观　//147

　　孩子教育，光有能力是不够的　//149

　　生命的软件：信念、价值观　//151

　　信念如何影响人的一生　//153

　　小心病毒性信念对孩子的伤害　//159

　　三大思想病毒　//162

　　如果孩子已经"中毒"了，怎么办？　//181

　　送给孩子一组强有力的信念　//185

　　| 本章功课 |

| 第五课 | 力量源泉：心理营养　//209

　　为什么生活条件好了，孩子的问题反而多了　//211

　　孩子成长中不可缺少的五大心理营养　//221

　　如果错过了一些关键的心理营养，怎么办？　//248

　　| 本章功课 |

| 第六课 | 人生剧本：身份定位　//251

　　家庭教育，光有爱是不够的　//253

　　什么是身份定位？　//257

什么是自我价值 //259

父母的自我价值不足怎么办 //272

| 本章功课 |

| 第七课 | 如何才能培养高自我价值的孩子 //279

父母的语言 //281

对人不对事 //296

尊重孩子的主观感受 //301

让孩子有被需要的感觉 //305

家庭教育要有两个维度 //311

提升孩子的抗挫折能力 //314

| 本章功课 |

| 第八课 | 灵性：与世界的关系 //323

什么是灵性？ //325

如何培养一个有灵性的孩子 //330

| 本章功课 |

| 第九课 | 自卑与超越 //339

人生最大的问题：懒和贱 //341

自卑与超越 //348

问题孩子的四味药方 //354

| 本章功课 |

· 自序 ·

家庭教育，仅有爱是不够的，还得有智慧

现在可谓是一个拼爹拼娘的时代，孩子的教育已被放在了一个前所未有的重要位置上，可是，该如何拼，却让不少家长十分困惑。

"虎妈狼爸"式教育行不行？

在亲子教育方面，有两个备受争议和关注的经典案例，这两个人的名号在十年前可以说是无人不知、无人不晓。

第一个就是"虎妈"———一位美籍华人。她的著作《虎妈战歌》被翻译成30多种语言，是一本超级畅销书。她的观点很简单，要想孩子成才，就要用咒骂、威胁、贿赂等高压手段，要求孩子沿着父母为他选择的道路前进。

书中描绘了她教育两个孩子的经验：有一次，3岁的小女儿不服管教，她就把孩子赶到屋外罚站。当时的室外温度只有零下6摄氏度。在她的高压下，两个女儿都顺利进入了哈佛大学，大女儿后来还考上了耶鲁大学的研究生。

第二个是"狼爸"萧百佑，他有一句粗暴的口号："三天一顿打，

孩子上北大！"他管教孩子的重要工具是鸡毛掸，他认为，孩子在12岁之前，必须靠武力给他们立规矩。后来，他的四个孩子有三个考上了北大，创造了"一门三北大"的奇迹。

按照有些人的标准来看，"虎妈狼爸"的教育虽然残酷，却是成功的，最终的结果是很多家长梦寐以求的。

于是，不少父母学虎妈、学狼爸，采用高压手段甚至打骂的方式教育孩子，可是结果如何呢？不少孩子出现了厌学、逃学等反抗行为，极端的甚至选择自杀的方式向父母表达最后的抗议。

很多父母不明白，为什么现在的孩子就这么脆弱，骂两句就抑郁，打两下就自杀，我们不就是这样被父母用打骂的方式教育长大的吗？

以我自己为例，在我那个年代，有哪个孩子没被家长打过？我出生在农村，当时我家旁边种了很多竹子，我爸要打我时，随手从竹子上扯下一根竹条就抽我，竹条很细，抽在身上不伤人，但是很痛。我现在想起这事都还记得竹条抽在身上的那种痛感，但我并不觉得这种惩罚对我的心理有什么不良影响。

因为不少父母都跟团长（作者自称）一样，有过被打骂的经历，于是，不知不觉间就会延续父母的教育方式。可是，为什么现在的孩子跟当初的我们不一样呢？是打骂这种教育方式错了吗？是时代不同了吗？可是，为什么虎妈、狼爸用这样的方式就能够把孩子培养成才呢？

"爱"的教育方式同样问题很多

既然打骂方式不行，那用"爱"的方式总可以了吧？

2020年,我接了一个割腕自杀的青少年个案:那是一个留学美国的大二学生,因为全球新冠肺炎疫情暴发,孩子在出租屋里上网课期间得了抑郁症,数次割腕自杀,父母获知情况后把孩子接回了广州,经朋友介绍找到了我。

我见了他们一家三口,孩子父母都是虔诚的基督徒,而且都出自书香门第,举手投足间透着文化人的气质,一看就知道是充满爱的父母。在跟孩子的单独沟通中,我尝试寻找他是否有创伤性的经历,结果跟我的第一感觉完全吻合,孩子在充满爱的家庭中长大。

可是,既然是充满爱的教育,孩子为什么要自杀呢?用孩子自己给出的答案是"活着没什么意义"。为什么在一个充满爱的家庭里长大的孩子,也会出问题呢?这个问题的答案我会在后面为大家详细阐述。

讲到爱的教育,一定绕不开一位著名的教育家——蒙台梭利。

如果你的孩子还在幼儿园阶段,你一定听说过意大利教育家蒙台梭利。蒙氏教育最核心的教学理念是:全然的爱与自由。

我曾听朋友说过这样一个故事。有位从小在父母高压、打骂下长大的老板,学了心理学之后,觉得自己的童年非常痛苦,他特别崇尚蒙台梭利的教育理念,为了不让自己的孩子遭遇同样的痛苦,决心打造一所充满爱与自由的幼儿园,于是,他在自己所在的小城市创办了一所蒙氏幼儿园。

他创办蒙氏幼儿园,本来是为了自己的几个孩子有一个充满爱的成长环境,但让他始料未及的是,在他的领导下,幼儿园的老师们为孩子创造了一个"全然爱与自由"的教育氛围。老师们对孩子采用自由式的管理,孩子在幼儿园里可以尽情地发挥自己的天性。在这样的环境下，孩子们非常喜欢幼儿园生活。一传十、十传百，他的幼儿园非常受欢迎，最后到了"一位难求"的地步。他是个生意人，一看这是个好生意，就接连开了六家蒙氏幼儿园，每家招生都是爆满状态。正当他志得意满的时候，出问题了。

三年后，他幼儿园的第一批孩子毕业升入小学。这批孩子特别不适应小学生活。上课期间，老师不许孩子乱动，不准交头接耳，不然就要被惩罚，这跟幼儿园的教育完全不一样。这些孩子从来没有经历过这些，一下子接受不了，就不停哭闹、不肯去上学。

很多家长就找这位老板反映问题。他不想向现有的教育体制屈服，也想着为自己幼儿园毕业的孩子负责，就干脆办了一家蒙氏小学，继续在小学里倡导"全然的爱与自由"。他的蒙氏小学的口碑非常好，招生也特别顺利。结果，六年后，又出问题了。

从蒙氏小学毕业的孩子升入初中，还是无法适应传统教学方式。怎么办呢？他又创办了蒙氏初中。后来，听说他又创办了蒙氏高中。

他的生意越做越大，也赚了很多钱，可从他的蒙氏高中毕业的孩子会进入什么样的大学，又能否适应呢？这些孩子未来进入社会能不能适应呢？现在还不知道答案。

因为这个故事还没有答案，所以，我想再分享一个有答案的案例。这个案例来自美国儿童创伤研究院高级研究员布鲁斯·佩里与他人合著的《爱的教养：培养孩子的共情力》：

> 安吉拉的儿子杰里米，生下来左脸就有一块很大的、长着黑色毛发的胎记。安吉拉第一眼看到新生儿，心里立即咯噔了一下……但她很快就调整了情绪。她决定接纳孩子的长相，并且

给他全然的关爱，保护他不遭受别人的歧视，给他最好的成长环境。

为此，杰里米进入幼儿园的时候，安吉拉就特别嘱咐老师："孩子的脸长这样，我很害怕同学会嘲笑他、孤立他。拜托你跟所有同学打好招呼，不要议论他。也请你多多照顾他。"老师是个很负责任的人，他接受了安吉拉的委托，利用自己的影响力，在学校给杰里米打造了一个天堂，所有的孩子和老师都非常关注、照顾杰里米，不给他任何负面信息。

在这样全然友爱的环境中，杰里米过得快乐吗？并没有。他完全适应不了幼儿园的生活，但凡有一点点不顺心，他就会大声地哭闹，而且常常陷入崩溃。在父母和老师刻意营造的全然友爱的环境中成长，杰里米反而丧失了与身边人正常交往的能力，进而无法适应这个世界。最后，杰里米成了一个问题儿童，被送到佩里医生那里治疗。

从以上案例可知，在家庭教育中，采用高压打骂教育方式的案例，有成功的，也有失败的；采用全然爱与自由教育方式的，有成功的案例，也有失败的代价。

那什么样的教育方式才是对的呢？

中国道家思想认为：阴极阳生，阳极阴生，阴阳消长，孤阴不生，孤阳不长。不管是虎妈狼爸式高压教育，还是蒙氏全然的爱与自由，我们无法把握全貌。我们不知道，虎妈狼爸在高压的同时，是不是还有一些我们不知道的东西呢？同样，蒙台梭利提倡的爱与自由，是否是我们所理解的爱与自由呢？

家庭教育是一个浩大的工程，我们不能从单一的视角看待它，而是要站在更高的位置,用全面的眼光,以终为始,从中找到一些规律。

  本书的目的,并不是想告诉你什么方法才是对的,什么方法是错的,家庭教育没有对错,只有因果。本书的目的,是想从心理学的角度,从人性的发展的视野,提供给家长们一些孩子成长的规律。

  智慧源于多角度的视野,但愿本书能打开一扇门,让你发现孩子成长的一些常识。

· 第一课 ·

家庭教育
如何影响孩子的一生

没有任何成功可以弥补孩子教育的失败

家庭教育,没有对错,只有因果。那么其中的因果规律是什么呢?

在我的"升级父母软件"课程中,最后一堂课有个结束仪式,我让学员模仿孩子的口吻写一篇情景类演讲稿,主要内容是:假设十几年后,你的孩子身处大学毕业典礼的现场,他站在一个可容纳上万人的大礼堂的舞台中央,舞台上的他穿着蓝黑色的学士服,当众发表演讲,演讲的题目是"我的父亲"或者"我的母亲"。你觉得他会说些什么呢?他会感谢你的付出?他会回忆起你说的哪一句话、做的哪一件事?

我会要求学员们把以上内容都写下来,不低于300字。写完之后,我还要求他们模仿自己的孩子朗读这份演讲稿。在这个环节中,大多数学员都很激动,很多人都是数度哽咽才把一份几百字的演讲稿读完。

多年之后,不少学员给我反馈,他们在我的课堂上学到的知识,过一段时间就忘记了,唯有这个环节记忆犹新。因为这个环节让他们的内心深受触动。之后,他们教育孩子的方式发生了很大改变。

这个环节为什么这么重要呢？这个环节在心理学上有个名字叫作"以终为始"。站在起点看未来，我们会不知所措、会迷茫，但站在终点看起点，一切都变得简单。

一艘没有目标的船，海上吹什么风都不是顺风。教育孩子也一样，社会上有很多家庭教育的理论和方法，究竟哪一种才是适合自己的呢？要回答这个问题，你首先要弄清楚你究竟希望你的孩子有一个怎样的未来。

关于这个问题，也许大多数人并不清楚。但是，你不希望你的孩子有一个怎样的未来，这个总该清楚吧？

很多人对《唐山大地震》这部电影有着深刻印象，里面有一句话让我至今难以忘怀。

地震发生后，两个孩子被压在同一块混凝土板下，徐帆扮演的妈妈面临一个抉择：救儿子，还是救女儿？这位妈妈最后做出了决定：救儿子，放弃女儿。此后余生，她一直遭受良心的谴责，一直觉得是自己亲手扼杀了女儿活下去的希望。她经常喃喃地说一句话："没了，才知道什么叫没了。"

人生最痛苦的莫过于"后悔"二字，教育孩子更是如此。

《广州日报》刊登过这样一则新闻：61岁的区伯与妻子都是国企退休干部，家庭颇有积蓄，两人正是颐养天年的时候，生活却发生了剧变。两口子掏出多年积蓄为儿子买车买房，儿子也顺利进入国企工作，可儿子却染上了赌博的恶习，不仅搞丢了工作，还因为诈骗罪进了监狱，并欠下了100万元的赌债。老两口多年积蓄被掏空，住房也卖了，每天还要面对堵上门的债主。

接受采访的时候，区伯痛感教子无方，正是自己在儿子小时候对他有求必应，一味纵容，才让他养成了没有担当、禁不住诱惑、自私自利的品性。不仅自己的晚年被拖累了，儿子的一生也被害惨了。

三四十岁的年纪，正是职业的黄金期，很多人忙于工作和事业，对于孩子的成长问题，总说有时间了再关注，可经常是，一转眼孩子就长大了，再想管孩子、做一些补救，已经晚了，就像那句话说的："没了，才知道什么叫没了。"孩子的成长只有一次，错过就永远错过了。

没有任何成功可以弥补子女教育的失败。孩子的未来，决定着一个家族的未来。今天的家庭教育关乎着你整个家族的历史走向。

家庭教育的一个关键点就是以终为始，为什么我要让学员写下十几年后孩子眼中的自己是什么样的？就是为了引导为人父母者站在终点回看自己现在的行为。十几年后孩子存在的种种问题——人生没有目标，自制力不足，事事以自我为中心，不懂得与人交往，情绪管理能力差，等等——肯定在现在就埋下了种子。

为了避免孩子未来出问题，不想以后后悔，在孩子小的时候，无论有什么理由或者借口，我们都应该重视孩子的教育。其实这并不难，只需要掌握一些简单的家庭教育规律就好。

这也是本书的价值所在，将家庭教育的规律给大家剖析清楚，让孩子的前途因为有我们的学习而变得更加美好。

为什么知识型父母却养出问题孩子？

为什么知识型父母却养出问题孩子，文盲父母反而可以让孩子成才？我们先来看两个案例：

> 孩子A，4岁开始学钢琴，8岁学书法，10岁就加入中国少年冰球队，连续两届获得全国希望杯青少年儿童钢琴比赛二等奖，全国少儿钢琴比赛金奖，第八届北京国际钢琴艺术节优秀演奏奖，连续三届获得"爱我中华全国少年书法大赛"铜、银、金奖……
>
> 孩子B，只上三个月学，就被老师判为"低能儿"赶出了学校，后来做了很多失败的事情，干过10份工作，5次被辞退，还有一件事情连续失败了1000多次……

A看起来非常优秀，B看起来很失败，你希望哪个孩子是你的孩子？

看到这儿，很多人会选A，他太让父母骄傲了。

现在允许我继续说下去。

孩子A成年后，因为违法犯罪被捕入狱，连带着他的父母也被人指指点点。孩子B成年后，成了一个大发明家，以一己之力推动了人类文明大踏步向前。

那些选A的父母现在又是什么心情呢？

提到对孩子的期待，很多人会说：期待自家孩子成绩好，各方面表现优秀；脾气好，听话乖巧；有礼貌，懂进退。不希望自家孩子叛逆，不服管教；不用心学习，总是把精力放在一些没意义的事情上；自私，事事以自我为中心。

二三十年后再看，成绩好、听话乖巧、有礼貌的孩子会怎样呢？

回顾一下我们的学生时代，班级里肯定有一些成绩好的，现在混得却很差，有一些叛逆调皮的孩子，现在却很有成就。同时，也有一些成绩好的孩子，现在仍旧出类拔萃，而一些叛逆调皮的孩子，走上了歧路再也没有机会回头。

团长出生在农村，父母也没什么文化，父亲认几个字，母亲是一个字都不认识。在这样的家庭环境中长大，我虽然谈不上成才，但是也从农村走向城市，今天过上了还不错的生活，并且能通过自身所学去帮助别人、影响别人。

跟团长有类似出身，在某一个领域取得了非凡成功，人格品质、行事风格令人敬仰的人士有很多，比如，屡败屡战、打不死、搞不倒的俞敏洪，在教育培训领域陷入绝境，世人都觉得他要被彻底打倒的时候，他却一个转身，在直播领域大放光彩。还有"玻璃大王"曹德旺，他9岁才上学，14岁就辍学了，小学都没有毕业。他放过牛、卖过水果、当过炊事员，一步步走上创业道路，到现在，他把汽车玻璃做到了全球第一，累计向社会捐款达200多亿元。

世间万事万物都有两面。在这些人书写人生传奇的同时，我们也要看到其对立面。曾经有一个青少年，父母都是教授，且是各自领域的泰斗级人物，受人敬仰，结果却因为强奸罪被判入狱，这件事还闹得沸沸扬扬、世人皆知，他的人生毁了，连带着他的父母也频受指责。

为什么资源贫乏的农村父母能够培养出优秀的孩子，条件优渥的城市父母却有很多培养出了问题儿童呢？

为什么一字不识的文盲父母可以让孩子成才，父母都是教授的孩子却进了监狱呢？

为什么很多人看了不少的书，学了很多知识，却依然教不好孩子呢？

现在的互联网功能非常强大，我们想要任何知识，输入一个关键词，轻轻敲下回车键，就能得到几十万甚至几百万条相关信息。特别是最近ChatGPT（一款人工智能驱动的自然语言处理器）的出现，几乎任何信息以及知识，都可以从人工智能那里获得答案。

然而，知识可以搜索，但能力不能搜索，特别是让人一生活得幸福快乐的能力。

知识很重要，运用知识的能力更重要。

毫无疑问，学校是培养能力最重要的地方。这也是很多父母掏空两代人的钱包买学区房，削尖脑袋也要把孩子送进名校的原因。名校的教育理念、老师的教学水平、学习氛围等的确都能在孩子的能力培养中发挥优势。前面提到的那个教授的孩子一路就读的都是名校，从小到大，不管是理性思维能力还是艺术能力，从他获得的众多音乐、书法大奖中，足见一斑。可是，为什么如此优秀的他却走上了犯罪的道路呢？

一定是还有一些比能力更重要的东西！

这些比能力更重要的东西是什么呢？这是我在过去 27 年一直不停思考的问题。

20 世纪 90 年代初，我做了一个决定：下海。我成了中国最早一批下海的人。那个年代，铁饭碗太重要了，它是一个家庭的依托，更是一个家族的荣耀。当我提出辞职的时候，我妈哭着劝我不要离开，其他亲戚朋友也说我不识好歹，我也曾怀疑、犹豫、怯懦。至今，我还记得父亲说的一句话，他对我说："你想好了，就大胆去闯，外面混得不行，就回家。家里还有几亩地，总能给你一口饭吃。"

后来，我遇到了各种困难，每当觉得走不下去的时候，就会想起父亲说的这句话，我就会觉得，我是被接纳的，我是有归宿的，我是有责任和价值的，想到这儿，我就浑身充满了力量。这份力量不是学校教育给我的，而是家庭教育赋予我的。我想，这就是家庭教育的价值所在。

家庭教育和学校教育各有各的任务，每个都不可或缺。可现在，家庭教育却有些变了味儿，很多家庭成了学校的延伸，家长做着老师和学校应该做的事儿，却没能承担起只有家庭才能做到而学校做不到的教育任务。

那什么才是只有家庭能做到而学校做不到的？

这，就是我创作本书的重要原因。

家庭教育的关键是什么？

家庭教育的关键是什么？

我们回到本书开始的底层逻辑：以终为始。站到终点看起点，思考你未来真正想要什么，今天应该怎么做。

站在终点看起点的时候，我们就会豁然开朗，看事情的角度和所持的观点就会截然不同。

站在未来看，我们希望孩子过怎样的一生呢？我认为无外乎三点。

第一，要有钱。

钱虽然不是万能的，但没有钱却万万不能。金钱是一种力量，也是一种能量。

我们初中便学过，经济基础决定上层建筑。金钱也是幸福生活的基础。

不少人错误地认为，钱是万恶之源，有钱人都不是什么好人，无奸不商。在这样的观念指引下，好人都不敢或者不好意思拥有金钱。

稍懂经济学的朋友都知道，在一个时段内，金钱是一个恒量，也就是说，坏人拥有的金钱越多，好人拥有的金钱就越少。既然我们是好人，是善良的，为什么我们不想办法赚更多的钱呢？钱在善良的人手上,就会被善用;钱在坏人手上,就会被用来做坏事;只有好人拥有更多的金钱,社会才会变得更美好。

一个人一生是否能够拥有足够的财富,除了能力因素,更重要的是家庭教育的信念,这一点我们后面会展开论述。

当然,"君子爱财,取之有道",我们不仅要教育孩子追求财富,还要教育孩子在追求财富时要讲究整体平衡,也就是"我好,你好,大家好"的三好原则。

第二,要有好的人际关系。

奥地利心理学家阿德勒认为:一切人生问题都源于人际关系。好的人际关系是幸福的基础。

哈佛商学院曾做过一项调查,他们用了长达75年的时间追踪一批人,从青少年到参加工作、结婚生子、步入晚年,这些人里有律师、医生、泥瓦匠,有精神分裂者、重度酗酒者等。调查人员每年会统计他们的财务状况、经济状况、身体健康状况等方方面面的信息,做一下分类、归纳,然后会让他们做一项关于幸福指数的调查问卷。

在汇总所有信息后他们发现,幸福跟财富多少关系不大,跟健康与否关系也不大。真正决定一个人幸福指数的是他有没有良好的人际关系。

人是群居动物,天生具有社交需求。那些有良好的家庭、朋友、同事关系的人,纵使经济困顿,或者身患疾病,也能拥有更高的幸福感;而那些孤独寂寞的人,哪怕拥有再多金钱和物质,也很难幸福起来。

人际关系包括夫妻关系、亲子关系、朋友关系、同事关系、邻里关系、商业合作关系等。

幸福的童年可以疗愈一生，而不幸的童年需要用一生去疗愈。一个人童年的经历会影响他的一生。如果想要我们的孩子拥有幸福的一生，那就需要在家庭教育中让他们学会经营人际关系。

第三，要有好心态。

我最喜欢的一首词是苏东坡的《定风波》，之所以喜欢这首词，并不仅仅因为它写得好，而是喜欢苏东坡那种豁达的人生境界："莫听穿林打叶声，何妨吟啸且徐行。"意外的一场雨，把人浇了个透心凉，有的人狼狈地在雨里奔跑，一边跑一边抱怨"真是倒霉"，这样的人心情是灰暗的、抑郁的。而东坡先生却淡定从容地在雨里行走，一边走一边放声歌唱，这样的人生是阳光的、开朗的。

人的一生难免会遇到挫折，有人面对挫折就躺平，有人面对挫折却能从容应对，区别在于他的内在力量，在于他的心态。

如果我们的孩子都有苏东坡这样豁达超脱的心态，无论什么人生境遇，都改变不了他内心的愉悦体验，那为人父母者，还有什么好担心的呢？

心理学研究发现，这样的心态除了后天修炼，家庭教育起到了关键作用。

什么样的家庭能培养出"三有"人才

如果你同意上述观点，那我们要开始思考这样一个问题：什么样的家庭教育才能培养出一个未来会有钱、有好的人际关系、有好心态的"三有"人才呢？

综合我过去27年对心理学的学习研究，以及过万小时的心理咨询个案，经过反复思考和验证，我建立了一个人生成就模型，我把这个模型称为"人格之树"（如下页图所示）。如果把孩子的一生看作一棵树，我们能够看见的部分是他的成就和他的行为。我们都知道，一个人一生的成就不是天上掉下来的，是通过他的行为创造的。那一个人的行为是由什么决定的呢？这就不是肉眼可见的了，这些肉眼看不见的部分就像树的根一样重要。

一棵树能否果实累累，不仅取决于树的种子，还取决于树的根扎得是否够深，以及土壤是否肥沃。如果根扎得不深，一遇风吹雨打，它就有可能轰然倒地。相对应地，如果这棵树的根系蜿蜒千里、纵横交错，它就有了抵御各种磨难的力量。

我们所说的有钱、有好的人际关系、有好心态相当于树的果实，但是如何才能让大树结出丰硕的果实呢？

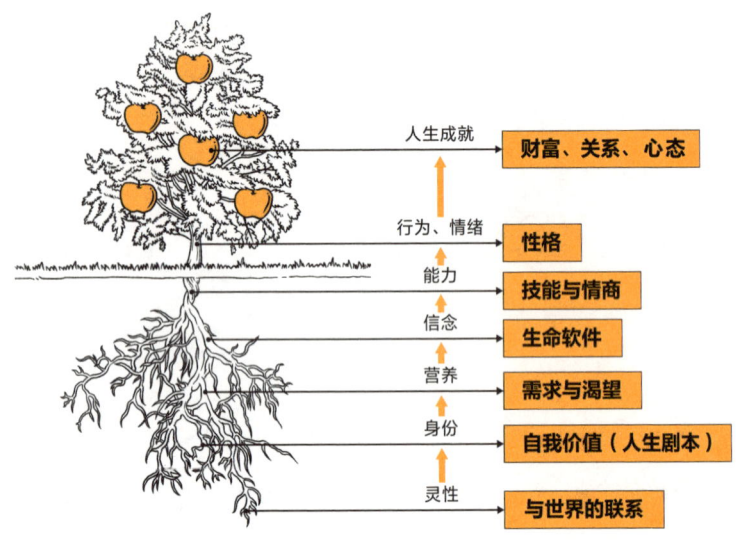

性格

俗话说，性格决定命运。什么是性格？性格就是一个人的习惯性反应模式，包括行为模式和情绪模式。这个部分是肉眼可见的部分，就像一棵树的树干一样，是整棵树的支撑。

性格是如何形成的，又是如何影响人的一生的？这是第二章要讨论的内容。

能力

性格再好，如果没有足够的能力支撑也是枉然。能力就像树最上层的根一样隐约可见。

能力不仅指我们熟知的做事技能，还包括与人相处时情绪运用的能力，也就是俗称的情商。做事技能主要靠学校以及社会来培养，而情商则跟家庭教育密切相关。

如何在家庭教育中培育孩子的情商，是第三章要讨论的内容。

信念与价值观

一个人做或者不做什么，取决于他的思想。思想的核心要素就是信念和价值观。价值观是一个人认为什么是重要的，而信念是围绕价值观展开的判断。

如果用计算机做一个比喻，我们的身体是硬件，而信念和价值观就是软件。计算机出厂时会预先安装好一套软件——操作系统。家庭教育就像为孩子的一生预装操作系统一样重要。

如何才能为孩子预装一套好的操作系统呢？这是第四章要讨论的内容。

营养（资源）

一棵树的成长需要营养，一个人的成长也一样。

人的成长不仅需要食物的营养，还需要心理的滋养，也就是精神层面的营养。心理营养不足的人，就像土壤营养不足的树一样弱不禁风，遇到一点挫折就躺平甚至抑郁。

树的营养来自土壤，人的心理营养来自家庭。如何才能为孩子提供充足的心理营养？这是第五章要讨论的内容。

身份定位

有了前面那些重要的元素，是否就能培养出一个好孩子呢？

未必！一株树苗生长在肥沃的土地上，在风调雨顺的环境中成长为一棵参天大树，但是否能结出我们所希望的果子，还要取决于树种的基因。

在电影中，一个角色是好人还是坏蛋，取决于剧本。那么一个孩子未来会长成什么样取决于什么呢？取决于他的自我价值。

自我价值是一个人对自己的主观评价，也就是说，你认为自己是一个什么样的人。关于你是谁的所有答案，就是你的自我价值。

自我价值就像树种的基因一样，决定了树会结什么样的果子。同样，自我价值也像电影的剧本一样，决定了你的一生怎么活。

如何才能培养一个自我价值高的孩子？这是第六、第七章要讨论的内容。

灵性

灵性，就是你与世界的关系。

一棵树如果孤零零地长在平原上，大风一来必然会被连根拔起。树只有生长在森林中才能健康地成长为参天大树。

人也一样，人是群居动物，一个人不是狮子老虎的对手，但一群人却可以把狮子老虎送进动物园。人需要与他人合作，人也需要适应环境。与他人和环境和谐相处的方式叫灵性。灵性是家庭教育的重要组成部分。

如何培养一个有灵性的孩子,这是第八章要讨论的内容。

| 本章功课 |

1. 对照本章内容思考自己的教育方式,看看哪些地方做得比较好,哪些地方有待提高?

2. 你认为自己孩子的问题是什么?列出来,为阅读下一章内容做好准备。

· 第二课 ·

性格如何决定命运

人生的所有结果都跟性格有关

有一句很经典的话：性格决定命运。有人把它奉为真理，有人认为它就是"忽悠"人的，那么，性格和命运到底有怎样的关系呢？

先来看两个案例。

我的一个大学同学，我就叫他小明吧。我这辈子认识的人也成千上万了，但小明是我认识的人里性格最好的，好到什么程度呢？

我们那个年代，大学毕业是包分配的，分配工作和房子，听起来挺让人眼馋吧。实际上，分配的房子非常破，比如我分到的房子，墙面我都不敢碰，一碰就掉好大一块皮。小明分到的房子，里面破也就算了，位置还紧挨着一个农贸市场，乡下叫"集"。每月农历初三、六、九是赶集日，每逢大集，附近的村民都会带着农副产品来集上卖，然后再买点东西回家。

每逢赶集日，小明那房子就没法待，他的老乡总会把要卖的鸡鸭或者提前买好的鱼放在他的房间里，满屋子要么就是鸡鸭的屎臭味，要么就是鱼腥味。小明总是笑眯眯的，对这些东西一点厌恶的表现都没有。

我忍不住问他:"这些东西放在这儿,你不觉得难闻吗?他们走了,还得你自己打扫,满地的鸡屎鸭屎,还有这些发着各种恶臭的污水。"小明笑笑:"有什么办法!乡里乡亲的,我小的时候是吃他们的番薯长大的,难道我能说不行吗?"

小明的这种性格是不是特别好?待人宽容,又懂得感恩,从来不会跟人发脾气,永远和和气气的。他的命运是怎样的呢?

在48岁那年,小明因为肝癌去世了。中医讲怒则伤肝。肝癌的形成跟长期郁闷、肝气郁结有直接关系。小明的这种老好人性格,遇事只会让他把所有委屈咽回肚子,不向外发,就转而向内攻击。他活活地把自己委屈死了。

× × × × × ×

对于委屈,我的另一个朋友有不同的看法,我权且称呼他小天吧。有一次,我与他一起参加了一个禅修营。虽然大家都是来禅修的,但同学来自各行各业,什么样的人都有,大家性格、习惯、行为等各方面的差异就表现得非常明显。小天私下问了我一个问题:"团长,你跟这些人好像都挺聊得来的,跟谁都玩得挺好,但我发现有很多人的性格跟你完全不一样,甚至完全相反。比如×××,你跟他完全是两个世界的人,你自律、讲信用,可那家伙经常换女朋友,跟这样的人相处,你不觉得委屈吗?"这个问题让我有点蒙:"不同的人在一起,习惯不一样很正常啊。就像两个人一起吃饭,他喜欢吃辣,点了川菜,我吃不了辣,点了粤菜,谁都有的吃,也没人逼我必须吃辣,为什么会觉得委屈呢?"

事后，我分析了一下，小天为什么会问我这个问题。心理学有一个概念叫投射，自己怎么想，我们就会推测别人也这么想。小天之所以看着我委屈，其根本是他内心有很多的委屈，在跟大家的相处中，他一定是感觉到了压抑、强迫。他的命运如何呢？

小天在行业里扑腾了20多年，一直是独来独往，他很难跟人合作，每次跟人合作一段后都会分开。所以，他至今依然单打独斗。

而团长走的一直都是合作路线。读过团长其他书的朋友都知道，团长出身贫寒，受教育程度低，从农村来到城市，之所以能在资源匮乏的条件下取得一点点成绩，全靠合作。那团长为什么能与不同的人合作，而小天只会单打独斗呢？

这跟性格有关。

团长出生在农村，自幼体弱多病，农村的男子经常打架，我不是同龄孩子的对手，为了保护自己，我学会了跟人合作，只要我把一群弱小的孩子召集在一起，那些强壮的孩子就不敢欺负我们。所以，从小到大，我都善于整合资源，善于把不同的人整合成为一个团队。

如果把人生的成就比喻成大树的果实，那么性格就是树的枝干。它是支撑整棵树的基本架构。一个性格良好的人，就像树拥有高大的树干那样，能够顶天立地；而一个性格扭曲的人，就像一棵畸形的树那样长得歪歪扭扭，奇形怪状。

当然，正如龚自珍的《病梅馆记》所描述的那样："梅以曲为美、直则无姿；以欹为美，正则无景。"扭曲的性格有时候反而会成为病态审美的焦点，获得大众的关注。只是，你是否希望自己的孩子成为这样的人，那又另当别论了。

什么是性格

性格是一个人适应环境所呈现的独特表达方式，是一个人的生存策略。

人是群居动物，需要与人合作才能生存。特别是在人生的早期，需要依赖父母或者其他养育者才能存活。所以，人在成长的过程中，会形成一套适应生存环境的固有模式。这套模式包括行为模式和情绪模式。这套个体的、独特的模式就是一个人的性格。

一个人的性格就像树干一样（如下图所示）。

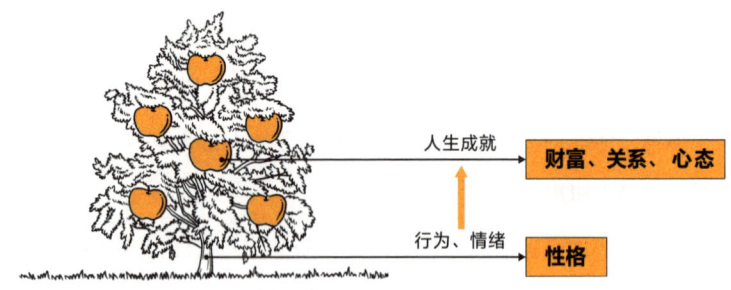

人的性格养成跟树干的形成很相似，如果一棵树长在森林里，周围有其他树为它挡住强烈的季风，而且周围又没有其他大树遮挡阳光

雨水，那么这棵树就会长得笔直挺拔、顶天立地。但大部分树没有这般好运，不是被旁边的树挡住了阳光，就是没有其他树为它们挡风抗寒，于是只好通过倾斜、扭曲自己的树干，以获得足以让自己存活的阳光和雨水（如下图所示）。这就是树干扭曲的原因。

人的性格也是一样，出生在健康家庭的孩子，其父母懂得如何教育子女，他们不需要扭曲自己，便能获得成长所需的各种养分。这样的孩子，常常拥有良好的性格。而原生家庭存在很多问题的孩子，为了适应不良的家庭环境，只能通过扭曲自己的方式获得所需要的养分。

树需要获得阳光雨露才能长大，那么人需要什么养分才能成长呢？

人类是一个特别的存在。大部分哺乳动物出生后不久便可独立生存。但人类不行，婴儿来到这个世界上，必须依赖父母或者其他照料者才能存活。一个好的照料者，能够细心地发现婴儿的需求，饿了会喂奶，冷时会穿衣，婴儿的每一个需求都能得到及时、积极的回应。

在这样环境中成长的孩子，就像阳光雨露充足的树一样，只管长大。这样长大的孩子，性格是良好的、健康的。

可惜，并不是每位为人父母者都能做到这一点。如果孩子的照料者非常粗心，他饿时并没有得到及时照顾，那他会怎么办？他会通过哭闹来吸引照料者的注意。俗话说，会哭的孩子有奶吃，于是，哭，就成了他的策略。

当然，哭，并不是唯一的策略。乖，也可以达到同样的目的。有些孩子能敏感地悟出讨照料者开心的方式。他尝试过哭闹，照料者很生气，拒绝给他需要的东西，于是，他就尝试讨照料者开心，结果，他得到了想要的东西。当孩子轻松获得了自己需要的东西，乖巧、讨好，就成了他的生存策略。

行为的重复会成为习惯，习惯的行为模式就是一个人的性格。性格除了行为习惯，还包括情绪习惯。如果把身体反应理解为行为，情绪也可以理解为行为的一种，因为情绪也会带来身体反应。不管是行为还是情绪，都是个体对环境的反应，当个体对环境的反应不断重复并最终固化下来，就成为一个人的性格。

五种常见性格的底层逻辑

在心理学中,性格有无数种分类方式。为了让大家对性格的底层逻辑理解得更清楚,团长给大家介绍一个小众心理学流派——萨提亚性格模型,它是由美国当代著名心理治疗大师维吉尼亚·萨提亚提出的。这个模型只有五种性格,简单易学。在此基础上,还有九型人格、十六型人格、二十七型人格、三十六型人格等多种性格分类方法。

萨提亚有一个沟通模型(如下图所示)。

人与人所有的交往与沟通都可以归结为三个元素:我,你,情景。根据个体不同的关注点,萨提亚把性格简单地分成了五种类型。

第一种性格：指责型

指责型性格的人只关注情景和自己，却忽略了他人的存在（如下图所示）。

行为模式： 这种人喜欢指责，他的肢体常呈现一手叉腰，另一只手指向别人的姿态。

他的底层逻辑是："我是对的，你是错的"，"我好，你不好"。

这种人会经常玩一种警察抓小偷的游戏，他总认为自己是对的，是高高在上的，他的观点、理念就是游戏规则；他的眼睛会一直搜索别人的毛病，然后把责任归给对方。他一直想的是"你这个浑蛋，我终于逮到你了"。在把责任推给别人之后，他的心里才会舒服。

情绪模式： 这种性格的人习惯性的情绪模式是愤怒。愤怒是一种向外攻击的情绪，是感觉自己被伤害后的自我保护。当一个人经常性地愤怒时，表明他的内在是脆弱的，除了愤怒，他没有别的方法保护自己。因此，指责型的人外表看起来很强大，其实是外强中干，骨子里是一个弱者。

没有人喜欢被指责，因此，这种性格的人很难有亲密的人际关系。他的朋友不多，跟这样的人相处，你会感到压抑。

第二种性格：讨好型

讨好型性格的人只关注对方和情景，却经常忽略自己的感受（如下图所示）。

行为模式： 这种人跟指责型性格的人恰恰相反，他呈现的是单膝下跪讨好别人的姿态。

他的底层逻辑是:"你好,我不好","你是对的,我是错的"。

这种人经常玩一种找揍游戏,总想找到一个人来虐待自己。被别人欺负,他会很有成就感。有时,他会用一些方式来激怒对方,当对方终于被激怒了,开始骂他了,他才会释然:"这就对了。"

情绪模式: 讨好型的人总是压抑自己,所以,他习惯性地委屈自己。委屈是一种对内攻击型情绪。一个习惯委屈自己的人是向内攻击的,长此以往,易得抑郁症。

讨好型的人人际关系通常很好,但与他亲近的人可能会遭殃。别看一个讨好型的人总是满脸堆笑,其实,他的情绪长期压抑后也需要一个发泄的地方。这种性格的人不敢把情绪向外释放去攻击他人,所以他会把情绪发泄在那些他感到安全的人身上,比如爱他的人,或者比他弱的人,很多时候这个人会是他的孩子。

第三种性格：超理智型

这种人只关注到情景，看不到自己，也看不到对方（如下图所示）。也就是说，在他的心目中，只有事，没有人，只有道理，没有感情。这种类型的人又被称为"电脑人"，因为他就像电脑一样只会推理运算，没有情感，也没有温度。

行为模式： 他的双手通常交叉地抱于胸前，肢体常表现出拒绝、隔离的姿势，有点类似于天冷时抱紧自己的样子，潜台词是"离我远点"。

他的底层逻辑是："我不好，你也不好。"他只关心事情合不合规定，是否正确，总是逃避与个人或情绪相关的话题。他玩的游戏是"所有人都离我远点"。他在自己周围设了一个保护罩，把自己跟外界隔绝开来。他们极其客观，总是沉着冷静，绝不会出现慌乱的状况。

情绪模式： 超理智型的情绪模式其实就是冷漠。一个人为什么会变得冷漠呢？有一本书叫《为自己出征》，里面用了一个隐喻故事来描写这种人。说有一位武士，国王赐给他一套盔甲，在征战的过程中，这套盔甲多次保护了他的生命，他非常喜欢这套盔甲，睡觉时也不舍得脱下来。战争结束后回到家里，他发现这套盔甲因为长期穿在身上，已经脱不掉了。这套战时保护他生命的盔甲却成了他生活的障碍。为了脱掉这套盔甲，他踏上了新的征程。

超理智的人就像书中那位武士一样，幼时为了保护自己，策略性地建立了一套防御系统。

这套系统就像盔甲一样曾经保护过他的安全，长久下来，成了习惯。这就是一个人冷漠的底层逻辑。

超理智的人讲道理、讲信用，朋友很多，可因为不肯与任何人走近，他的朋友遍天下，知心的却没几个。更重要的是，超理智的人是感受不到快乐的，因为他隔离了所有感受，包括痛苦，也包括快乐。

第四种性格：打岔型

在这种类型的人眼中，自己、他人和情景统统都没有（如下图所示），也就是说，在他眼中，什么都不重要。他无法活在常规的框架中，他必须跳出常规的框架才能生活。

前面三种我相信大家很容易理解，但这第四种是怎么回事呢？我想引用一段日本作家太宰治在他的自传体小说《人间失格》中描写自己的话。

> 自己一个人被变态的不安的情绪和恐惧侵扰着。自己和身边的人几乎不能对话，不知道该说什么、怎么说。于是我想到了搞笑。这是自己对人的最后求爱方式。自己对人极度恐惧，但无论如何都无法断念，唯有通过搞笑这一种方式与人建立一点儿联系。

太宰治童年被性侵的创伤性经历，让他不知道该如何面对他的生活环境，他无法像一个正常人那样生活，只能通过搞笑这种方式打破环境的压力，这是他唯一能找到的应对环境的生存策略。

这就是打岔型性格的底层逻辑。

行为模式： 打岔型性格的人是没有框架的，因为他不喜欢按常理出牌，总是讲笑话，有他在的地方总是充满欢乐。因为没有框架，所以他的思维很有创新性，总有新的点子诞生。

这类人的肢体动作是一个动态的不平衡姿态。

身体向不同的方向移动，两膝以夸张的内八字姿势靠在一起

他的底层逻辑是："我不好，你也好不到哪里去，全世界都不好。"

情绪模式： 打岔型性格的人给人幽默风趣的印象，可内心却充满了悲伤。不过，很多时候，心底深处的悲伤连他自己也不知道。因为过去曾经经历过太多的不开心，为了避免体验这些不开心，他的潜意识采用了压抑、否认的防御方式，将痛苦埋藏在潜意识的深处。

下面这个故事对理解打岔型性格或许有帮助。在某心理治疗师的办公室里，一个患者诉说自己很不开心，总是很悲伤。心理治疗师就建议他："每周二晚上 8 点在 ×× 剧院有个幽默大师的表演特别精彩，我每看一场他的演出，整个星期都是开心的。"这个患者忧伤地说："老师，我就是那个幽默大师。"

或者你曾在媒体上看到过，不少喜剧人都是抑郁症患者，他们能娱乐别人，却无法逗笑自己。

这种类型的人在玩一种逃避游戏，对他们来说，"这个世界太难了，什么事都别认真，就玩玩吧"。他们的人生就像一场游戏，是失真的。他们的内心处于焦虑、哀伤中，没有归属感，也不相信可以得到别人的关心，因为他们小的时候就是这样过来的。

上述四种类型，都是有缺陷的性格类型。那健康的性格是怎样的呢？

第五种性格：一致型

这种类型的人在跟他人互动的过程中，**既有我，又有你，又有情景**（如下图所示）。也就是说，这种类型的人在跟人沟通的时候，既关注你的感受，也照顾自己的感受，同时还能符合当时的环境。既合情，又合理。

他们的底层逻辑是："我好，你好，大家好。"

行为模式：一致型性格的人表里如一，身心合一。他们外在表现平和而温暖，做事有理有据，对人有一种很强的连接能力。他们不仅可以接纳别人的情绪，也能坦诚地表达自己的情绪，还可以清晰表达自己的期待和愿望，愿意倾听别人的想法和态度，既尊重他人，也不委屈自己，同时还能顾及环境。

情绪模式：一致型性格的人大多数时候的表现都是平和的，但并不等于他们没有情绪。遇到悲伤的情景时，他们会伤心；当自己的利益受到侵犯时，他们会愤怒；遇到危险时，他们也会恐惧……与其他人不一样的是，他们是情商高手，是情绪的主人。他们并不会为情绪所困，而是会把情绪转化成资源。他们像孩子一样，该哭时哭，该笑时笑，有时哭着哭着就笑了，有时笑着笑着也会哭……不过，哭过笑过之后，一切都会归于平静。

性格是如何决定命运的？看到这里，我想大家心中已经有了大概的答案。

人生就像一个游戏，有警察就需要有小偷，要不游戏就不好玩。在生活中你会看到，一个指责型性格的人，通常会找一个讨好型性格的伴侣。他们通常是天生一对，一个愿打，一个愿挨。表面上看，讨好一方是受害者，其实看深一层，都是他自找的，就像我的一本书的书名那样：《别人怎么对你，都是你教的》。

我们人生的每一种结果都是性格带来的，包括我们的婚姻、合作伙伴、事业。因此，培养一个性格健康的孩子，基本上就奠定了他一生幸福的基础。

本节功课

1. 对照本节内容,反思一下自己是哪种性格。
2. 对照本节内容,思考一下孩子是哪种性格。

性格与家庭教育

既然性格对人的一生如此重要,那么性格是如何养成的呢?在家庭教育中,如何才能培养出一个性格健康的孩子呢?

性格由行为模式与情绪模式组成。要了解性格与家庭教育的关系,我们可以分别从行为和情绪两个方面来看。

四种典型的教养方式

前面我们讲了五种常见的性格:指责型、讨好型、超理智型、打岔型、一致型。前四种性格都有这样那样的缺陷,孩子很可能一生都要挣扎于性格的桎梏。

父母在孩子性格的养成中会起到怎样的作用呢?

有人说,父母是孩子的榜样,就像复印机一样,父母是原件,孩子是复印件,父母是怎么做的,孩子就有样学样。可现实中,"龙生九子,各有不同",孩子与父母的性格也各有差异,有的父母很暴力,孩子却很怯懦;有的父母性子急,孩子反而很温和。也就是说,孩子与父母之间,并不是简单的模仿和复制的关系。这中间有什么规律在发挥作用呢？

我们先回顾一下这四种问题性格的底层逻辑：

指责型： 我好，你不好。

讨好型： 你好，我不好。

超理智型： 我不好，你也不好，道理最好。

打岔型： 我不好，你不好，整个世界都不好。

然后，我们从一个常见的案例入手，看看家庭教育是如何养成孩子性格的。

生活中，这样的场景肯定非常普遍：孩子在玩手机，已经有挺长时间了，作为父母，你会怎么做呢？

别着急往下读，先想想自己的习惯性反应，因为你的反应模式，就是孩子性格养成的根源。

对于这个场景，我相信不同的家长会有不同的反应，归纳起来，大致可以分为如下四种。

权威型

父母："别玩手机了！"

孩子："我还没看完，我再看一会儿行不行？"

父母一把把手机夺了过来。父母绝对权威，孩子的想法、情绪根本不重要。

这属于典型的权威型家长。面对权威型家长，孩子有两种走向。如果孩子内心的力量弱小，他会感到憋屈或者沮丧，他不明白，大人可以每天看手机，为什么他就不能看呢？家长要用手机处理工作，家长的工作重要，为什么他的事就不重要呢？他有很多的不明白，可没人向他解释。家长传递给他的信号是：你必须无条件服从。孩子的力量感会越来越弱，直至被彻底摧毁。在这个过程中，孩子会变得盲从，在他心中会慢慢形成"你好，我不好"的信念，于是，讨好型性格就养成了。

如果孩子内心的生命力强大，他就会像弹簧一样，越是压制，就越是反抗。当家长传递"你必须无条件服从"的信号时，他会奋起反抗，于是，"我好，你不好"的信念在心中形成，慢慢就会形成指责型性格。

这些孩子从父母身上体会到权威的好处，大喊一声，孩子就得乖乖听话。于是他们有样学样，开始用这种方式去欺负弱小、攻击别人。有一些孩子会完全失控，为了宣泄愤怒或者沮丧，不在乎受到惩罚，没有畏惧，也没有底线，这就非常可怕了。

这就是权威型家长对孩子的影响，他很可能让孩子走向两个极端，屈从的就发展成了讨好型性格，反抗的就发展成了指责型性格。

顾问型

父母："孩子，你玩手机很长时间了，可以停一下吗？"

孩子："我再玩一会儿。"

父母："我建议你去找同学玩一下，或者去打打球，不要整天玩手机。"

孩子："好吧。"

采用上面这种对话方式的属于顾问型家长。

这类家长大多受过高等教育，他们时刻提醒自己要尊重孩子，所以会跟孩子商量。这些话语看起来是在和孩子商量，实际上，却没商量。他们的潜台词还是那句话："你得听我的。"只是在表述上，他们会更文明、温柔一些。

面对顾问型家长，孩子仍旧是被动的，他没有机会提出自己的想法，他的思想、自我表达、情感，也都是被抑制的。顾问型家长同样会培养出两种极端性格：有些孩子因为长期被剥夺了决定权，会不假思索地盲从权威并盲目采纳别人的意见，认为"你好，我不好"，发展成了讨好型性格；有些孩子在压抑中反抗、攻击，认为"我好，你不好"，发展成了指责型性格。

说教型

父母："我说过多少遍了，不要长时间玩手机。"

孩子："我玩完这一局就不玩了。"

父母："长时间玩手机会损害眼睛的。"

孩子："没事，我眼睛好得很。"

父母："你看×××，眼镜片都赶上瓶底厚了，再这样下去，你也会一样。"

孩子："不会的……"

采用这种对话方式的属于说教型家长。

说教型家长比顾问型家长更有耐心，更懂得教育孩子，他们遇到问题会动之以情、晓之以理，跟孩子掰开了揉碎了，把利弊全部呈现出来，并且会强调再强调。

单单"手机有害"这个论题，这类家长就能轻松展开三千字的即兴演说：

玩手机，眼睛会近视。近视了要戴眼镜。戴眼镜，生活会很不方便，有些工作也受影响。

玩手机，小孩子难免会受到不良内容的侵害，会影响认知发展、大脑发育。

……

这类家长，道理讲得都很好，也很耐心，可孩子是什么感受呢？

孩子仍然是被动服从的角色，他的情绪、想法，父母听不到，也理解不了。双方的沟通是错位的，甚至是背道而驰的。父母再好的道理在孩子这里都成了耳旁风。这样的沟通，会给孩子这样的意识："你不好，我也不好，道理才是好东西。"这会促使孩子发展成超理智型性格。这类孩子长大后，很有可能成为某领域的专家、学者，只是生活中很容易给人冷漠无情的印象，与人沟通时，他们会模仿父母，常采用说教的方式。

教练型

前三种父母的教养方式都有所偏颇，那什么样的教养方式才可以培养出一致型的孩子呢？我们来看看第四种父母的应对方式。

父母："游戏很好玩，是吗？"

孩子："当然。"

父母:"能不能教教我?"

于是,父母和孩子玩在一起。

过了一段时间……

父母玩不过孩子,孩子赢得比赛,正在高兴的时候,父母抓住时机对孩子说:

"你打游戏确实比我厉害,不过,你能打得过设计游戏的那个人吗?"

孩子:"那当然打不过。"

父母:"设计游戏的和玩游戏的哪个更厉害?"

孩子:"当然是设计游戏的。"

父母:"如果你能设计出一款游戏来,那会怎样?"

……

以上是我的老师张国维博士跟他儿子的对话,采用这种对话方式的属于教练型家长。在张老师的教育下,他的儿子对计算机产生了浓厚兴趣,现在成了一名计算机工程师。

教练型家长跟孩子沟通有两个基本点:

一是平等,他不会站在高处向孩子说教,而是跟孩子站在同一水平线上。

二是以孩子为核心。孩子才是解决自己问题的专家,而不是家长高高在上地灌输大道理。

前面三种沟通,家长都是填鸭式,以强塞的方式单向地向孩子灌输。而教练型家长的重点在于唤醒,唤醒孩子的大脑,让他自己思考、做决策。

就玩手机这事来说，教练型家长首先会倾听孩子的想法，跟孩子一起玩，卸下孩子的心理防备，告诉他："我们不是对抗的，而是一起的。"然后启发式提问："你打得过设计游戏的那个人吗？"以此唤醒孩子内在的动力，变被动为主动。

教练型家长跟体育教练一样，并不是运用权力去控制孩子，而是掌握了一定的技巧，把现实中发生的一切当成对孩子的训练，让孩子在训练中成长。

教练型家长与前三种家长最大的区别是让孩子成为一个主动的人，在这种教育方式下长大的孩子，往往具有内驱力。面对教练型父母，孩子参与了"该不该做，应该怎么做，不做会怎样"整个思考过程。这样的孩子长大后能拥有主动、独立、多维思考的能力，能看见"你"、"我"和"情景"。同时，整个过程中，孩子是被尊重的，而不是被强迫的，他的情绪是流畅的，他的感受是"你好，我好，大家都好"，也就是做到了一致性。

教练型家长的理念跟中国儒家思想是一致的。儒家经典《大学》的第一句话是："大学之道，在明明德。"意思是说，大学的宗旨，在于把一个人好的品德呈现出来。

中国心学代表人物之一王阳明先生说得更简单——"致良知"，所谓"致良知"，就是把一个人的良知唤醒。

教练型家长的核心也在于唤醒，把孩子本身的能量、潜能唤醒。在这种教育方式下成长的孩子，性格是健康的、一致型的。

再举一个例子：如果你正处于青春期的孩子谈恋爱了，你应该怎么做呢？

女儿：妈妈，我跟班上一个男生谈朋友了。

妈妈：我们宝贝这么小，就有男孩子追了啊？

女儿：那当然，看是谁生的嘛。

妈妈：是全校每个人都谈朋友了，还是只有少数几个？

女儿：少数吧。

妈妈：你就是少数中的几个，对吧？肯定是因为你太优秀了。妈妈像你这个年纪的时候，也会对优秀的男生心动，看来你跟妈妈是一样的。

女儿：对啊。

妈妈：这是好事。不过妈妈想问你几个问题。现在就开始谈朋友，有没有可能会错过更优秀的男生呢？

女儿：我管不了那么多。

妈妈：行，把这次谈朋友当成一次学习也行。你觉得你跟他谈朋友有什么好处？

女儿：他很优秀，我觉得跟他在一起，能学到很多东西。我们可以互相帮助。另外，有人关心的感觉真好。最起码，这段时间我的心情很好。

妈妈：我们的宝贝女儿真的长大了，知道自己想要什么。不过，任何事情都有两面，妈妈再问你一个问题，如果现在就谈朋友，有没有可能需要付出一些代价？

女儿：可能会分散一些精力吧。我看到身边的同学分分合合的，经常搞得很痛苦。

妈妈：可能会经历失恋的痛苦，是吧？还有呢？还有没有别的可能性？

女儿：我暂时还没想到。

妈妈：以你对你们老师的了解，你觉得老师会怎么想？你喜欢的那个男孩子，他的父母知道后会怎么想？

女儿：没有任何事情是十全十美的，有好处，就有代价吧。

妈妈：我知道，我的宝贝女儿会处理好这些事情的。不过，你以后遇到任何困难，都可以来找我。毕竟你所经历的，我都曾经历过。

女儿：我现在就有一点困难，他马上就要过生日了，我想送他一份礼物，但我的钱不够。

妈妈：人人都能够买到的礼品，对他来说，未必觉得珍贵。有没有一些东西是市场上买不到的，同时能够给他留下珍贵记忆的呢？

女儿：那我只能动手做了。

妈妈：非常好，我们宝贝可以自己想办法了。不过，你想买也是可以的。你知道的，我每个月给你的零花钱，你是可以自由支配的。

女儿：但是还差一点。

妈妈：如果你真爱他，可以不吃饭，把伙食费都省下来。

女儿：可我还是差一点点，妈妈能不能支持一下？

妈妈：我的宝贝这么努力，这么优秀，一定会自己想到办法的，对吗？

……

上述对话中，妈妈一直把握教练型父母的两个要点：(1) 平等地拓宽孩子的思维；(2) 唤醒孩子内心的力量。不去干预孩子的决策，但把一些基本规则给到她，比如，看问题要看两面，既要看到积极的一面，又要看到消极的一面；考虑事情，不能只考虑自己，还要考虑到相关的人，比如老师，对方的父母；每月的零花钱可以自由支配，超支的话，自己想办法解决。

这样的沟通，家长不用去讨好孩子，也不去指责孩子，孩子就能做到一致性。

前面讲了四种典型的父母教养方式，四种教养方式是呈阶梯状的（如下图所示）：

第一级 权威型
第二级 顾问型
第三级 说教型
第四级 教练型

第一类权威型父母，他们的观点是"必须听我的"。第二类顾问型父母，他们的做法是"给建议，给答案"。第三类说教型父母，他们会"摆事实，讲道理"。虽然侧重点各有不同，但他们都是高高在上，一直对孩子发出单向指令。第四类教练型父母的教养核心是"陪伴和挑战，唤醒孩子的内在潜能"。他们与孩子之间是平等的，是能够双向沟通的。

以上四种典型的教养方式中的前三种分别对应了指责型、讨好型和超理智型性格。那么打岔型性格是怎么养成的呢？

正如《人间失格》作者太宰治对自己的描述，打岔型性格的养成,通常是创伤性经历所致,因为一些创伤性事件,孩子无法面对他所生活的环境,因此学会了用打岔的方式逃避。也有可能是父母长期不和,或者冷漠,孩子在这样的环境中不知所措,因而学会了用打岔的方式应对恶劣的环境。总之,因为曾经有过非常不好的感受,孩子不愿意再去感受。

我看的书很多,唯独这本《人间失格》,看完之后,心情抑郁了很多天。太宰治笔下的叶藏,父亲专横独断,母亲柔弱多病,家庭是远近闻名的豪门望族,同时又有靠投机买卖和高利贷发家的粗鄙背景。在这样的环境中长大,他陷入了对家庭既依赖又批判的矛盾挣扎中,从小就自学了一种应对世界的方式:用幽默的方式迎合讨好他人。他越是笑,越给人一种寒彻入骨的悲哀。

他的底层逻辑是:"我不好,你也不好,整个世界都不好,于是,我要搞笑一点,这样才能好受一点。"这就是打岔型性格的成因。

除了上述四种教养方式,还有很多影响性格养成的因素。比如,在童年时期,孩子的情绪得不到父母或者养育者的回应,或者父母不允许孩子流露情绪,孩子会养成冷漠的超理智型性格。这一点,我们在后面的情绪模式中还会继续讲述。

总之,性格是一个人适应生存环境的行为习惯。父母的教养方式,是孩子性格养成的重要原因。

> **本节功课**
>
> 1. 对照本节内容,思考一下自己是哪种教养方式?
> 2. 在你的教育下,孩子有哪些优点?有哪些隐患?
> 3. 如果你的孩子考试失败了,情绪低落,你应该怎么做呢?

道理都懂，但不会用怎么办？

韩寒在电影《后会无期》中写了一句经典台词："我们懂得许多大道理，但依旧过不好这一生。"

孩子教育也是一样，道理容易明白，做到却不容易，怎么办？团长通过 27 年的教学经验发现，最好的学习就是体验。道理是储存在大脑中的记忆，只有体验才会成为能力。请大家感受一下如下场景：

有一天，你坐船出海，半路上撞到冰山层，就像电影《泰坦尼克号》中的场景一样，船分崩离析，而你独自一人漂流到了一个荒岛。

这个荒岛上的所有东西都比你所知道的要放大三倍以上，树上有很多果子可以充饥，可树又粗又高，以你的身体根本爬不上去；海里有很多鱼可以果腹，可鱼又大又壮，以你的体力根本抓不到它。这时，有两个身高体重都是你三倍以上的巨人发现了你，他们愿意照顾你，很有爱心地摘果子、捞鱼给你吃。

这两个巨人非常爱你，因为你的身体太小，他们担心你的安全，所以，给你很多约束，不准独自出门，更不能下海，因为，树上的果子掉下来可能会伤到你，水里的鱼也可能会让你受伤。为了保护你，他们事事都要掌控你，衣食住行、说话、做事都必须按照他们说的来。

在这个小岛上生活，你是什么感受呢？你愿意在这个岛中生活下去吗？

我想没有人愿意，不是吗？因为没有自由。

你现在所感受的，正是你孩子生存的世界。对孩子来说，父母就像是那两个巨人，在自己没有生存能力的时候，从他们那里得到了照顾、疼爱，同时也被控制和约束。

实际上，我们也曾经是孩子，每个人都有当孩子的体验，只是随着时间的推移，我们把这种体验封锁在心灵深处了。心门打开，整个世界都会发生改变。

儿子出生的时候，我正处于求温饱、求生存的阶段，从来没有去关注过他的感受。后来，女儿出生后，我不用在饥饿线上挣扎了，再加上我学了心理学，感觉突然之间被唤醒了。有一段时间，我特别敏感，每当看到女儿被老师或者其他大人下命令的时候，我心里会立刻浮现出小时候被同样对待时的画面，有时会忍不住泪流满面。

我们如果能从孩子身上看见曾经的自己，其实不需要学任何东西，自然而然地就会知道怎么与孩子相处，毕竟我们也曾经是孩子。

懂了很多道理，仍旧管不好孩子，一个很大的原因是：我们没有感受到孩子所感受到的，没有体验到孩子的不容易。教育孩子，至少要做到：允许他做自己。

行为模式：孩子偏差行为背后是教育方式的缺陷

前面我们讲了，我们面对外部情景会产生行为反应和情绪反应，这两种反应不断重复并最终固化下来后，就是一个人的性格。

孩子的行为反应和家庭教育有怎样的关系呢？

孩子的每一种行为都有其正面动机

十几年前，我儿子读小学的时候，有一件事让我至今难忘。

当时，因为没有广州市户口，我儿子只能在一家私立学校就读。大家都知道，私立学校的学费比较高，所以，在这里就读的孩子家庭条件都很优越，很多人的父母都在经商做老板。因此，当听说儿子班里有一个女同学经常偷东西的时候，我是非常诧异的。

这个女同学不仅偷东西，还屡教不改。她偷了很多次，每次偷都被抓到，被老师训话，找家长，然后下次接着偷。当然，小学生也没什么值钱的东西可偷，无非是尺子、本子、笔等不值钱的文具。

在一次家长会上，老师实在是忍无可忍，就没有顾及家长的感受，当众提出了批评。

当时，老师批评家长："你的孩子出现这种行为是非常不好的，你回去之后要跟孩子好好沟通……"孩子的妈妈非常难受，她一个劲儿地说对不起，哭着给老师道歉，还给在场的所有家长一个挨一个地鞠躬，说"对不起，给你们添麻烦了！"

这个女同学当时就在妈妈的身边，我不经意间看了她一眼，当场就被震惊了，这个八九岁的女孩，脸上竟然浮现出一种得偿所愿的笑容。

妈妈当着一屋子人的面道歉，她因为孩子的行为感到屈辱、羞愧、伤心、难过，可孩子却在笑，这是为什么呢？

阿德勒有一个观点：人的一切行为都是由目标激发的。孩子的每一个行为都有其正面动机，他一定是能得到某种好处的。那么，这个孩子偷东西，让妈妈屈辱地向别人道歉，对她有什么好处呢？

我们从另一个孩子身上看看能不能找到答案。

这个孩子也是儿子的同学，一个男孩，他经常跟人打架斗殴、逃学，同样屡教不改，比偷东西的女同学更让老师头疼。老师听说了我的职业跟教育和心理学有关，就约上我和孩子的爸爸一起吃了顿饭。那个爸爸跟我说了一番话，基本代表了那个阶层的大多数家长的心声。

他说："黄先生，听说你是搞心理学的，你帮我搞好我儿子，多少钱都没问题，为了这个家伙，让我倾家荡产我都愿意。"

我说："先生，不用钱的，我可以免费送你一个课程，你只要愿意来上课，课上会有很多教育方法，你换种方式教育孩子，孩子就好了。"

他说："我哪有时间上课？你帮我搞好我儿子就可以了，我实在没时间管他。"

我能理解他，家里的生意很赚钱、不差钱，同时，孩子的问题已经让他饱受折磨了。他可以砸很多钱用于孩子的教育，就是不肯花心思和时间在孩子身上。可孩子的教育问题，没有父母的配合，大罗神仙都无计可施。

回头再看偷东西的女同学，她的家庭跟这个男同学有共同的问题：父母太忙，顾不上孩子。妈妈道歉，她为什么笑呢？她获得了什么？答案很明显了：平时父母都忙，难得一见，但只要她一偷东西，父母再忙，也必须到学校来领她回家，她成功吸引到了家长的关注和重视。

生命需要营养，心理也需要营养

人有两条命，一条是肉体、物质的生命，另一条是精神层面的，我借用佛家的一个词，称之为"慧命"。

肉体的生命需要各种营养才能存活、生长。精神层面的慧命也需要营养。

生命需要的营养是蛋白质、碳水化合物、维生素、微量元素等营养。那么，精神层次的慧命需要什么营养呢？

第二次世界大战结束后，美国很多孩子失去父母成了孤儿，国家很重视这些孤儿的生活，投了很多钱给福利院，让这些孤儿可以衣食无忧，并且得到最好的照顾。可事情发展却不顺利，这些孤儿的死亡率连年攀升，是普通儿童的好几倍。得了同样的病，普通家庭的孩子很快就能康复，可孤儿院的孩子却会因此失去生命，到底是为什么呢？有研究小组为此做了深入调查。

当时，美国有一种育儿思想：成人身上携带的细菌会危及孩子的身体健康，为此，孤儿院有严格规定，在照顾这些孤儿的过程中，工作人员禁止与他们有身体上的接触。调查人员发现，问题就出在这个规定上。跟普通家庭相比，孤儿因为从没跟成人亲密接触，患上了"原始情感饥渴症"，丧失了生存下去的意志力，稍微生点病就被击垮了。对这些孩子来说，来自养育者的拥抱、关爱就是一种心理滋养。

心理营养是一个人精神层面的需要，比如爱、安全感、价值感、归属感等，要让孩子获得这些心理营养，父母必须给予孩子肯定、赞美、鼓励、关注、接纳等。

肚子饿了，我们都有清晰的认知："不太饿，可以先不吃饭。非常饿了，必须尽快吃饭。"如果一个人长期饥饿，身体会出各种问题。

同样，一个孩子如果精神上长期处于饥饿状态，也会产生各式各样的问题。事实上，孩子出现各种不良行为，很大原因就在于心理营养缺乏。

问题孩子是怎么教育出来的？

有学员曾经给我反映："我家孩子原本很乖的，但上了你的课程后，他反而变得叛逆了，敢跟我顶嘴了，你怎么把我的孩子教'坏'了呢？"

其实，我不仅会教"坏"孩子，还会教"坏"爸爸。

记得有一次，有一个十五六岁的小姑娘，受妈妈的委托，来到我的课堂上找我，把我骂了一顿，说我教坏了她的爸爸，说她爸爸本来很听妈妈话的，但上了我的课后，敢跟妈妈吵架了，说我破坏了她的家庭关系。

真的是这样吗？

如果把敢于反抗叫作"坏"的话，那确实是被我教"坏"的。但如果全面地看，你也许会有不一样的看法。

我们先来看看那个被教"坏"的孩子。他原来确实很乖，对父母言听计从，不过就是不肯上学，辍学在家一年多了，但变"坏"之后不久，重新回到了校园。

而那位被我教"坏"的爸爸，本来已经下定决心要离婚的，用他的话来说，他在这个家一点地位都没有，什么都要听老婆的，自己说什么都没有用，干脆就什么都不说了。上完我的课之后，用我教的方法，回家跟太太确实吵了好几架，神奇的是，他们夫妻的关系变好了。

为什么会这样呢？

我们要从乖孩子说起。很多家长错误地认为，乖孩子才是好孩子。乖孩子真的是好孩子吗？我们再来看一个乖孩子的案例。

小文是我的一个学员，因为得了抑郁症来上我的课。她长得漂亮，夫妻和睦，孩子聪明可爱，两口子都是公务员，工作稳定，收入也高，双方父母的家境都很殷实，有一个人人羡慕的完美家庭。小文明明过着人人羡慕的生活，可是为什么会得抑郁症呢？

带着好奇，我帮她做了一个个案。在家庭重塑时发现，原来她的父亲曾经是当地的副市长，有权有势，也有很强的掌控欲，从她出生那天开始，她的人生就全在父亲的安排之下，穿什么衣服，吃什么饭，读什么幼儿园，考什么中学，大学选什么专业，大学毕业之后找什么工作，毕业之后结婚找什么样的老公，孩子上什么样的幼儿园……她人生的每一个重要的决定，都是她父亲安排的。她的人生，自己几乎没有做过一次主。因此，她感到自己很没用，仿佛一个废物，一点价值都没有。而且，她说她的内在有一个魔鬼，它总怂恿她去出轨，摧毁这看起来完美的生活。但另外一个理智的自己一直在跟魔鬼做斗争，所以，暂时还没有干出什么破坏家庭的事。不过，这样的内耗让她感觉很累。这就是她生病的原因。

有一个强大的父亲为自己安排好一切，这难道不是很多人梦寐以求的好事吗？为什么小文会身在福中不知福呢？

要回答这个问题，我们要从阿德勒的一个理论说起。

阿德勒是奥地利心理学家，他并不认同弗洛伊德的性本能冲动理论，他认为人的问题并非来自内部的性本能冲突，而是来自人与人之间的关系。他认为人是社会性动物，人生所受的苦都源自人际关系。

阿德勒认为，幼儿的成长需要父母的关注，也就是前面所讲的心理营养。如果缺乏关注，孩子会通过各种方式来获得父母的关注。在获得关注的努力中，孩子的行为会出现各种形式的偏差，也就是问题行为。偏差行为可分为如下四个阶段：

1. 寻求关注

什么叫作"寻求关注"呢？

前面我们说了，心理营养不足跟身体营养不足一样，会带来各种问题。下面我们用饿肚子做一个场景演绎。

> 下午最后一节课，原本应该6点下课，可7点了，老师还在讲，孩子们肚子饿了，他们会怎么做呢？
>
> 有的孩子屁股扭来扭去、东张西望，有的开始跟同桌抱怨、聊天，有的趴在桌子上，捂着肚子。
>
> 孩子们会故意搞出各种小动作，提醒老师：我肚子饿了，该下课了。

孩子心理缺少滋养，也就是内心有需要却得不到满足的时候，他没有办法通过好的行为来取得父母的关注，就会故意搞点事情出来，以引起家长的注意。

这是孩子偏差行为的第一个阶段：寻求关注。

孩子哭闹、搞小动作、捣乱等行为，都发生在这个阶段。这个阶段的特点是孩子的行为让父母感到烦躁不安。

这是孩子出问题最初始的阶段，这个阶段的问题非常容易解决，我们只需把握一个原则：忽略不良行为，奖励好的表现，补充缺失的心理营养就可以了。

比如，孩子在家里故意乱吼乱跳，很多人的反应是不耐烦，然后直接训斥：你不要这样。这样的训斥只会让情况恶化。我们先忍住，努力漠视他，静待时机。他一旦安静了，我们立刻抓住机会，大力表扬："你现在好安静，妈妈好喜欢你这个状态。"这就传达给孩子这样的信息：安静也能够吸引妈妈的关注。

2. 争夺权力

如果孩子通过第一阶段的努力，依然得不到父母的关注，孩子接下来的不良行为会升级，开始直接对抗。这就进入了孩子出问题的第二阶段：争夺权力。

这个阶段的特点就是，你让孩子干什么，孩子偏偏不干，处处跟你对着干。孩子的行为让父母十分生气。

家长：好好学习；孩子：我偏要偷懒。

家长：早点睡觉；孩子：我偏要晚睡。

家长：提前出门，别迟到；孩子：我偏要磨蹭。

家长：多运动对身体好；孩子：我偏要宅在家里。

家长：与同学好好相处；孩子：我偏要欺负别人。

……

顶撞、不服从、对着干，这些行为的目的通常都是在寻求权力。

孩子故意事事跟家长对着干，以获得一种自我掌控感。面对孩子的对抗，很多家长的反应是愤怒、生气："这孩子不管就反天了。"家长越努力管控，孩子越对抗，你强我更强，进入了恶性循环。

这个阶段，孩子的底层需求是：我要争取我的话语权。

如果你的孩子已经进入了这个阶段，不用担心，这虽然比第一阶段处理的难度稍大一点，但还是可以轻松解决的。你只需要尊重孩子，让孩子为自己的行为负起责任，让孩子为自己的人生做主。当他拥有了自己的权力范畴时，他自然不会再跟你作对。

也许有些家长会担心，孩子还小，什么事都不懂，让孩子自己做主，那他不得走上弯路了啊！

其实，人生的路很特别，有时，弯路比直路更接近目标。

为什么这么说呢？

邻居家有一个跟我女儿同龄的小男孩，两个孩子经常一起玩，连带着两家人也经常走动。女儿1岁多的时候，有一次，邻居来我家，正赶上我们在吃饭，他看到我女儿自己坐在婴儿椅上，手抓着饭菜往嘴里塞，弄得满身满脸都是食物，就很不理解："团长，你搞心理学，还做儿童教育，你女儿这样，你怎么也不管？"我说："这就是我的教育方式。"邻居一脸的不敢置信，因为他对儿子可宝贝了，孩子吃饭的时候，他一口一口喂，保证哪里都干干净净。

看起来我让女儿自己吃饭是走弯路，但结果如何呢？我们把时间拉到十多年后。

女儿初中毕业的时候，几个家庭组织了一次毕业旅行。在旅行时我看到了这样一个画面：在吃早餐时，孩子们都拿着盘子去选自己想吃的，然后变着花样吃了起来。而邻居家的男孩却端端正正地坐在座位上，等着父亲把食物端过来放到他眼前，放什么他就吃什么。

幸好这位父亲在我的影响下学了心理学，慢慢把孩子的选择交回给了孩子。如果父亲不做改变，孩子习惯了事事由父母做主，他长大之后会怎么样，可想而知。

我放手1岁的女儿自己吃饭，虽然过程很难看，但几个月后，她越吃越干净；我放手女儿自己选中学，虽然学校并不是我喜欢的，但女儿喜欢；我放手让女儿自己选大学专业，也许会走弯路，但她自己选择的专业，她一定会用心学习；我还会放手她自由恋爱，也许她选择的对象未必是最好的，但只要是她喜欢的就好。

孩子的人生经验，只有在她去亲身经历之后，才能有所得、有所感，父母代劳的话，孩子整个人生都会处于无力感的包围之中。一定程度上说，我们应该让孩子为自己的行为负责任，哪怕他会为他的选择付出一定的代价。

如果你压缩了孩子选择的空间，剥夺了孩子选择的权力，他会用一生跟你对抗，并且还会变本加厉，进入下一个让你痛苦的阶段。

3. 报复

如果在寻求权力阶段，父母通过强力压制的方式，让孩子无法通过抗争获得权力，孩子的偏差行为就会进入第三个阶段：报复。

孩子与父母争夺权力，争不过，他就转用报复的行为来刺伤父母。这个阶段的孩子会故意做一些让家长痛苦的事儿，比如，偷东西、伤害别人、搞破坏、自残、生病、尿床等，总之，什么事情会让父母痛苦就做什么。前面讲过的那个面带微笑看着妈妈边哭边向别人道歉的孩子，就进入了这个阶段。

这个阶段的孩子已经深受精神饥饿的折磨，他已经饿到极致了，不是忍一忍、再坚持坚持就能解决的。家长必须填饱孩子的肚子，重新建立亲子间的信任关系，给他补充心理营养。

如果你的孩子已经进入了这个阶段，父母必须彻底改变自己的教育方式，最好能上一些疗愈性的心理学课程。因为我们掌握的教育方式基本上来自我们的父辈，如果我们不去疗愈自己曾经的伤痛，就很难改变对孩子的教育方式。

就像萨提亚说的，一切没有疗愈的，都会传给我们的孩子。

4. 放弃

在第三阶段，双方虽然痛苦，但还不至于无药可救。但如果在这个阶段父母还是不做改变，依然用强权对待孩子，孩子的行为就会进一步恶化，进入第四个阶段：放弃，也就是自暴自弃。

什么叫作放弃？我的老师张国维曾跟我讲过一个真实的故事。他说，有一天，他在一家餐厅吃饭，刚好邻桌有个小女孩在过生日，以下是他听到的一段对话。

> 妈妈对孩子说："宝贝，今天是你生日，你想吃什么，随便点！"
>
> 孩子高兴地说："好啊好啊，妈妈，我要喝可乐。"
>
> 妈妈说："不行。"
>
> 孩子疑惑地说："妈妈，不是说生日点什么都可以吗？"
>
> 妈妈说："可乐是碳酸饮料，对身体不好，除了可乐，什么都可以。"
>
> 孩子想了想说："嗯……那我要雪糕。"
>
> 妈妈说："不行。"
>
> 孩子不开心了："你不是说我今天过生日，点什么都行吗？"
>
> 妈妈说："雪糕是冻的，不能吃冻的东西，对身体不好，除了可乐和雪糕，其他都行。"
>
> 孩子嘟囔着说："那好吧……我要点炸鸡总可以吧？"

妈妈坚定地说："不行！油炸食品会上火，除了可乐、雪糕、炸鸡，什么都行。菜单上有很多好吃的，随便点。"

孩子这次不点了，她说："随便……"

看到了吗？为什么孩子会说"随便"，不是她真的宽容大度，而是因为她的选择权被一次次无情地剥夺了。一个选择权被剥夺的人，就是一个没有了自我的人。

经过前三个阶段的努力，如果孩子依然无法获得心理营养，最终孩子会感到绝望，此时就到了最后一个阶段：放弃。

进入这个阶段的孩子通常的表现是退缩、懦弱、被动、不与人交往、自闭、自我刺激（如手淫）或者打岔。前面讲过的打岔型性格就是这样养成的。

前面不是说打岔型性格是创伤导致的吗？这个阶段也算是创伤吗？当然！虐待是对肉体的强暴，而"随便"则是精神被强暴的结果。

这样的孩子，轻则懦弱、顺从、讨好、退缩，一事无成；重则会得抑郁、精神分裂等各种神经症。

一个总说"随便"的孩子无疑是个乖孩子，但乖孩子未必是健康孩子，很可能是个病孩子。所以，教育孩子，光有爱是不够的，还得有智慧。

看到这里，我想聪明的你已经明白了团长为什么会把孩子教"坏"，会把爸爸教"坏"了吧？

其实那个听话的孩子已经进入了第四阶段，我只是把他拉回到第三阶段而已，当他有力量去重新争取权力（敢于跟父母顶撞）时，他自然有力量重新上学。当然，回到这个阶段后，就要看父母的改变了，如果父母不做改变，孩子依然会被打回原形。

亲密关系跟亲子关系一样，也会经历这四个阶段。那位丈夫在太太的强权之下，也已经进入第四阶段了，表面上看，他逆来顺受，像个乖孩子，但他的内心已经濒临绝望，处于离婚的边缘。我能做的就是唤醒他内心的力量，让他重燃希望，回到第三阶段，再加上一些夫妻沟通的方法，如此才能挽救一段婚姻、一个家庭。

世事很奇怪，有时候变坏是变好的开始。

写到这里，我耳边响起了那英的一首歌：

> 终于你找到一个方式
> 分出了胜负
> 输赢的代价
> 是彼此粉身碎骨
> 外表健康的你心里伤痕无数
> 顽强的我是这场战役的俘虏
> 就这样被你征服
> 切断了所有退路
> ……

如果父母用这种方式征服自己的孩子，总有一天你会后悔、会失望的。

虽然作为乖孩子的家长很难自我觉察，但我还是想给大家敲个警钟：如果你的孩子是个乖孩子，你是时候学点心理学了！因为，你以为的好孩子，不过是你的提线木偶罢了。

> **本节功课**
> 1. 你的孩子现在在哪个阶段？
> 2. 你打算怎么做？

情绪模式：如何应对孩子的情绪

情绪是好还是坏？

记得多年以前，广州日报社邀请我去做过一次亲子讲座。在互动时间，有一位妈妈说她有个4岁的儿子，她一直认为，男人应该掌控自己的情绪，她觉得情商比智商更重要。所以，她从小都很注重培养儿子的情商，但是她所理解的情商，可能不是真正意义上的情商。她说她看了很多书，用了很多方法，终于在今年把儿子训练到不会闹情绪、不会发脾气了，可是有个朋友跟她说这个方法是不对的。她希望我作为亲子教育方面的专家，告诉她从小教育儿子控制情绪到底好还是不好？当我听到这个问题的时候，我感觉头皮发麻，试想一下，一个4岁的孩子就开始学会控制情绪，那他长大之后，会变成一个怎样的人？

还记得本章开头讲过的我那个脾气很好的朋友小明吗？小明就是一个情绪控制得非常好的人，我认识他20多年，从来没见他发过一次脾气，可惜的是，他早早就离开了这个世界。

稍微懂点情绪心理学的人都知道，一个压抑情绪的人，他的情绪就会向内攻击，伤害自己的身体。社会上一直流传一句话叫"百忍成金"，其实"百忍"只能成病。

不知大家是否留意到一个现象，公园里的老太太比老先生要多得多。这是为什么呢？是因为老先生不喜欢出门？并不是。

给大家看一份来自国家卫生健康委员会的统计数据：2022 年，我国人均寿命是 76.53 岁，其中男性的平均寿命是 73.64 岁，女性的平均寿命是 79.43 岁，男性比女性的平均寿命短了近 6 岁。也就是说，如果夫妻双方是同龄人，老先生会先去世，然后留老太太孤独度过人生的最后几年。

男性的平均寿命为什么比女性的低呢？因素有很多，其中一个因素是：男性更善于情绪管控。有句话叫"男儿有泪不轻弹"，男性自小就学会了把悲伤、痛苦等情绪闷在心里，而不会像女性那样通过哭泣、诉说发泄出来。各种情绪堵在内心，会对身体带来不利影响。

也许有读者朋友会说，情绪碍事，控制好情绪的人做事效率高，短命几年没关系。

善于管控情绪的人做事效率确实高，不过，控制情绪除了会影响健康，还有其他代价。我们看一个经典案例。

《卡尔·威特的教育》曾一度受到整个教育界的追捧，被认为是世界教育奇书。

在书中，老卡尔·威特讲述了自己教育儿子小卡尔·威特的经历。婴儿时期的小卡尔反应迟钝，是个痴呆儿，用了他的教育方法，小卡尔 8 岁时就能自如运用六种语言（德语、希腊语、法语、意大利语、英语、拉丁语），14 岁时就拿到了博士学位，直到现在他仍旧是《吉尼斯世界纪录大全》中"最年轻博士"的纪录保持者，16 岁就被大学聘为副教授。而且，并不像某些小天才那样"小时了了，大未必佳"，小卡尔·威特成年后依然有巨大成就，特别是在文学方面，他翻译的但丁作品，至今依然被认为是最好的翻译作品之一。

这么成功的人士是怎么培养出来的呢？我们来看看书中提到的两件事就知道了。

　　6岁时，父子俩到朋友家做客，主人给了小卡尔一杯他非常喜欢的牛奶。他刚要喝，却不小心洒了一点出来，朋友说关系，招呼小卡尔赶紧喝，可小卡尔坚定地拒绝了。因为父亲给他立的规矩：牛奶洒了，就不准再喝了。在规矩面前，孩子的开心或伤心等情绪都是无关紧要的。

　　还有一次，考虑到孩子需要同龄人的陪伴，老卡尔就给儿子找来两个优秀的小女孩做玩伴。可很快老卡尔就把这段友谊粗暴地掐断了，因为他觉得小卡尔跟女孩学到了任性和自以为是。

老卡尔的这种教育理念曾经在欧洲风靡一时。这种理念会培养出冷静甚至近乎冷漠的人。这种人会把所有时间都聚焦在一个点上，他们确实能够做很多事情，成为某个领域的专家、学者。

　　既然这种方法这么成功，又有那么多人争相模仿，那不是很好的教育方法吗？

　　当然不是，任何东西都是有代价的，我们看看小卡尔·威特的真实情况如何。

　　在老卡尔·威特的眼中，小卡尔·威特是成功的。可是否成功，小卡尔·威特自己最有发言权。小卡尔虽然年纪轻轻就被大学聘为教授，可因为从小被限制交友，他不能自如表达，没有学生愿意听他讲课，因为性格懦弱、自卑，他在同事、朋友中也不受欢迎，一生都没有结婚。更严重的是，他一直憎恨他的父亲，直到父亲离世，他都没有原谅父亲。

从小控制情绪的好处是做事效率高，但代价是，这样长大的人很难与人相处。他没有朋友、爱人，人际关系一塌糊涂，这样的人生又怎么可能幸福呢？

团长就是一个活生生的例子。

刚结婚的时候，我太太对我有很多抱怨，说我是个木头。后来，我走进了心理学的世界，她说我变了，自从学了心理学，我越来越像个"人"了。我是怎么变成"木头"，又是如何变回"人"的呢？

我妈生我的时候已经40多岁了，我比我姐小9岁。当时，姐姐要上学，爷爷奶奶已经不在了，而爸妈是家里的重要劳动力，要遵照公社的安排每天下田参加集体劳动。家里没人可以照顾我，村里就把我分配给了一个五保老人。这个老人是个自梳女，一辈子没有结婚，也没有孩子，自然也不知道怎么带孩子，再加上常年离群索居，对人很冷漠。我哭，没人理，我闹，也没人理，没有人呵护我、回应我，慢慢地，我就学会忽略自己的感受，压抑自己的情绪。与人相处时，我就成了一个没有感情的机器人，这也是为什么我太太会抱怨我是木头。

在学习心理学后，我的情绪开关慢慢打开了，当情绪可以在身体内顺畅流淌的时候，我也就越来越像个"人"了。

你如果不希望你的孩子像以前的团长那样，成为一个木头，最好早点学习心理学，不然，孩子长大后，你后悔就晚了。

孩子闹情绪怎么办？

压抑情绪不是一件好事，那么一味发泄情绪是不是一件好事呢？多年前，某明星企业家家暴的事件闹得沸沸扬扬，最终导致千夫所指、企业崩盘。好脾气不对，坏脾气也不对；忍受不对，发泄也不对。那么，关于情绪，怎么做才是对的呢？

给大家分享一个团长应对孩子情绪的方法。

女儿小的时候，我带她逛街，看到玩具、糖果这类东西，她就一定要买，我不想给她买，她就不肯走、哭闹。遇到这样的情况，你会怎么处理呢？

在公众场合，孩子大声哭闹，父母会觉得很没面子，有些人会训斥孩子，会强硬地把孩子拉走。千万别这么干，因为这会传达给孩子一个信息：哭是不对的，伤心是不好的情绪。他的情绪开关也就关上了。

我的做法很简单，我会蹲下来看着她的眼睛，与她对话。

"宝贝，你很想买这个玩具对吧？"

"是的。"

"爸爸不给你买，你很难过，是吧？"

"嗯。"

"你难过就哭一会儿，我陪着你。"

……

女儿会看着我哭，哭一会儿，很快就会自己擦擦眼泪，跟着我继续往前走。

这个应对情绪的方法叫作"接纳"。

情绪是一种表达方式，是孩子引起家长关注的一种手段。你清晰地告诉他，我收到了你的情绪，孩子自然就不会再表达了。

这个技巧对孩子有用，也适用于成年人。

某天，你把报告交给老板，老板很生气，一拍桌子："有没有搞错！这报告写这么烂！"你勇敢地看着老板："老板，你看起来很生气，我知道了，是这个报告写得不够好，我马上去修改。"老板如果不想借机把你开掉，他看到你注意了他的情绪，也就不生气了。

这一招还可以用来应对伴侣的脾气："我没有按你说的做，你有点生气，对吧？"当你能接纳对方的情绪时，对方会舒服很多。

可惜的是，大多数人都不明白这个道理。你看看家长们是怎么安慰孩子的就知道了。

孩子伤心难过时，你会怎么做呢？也许你会说："别难过！"

孩子生气时，你会怎么说？也许你会说："别生气了，怎么又闹情绪！"

孩子害怕时，你会怎么安慰他？也许你会说："不要害怕！你怎么这么胆小！"

……

当你这样做时，孩子会收到一个信息：情绪是不好的。长此以往，他会慢慢把情绪压抑下去，就成了没有情绪的、冷漠的人，这种情况在心理学上被称为"述情障碍"，就是没有能力表达情绪。

当然，也可能是另外一种情况，因为太多太多情绪没有得到接纳、无处释放，全部压在自己的内心，孩子会因此变得敏感、脆弱，严重时会得抑郁症。

因此，当下次遇到孩子闹情绪时，不管是什么情绪，都跟他说：有情绪是可以的。

伤心是可以的；

愤怒是可以的；

害怕是可以的……

接纳孩子的情绪，就是告诉孩子：我看见了你的情绪，你的情绪是被允许的。

孩子从小被这样对待，他未来的情绪就会很流畅，他也能慢慢学会如何处理自己的情绪，成为一个高情商的人。

父母如何应对自己的情绪？

也许有读者会问，孩子闹情绪时，我自己也有情绪怎么办？

也就是说，自己的情绪很容易被孩子的情绪引爆。我们都知道，人在情绪状态下，智商会下降，在这种情况下，很难做到接纳孩子的情绪。那怎么办呢？

要学会表达情绪，而不是带着情绪表达！

什么叫作表达情绪？什么叫作带着情绪表达？

我们来设想这样一个场景：

晚上12点，丈夫才结束加班回到家，妻子还在沙发上等他。这时候，妻子有两类反应：

第一类：

用手指着丈夫大声指责："你还知道回家啊！干脆住在公司

好了，你心里还有没有这个家?"然后，"砰"的一声关上了房门。

听到妻子这样说，丈夫也很生气："你这是什么态度啊！我加班不也是为了多赚点钱吗？不也是为了这个家？你不想过就别过了！"当晚，丈夫睡到了沙发上，夫妻矛盾激化。

这，叫作带着情绪表达。

第二类：

妻子说："老公，你终于回来了！我等你一个晚上了，一开始我很生气，觉得你不重视我和孩子。孩子睡了之后，我一个人坐在客厅里，感觉特别害怕，也很孤独。"

如果妻子这样说，丈夫会有什么反应呢？

丈夫会一把把妻子抱在怀里，安慰她："对不起了，不用怕，我下次再也不这么晚了！"夫妻两人的距离更近了。

这，叫作表达情绪。

两种表达情绪的方式，会导致两种截然不同的结果。这两种表达方式的区别在哪里呢？

在沟通中，传达信息的有三个元素：言语、声调、肢体语言。

用言语直接说出内心的感受，比如：我很生气、很害怕、很孤独等，这叫作表达情绪。上述例子中第二类就是表达情绪。

有了情绪之后，没有用言语直接说出来，情绪就会通过声调、肢体语言表达出来，说话的声音不知不觉间会增高，会用手指向对方，或者甩门、拍桌子等，这就是带着情绪表达。上述案例中的第一类就是带着情绪表达。

情绪总要有个出口,你不表达情绪,就会带着情绪表达。

表达情绪,会把人拉近;带着情绪表达,会把人推远。

当我们学会表达情绪,情绪就不会在体内积聚。如果我们内在没有情绪积累,孩子有情绪时,也就不会勾起自己的情绪,这样,你自然可以做到接纳孩子的情绪了。

如果你是那种一点就爆的爸爸或妈妈,大概是平时积累的情绪太多了。

> **本节功课**
>
> 当你感到自己有情绪时,请把此时的情绪用言语表达出来。如:
>
> 1. 我现在感到愤怒。
>
> 2. 我现在感到难过。
>
> 3. 我现在感到害怕。
>
> ……

重新认识情绪

经常听到有人说,情绪有正负之分。也就是说,有的情绪是正面的,是好的,比如喜悦、开心、兴奋、平静等;而另外一类情绪是负面的、不好的,如愤怒、悲伤、嫉妒、焦虑、害怕等。真的是这样吗?

怒伤肝,思伤脾,忧伤肺,恐伤肾……稍懂中医的朋友都知道这些,所以,人们很自然就会把这些情绪归为负面。可是,你知道喜悦也会伤人吗?

范进中举的故事大家还有印象吧？范进经过多年努力，屡战屡败，屡败屡战，最后在54岁那年考中举人，喜极而疯。可见，高兴过度也不是一件好事。难道喜悦也是负面情绪？

中医里有这样一句话：人参错用是毒药，砒霜用对是良方。可见，情绪跟其他东西一样，都有两面性。下面举几种常见的情绪例子。

1. 愤怒给人力量

"不做东亚病夫！"抗日战争时期，很多人因为愤怒而激发身体潜能，舍身成仁，前仆后继。这个时候，愤怒就是一种力量，小到守护自己的家庭，大到保家卫国，它都能发挥积极的作用。

2. 悲伤是一种疗愈

原始时代，人们被野兽咬伤了，会找一个山洞躲起来养伤。我们的内心也需要这样一个山洞，而悲伤就是一个很好的山洞。当我们沉浸在悲伤中的时候，工作暂时停止了，内心也没人打扰，我们就这样悄悄地疗愈自己。悲伤也有疗愈的能量。

在中国的传统文化中，老人去世后，家人会做各种各样的法事。法事，是一种宗教仪式。这样的仪式对死人的灵魂有没有帮助，我不知道，但我很确定，从心理学的角度看，它对活着的人是很有帮助的。因为在仪式中，亲人会集中在一起放声大哭，在大哭一场之后，伤心得到了宣泄，人得到了很好的疗愈。

3. 恐惧可以保护自己

我们经常骂别人怕死鬼、胆小鬼，好像恐惧胆小是一件很可耻的事儿。我们来想象一下，一个人如果没有恐惧情绪了，会怎么样？不怕承担罪责，那就随意杀人放火；不怕身体的痛楚，那就跳楼自戕。没有了恐惧，也就没有了敬畏，没有了边界。恐惧让我们懂得保护自己。所以,恐惧是一种守护自己生命安全的能量。

4. 焦虑让人未雨绸缪

假设你获得了诺贝尔奖,明天要面对全世界做一个15分钟的演讲。今天晚上你焦不焦虑?团长就算讲课27年,都会焦虑。可也正因为焦虑,我会提前精心做准备。这就是焦虑好的一面,它可以让我们未雨绸缪,早做完全的准备。

从以上案例可以看出,每种情绪都有其功能,所以,情绪并无好坏之分,只要我们能善用情绪,每种情绪都是我们的内在资源。

心理学上,有一个关于情绪的理论,叫作"钟摆效应",情绪就像一个来回摆动的钟摆,如果我们把情绪分为"负面情绪"和"正面情绪",那么,强行压抑了所谓的负面情绪,正面情绪也会跟着被压抑。因为,钟摆摆动的幅度是均衡的,你不会见到一个钟摆某一边摆动幅度很大,而另一边摆动幅度很小。

压抑的结果是全面压抑,这就是以前团长成为"木头"的原因。以前的团长,就是一名述情障碍患者,因为我既感受不到悲伤,也感受不到快乐。

也就是说,我们的心理遵循着大悲大喜、小悲小喜、无悲无喜的规律,一个不懂得悲伤的人,是没有办法体会到快乐的。一个不懂得愤怒的人,也就没有办法体会激情。

如何培养一个性格健康的孩子

文章读到这里,我相信你已经知道这个问题的答案了。为了强化大家的印象,团长再分享一个案例。

有一次,英国人类学家贝特森和家人观看海豚表演,他对训练师能够指挥海豚做出各种表演动作很是好奇,就开始研究海豚的训练方法。

训练师会准备好一桶鱼和一只口哨,然后等待时机,当海豚的头伸出水面呼吸的那一刻,马上吹响口哨,并丢一条鱼给它吃。

刚开始这样训练的时候,海豚也不知道为什么会有鱼吃。但是每一次头伸出水面就会听到"哔"的一声,然后会有鱼吃,久而久之,海豚就明白了,原来"我有鱼吃"是因为之前有"哔"的一声,"哔"的一声之后就有鱼吃了。于是,哨声、吃鱼与跃出水面三者就形成了一个条件反射。以后一听到哨声,它就会跃出水面,然后就会获得奖励。这样,海豚就会听从训练员的指挥了。

训练员的这个方法就是抓住一个想要的行为，然后通过奖励放大它。明白了这个原理后，训练海豚做其他动作就简单了，比如，如果想让海豚顶球，就把球随机放在水面，等待时机，如果有一次海豚跃出水面时刚好把球顶了起来，立刻吹响哨子，给它小鱼奖励就行了。当这个动作被重复的次数足够多时，只要训练员吹响哨子，海豚就会把球顶起来。

训练海豚的这种方式，在心理学上叫作"条件反射"。

海豚如此，人也一样。只要你能够抓住一个人的一点点改变，通过奖励强化它就够了。对孩子的教育来说也是一样，你关注什么，你就会得到什么；你肯定什么，你就会得到什么。

鲁迅先生说过，其实地上本没有路，走的人多了，也便成了路。人的大脑就像一片草地，你总是在一个地方来回走动，它就会形成一条路。人的行为重复会成为习惯，习惯的累积就是一个人的性格。

因此，培养孩子的性格很简单，你只须像训练海豚一样，强化那些好的行为、情绪习惯就可以了。

小结

性格是一个人适应环境的策略。

人的性格就像一棵树,如果阳光、雨水充足,土地肥沃,空间开阔,这棵树就会长得粗壮、茂盛。如果这棵树长在恶劣的环境中,它为了适应环境,为了获得生存所需要的营养,会长得奇形怪状,就像一个性格变态的人。

人的性格包含两个部分:行为模式和情绪模式。

性格就是一个人的行为和情绪习惯。

因此,培养一个性格健康的孩子,父母需要做到如下几点。

1. 在孩子成长的过程中,给予足够的心理营养。

2. 忽略孩子的偏差行为,对孩子的良好表现给予足够的关注。

3. 发现孩子的偏差行为时,对应前文讲述的应对方法及时予以纠正。

4. 及时回应孩子的情绪,避免把孩子培养成一个述情障碍的"木头"。

5. 孩子有情绪时,接纳孩子的情绪,告诉孩子有情绪是可以的。

6. 学会表达情绪,千万不要带着情绪表达。

7. 教会孩子表达情绪，避免孩子养成带着情绪表达的习惯。

| 本章功课 |

1. 把注意力放到孩子的优良行为上，发现孩子的优良行为时，请及时给予关注和肯定。

2. 留意孩子的情绪，当孩子有情绪时，请及时接纳孩子的情绪。

3. 留意自己的情绪，当自己有情绪时，请用言语表达出来。

· 第三课 ·

学校培养不来的能力

智商

人生的成就是由行为和情绪共同导致的,行为与情绪的汇总,我把它统称为性格。性格属于大树地表以上的部分,是可见的。地底下看不见的部分,第一层就是能力(如下图所示)。

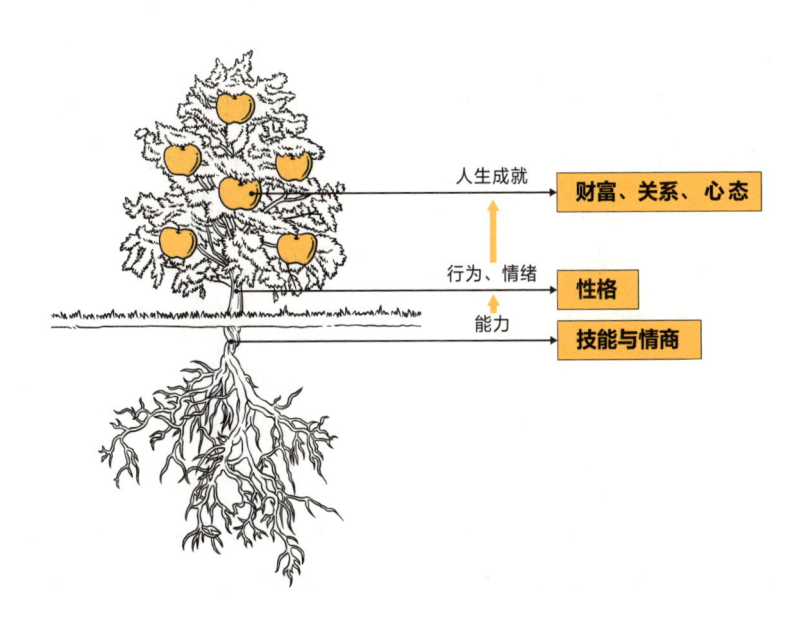

人生成就 → 财富、关系、心态
行为、情绪 → 性格
能力 → 技能与情商

都说性格决定命运，其实不尽然。因为，性格再好，如果没有足够的能力支撑也是枉然。能力就像树的根一样，虽然不容易看见，但它对树干、枝叶以及果实都有着决定性的影响。

我们在讲能力时，一定要把家庭教育跟学校教育分开。有人讲，学校教育是家庭教育的延伸，还有人认为，家庭教育应该是学校教育的补充。我倒认为，家庭教育和学校教育没有哪个应该是附属品，它们应是两个并列的板块，各有各的责任，都有着不可替代的作用。

孩子的能力，哪些是无法交给学校、必须在家庭中培养的呢？

第一个就是智商，我们所熟知的做事的技能，主要靠学校以及社会来培养，但学前的家庭教育对智商有着决定性作用，它决定着孩子对学校和社会培养的接受程度。

智商，即智力商数，是衡量个人智力高低的标准。20世纪初，法国实验心理学家阿尔弗雷德·比奈和他的学生编制了世界上第一套智力量表。这套智力量表将人的平均智商定为100，而根据这套方法，正常人的智商大多在85至115之间。智商主要靠遗传，但是人的智力肯定不是一成不变的，它随着年龄的成熟而发展，因教育和训练而改变。特别是小时候的教育和训练，对人的智商影响非常大。

学前家庭教育中语言对智商的影响

智力是一种综合的认知能力，它主要包括：（1）感知记忆能力，特别是观察能力；（2）抽象概括能力（即逻辑思维能力，包括想象力），是智力的核心成分；（3）创造力，是智力的高级表现。

这三种能力都跟语言有关，为什么这样说呢？我们先来看看达娜的故事。

达娜是美国的一个外科手术医生，她以人工耳蜗植入技术而小有名气。她曾经为两个孩子做了人工耳蜗手术，手术都很成功，但两个孩子的人生际遇却大不相同。

孩子A，三年级的时候就可以和正常孩子一起读书、学习了，听说读写能力都达到了正常水平。孩子B，三年级的时候，词汇量却仅有幼儿园小朋友的水平，他无法和同龄孩子交流，也无法跟上这个年龄应有的学习进度。

问题出在哪儿呢？

A的父母是知识分子，也非常爱自己的孩子。他们在发现孩子的问题后，第一时间带孩子做了手术。在孩子恢复听力之前，他们就教导他用手语交流。恢复听力之后，他们比其他父母更多地跟孩子说话。

B的父母靠救济金生活，父亲有轻度的听力衰竭，虽然通过佩戴助听器进行了纠正，可他的语言系统仍旧不太丰富，而他的母亲也被生活折磨得沉默寡言，两人平时都很少跟孩子说话。这个孩子能听到声音，却听不懂大人说话，智力的发展就大大受限。

达娜认为A和B有两个明显的不同：（1）A进行人工耳蜗手术的年龄比B小；（2）A的父母的收入水平要高于B。

她随后做了大量研究，发现这两个影响因素并不是个例，而是具有普遍性。

先天性耳聋的孩子，尽可能早地植入耳蜗之后，如果父母的语言词汇量丰富，能够多跟孩子说话，这个孩子的智力就能很快接近常人。如果孩子是3岁以后植入耳蜗的，不管怎么努力，他的智商都比正常人要低很多，机械能弥补孩子听力的缺陷，却弥补不了智力的缺陷。

狼孩的故事我们都很熟悉，他自小跟着狼群长大，7岁时被带回了人类世界。专业人员用了6年的时间，只教他学会了直立行走。17岁的时候，他还只会讲10多个单词，智力只有4岁小孩的水平。

我们常说"三岁看老"，就是因为0~3岁是孩子智力发展的关键时期，这个阶段如果错过了大脑的开发，孩子的智力就会终生受到影响。

上面两个案例告诉我们，开发孩子智力的一个有效方法就是语言。达娜在她的著作《父母的语言：3000万词汇塑造更强大的学习型大脑》中指出，3岁以前，高收入家庭的孩子所接受的词汇量，比普通工薪阶层家庭的孩子要多3000万。

举个例子，有的人看到大海，高声叹息："啊！大海呀！都是水！"有的人随口就是白居易的《浪淘沙》："白浪茫茫与海连，平沙浩浩四无边。暮去朝来淘不住，遂令东海变桑田。"

不同父母的语言系统对孩子大脑的刺激绝对是不一样的。

语言是针对大脑的运动，在孩子3岁前，家长一定要多给孩子说话。家长不爱说话也没关系，可以给孩子读书，绘本、古诗、名著，等等，尽可能读些词汇丰富的内容。没时间读书，那就给孩子多放些优质的音频。给孩子请的保姆，如果是个不怎么爱说话的人，一定要及时换掉，这些都会影响孩子的智力发展。

学前家庭教育中运动对智商的影响

美国心理学家韦克斯勒制定的智力量表简称韦氏量表，是另一种使用广泛的智力测验量表。韦克斯勒把智商的概念进行了拓展，除了上述与语言有关的智力，又纳入了更多的能力。之后有更多学者继续把智商的范畴进行了扩展。

运动能力也是一种智力。哈佛大学教育研究院教授、多元智能理论的创始人霍华德·加德纳就认为，人的智能有八种，其中包括言语-语言智能、逻辑-数理智能、视觉-空间智能、音乐-节奏智能、交往-交际智能、自知-自省智能、身体-动觉智能和自然观察智能。很显然，身体-动觉智能与其他聪明才智一样，贯穿一个人的一生，其重要性不可低估。

如果把智商理解成大脑的能力，简单来看，人类的大脑有两大部分，一个是大脑皮质，简称"大脑"。大脑部分是人类独有的，负责语言、概括等功能。还有一个部分与动物类似，简称小脑。小脑负责运动、情绪等功能。

大脑关乎我们的智力，它需要尽早得到大量言语的刺激。小脑的一部分功能关乎我们身体的运动能力。训练小脑的最好途径就是运动。学龄前的运动对一个人一生的运动能力有着极大的影响。

我的运动能力远不如我太太，虽然我是男的，但在很多对抗性运动中，我都是太太的手下败将。除了遗传因素，最重要的一个原因是我妈妈对我的养育方式。

我妈十分爱干净，要知道农村的地面是很脏的，从小我妈就不让我在地上爬。稍大一点，我被寄养到那个孤寡老人那里，老人为了省事，经常把我用布带绑在某个地方。因此，我小时候的活动范畴非常窄，这限制了我的运动机能的发展。

我有两个孩子，儿子出生时，我住在一家工厂的宿舍里，工厂里到处都是煤灰，脏兮兮的，而且，那时候是我妈带我儿子，她像带我时一样，不准我儿子到处爬，所以，我儿子的运动能力跟我一样，没有得到很好的发展。

我女儿就不一样了，她出生时，我已经学了心理学，知道了孩子从小运动的重要性，加上女儿出生时生活环境有了改善，女儿的活动空间比儿子小时候大多了。因此，就算是同样的遗传基因，女儿的运动能力明显要优于儿子。这一点从女儿的网球教练那里就可以证明，他说我女儿学网球比较快，动作也比较标准。

在孩子小的时候，我们就要尽可能地多创造机会让孩子运动，三个月的时候练习翻身，六个月的时候练习坐立，八个月的时候就放手让孩子爬。有些人怕危险，总是把孩子控制在儿童椅上，让孩子错失了很重要的发育机会，很容易出现感统失调等问题。

学龄前的言语刺激和运动，这两者是学校教育无法替代的，是家庭教育必须担起来的。你等到孩子上学之后再让学校教，为时已晚。

当然，有关智商部分，并不是本书的重点，因为团长是心理学"用"家，并不是智商方面的专家，大家如果对智商方面的内容感兴趣，请找其他有关智商的书阅读。本章我将把重点放在情商的培养上。

本节功课

1. 如果你的孩子还不满 6 岁,请尽量跟孩子多说话。
2. 不管你的孩子多大,都要带领孩子多运动。

情商

说实话，团长的智商很一般，技术能力也很有限，没有什么过人的本领。不过，我从农村走到了城市，今天能成为一名心理学作家，也算是实现了圈层突破。智商平平、能力有限的我，是如何走到今天的呢？我靠的就是情商。

本书开篇在讲述孩子的教育规律时说过，以终为始，从孩子的一生来看，我们希望孩子过怎样的一生呢？无非"三有"：有钱，有朋友，有好心态。

与这三个人生成就相关度最高的就是情商。

为什么情商这么重要呢？我们从整个动物世界来看就知道了。

《人类简史》一书中有这样一个观点：相较于其他生物，人类的身体并没有什么优势，速度比不上草原的狮子，力气比不上大象，不能在天空飞行，也不能在水里畅游，没有毛皮抵御寒冬，也没有爪子对抗野兽。但人类之所以能够跃居食物链顶端，是因为人类发展出超强的大脑，能够使用工具，并发展出了语言，透过语言可以与其他人合作。一个人不是狮子的对手，但一群人联合起来，就能把狮子关进笼里。

合作，让人类站上了食物链的顶端。同样，合作才能让我们变得强大。一个人的力量是有限的，合作的力量则是无穷的。

而情商，就是与人合作的基本能力。

智商决定你人生的上限，情商决定你人生的下限。提升孩子的情商，可以托起他的人生高度。

情商的定义

什么是情商？自从哈佛大学心理学博士丹尼尔·戈尔曼出版了《情商》一书之后，人人都说情商比智商更重要，但不少人以为情商就是会说话、脾气好，真的吗？会说话、脾气好的人情商就高？我先跟大家分享一个案例。

有朋友曾经跟我吐槽他的一名下属，他说，千万别用一个脾气好的人做管理，老板会深受其害。原来，朋友手下有一位经理，客服出身。在做客服时，她深得客户的喜爱，业绩在部门中一直名列前茅。因为她很会说话，脾气又好，跟公司同事关系也非常好，很快就晋升为经理。可是，她最近却差点把一场大会给搞砸了，原因就是性格太好了。

事情是这样的，朋友公司要做一场大型会议，这是关系到公司全年销售业绩的一场大会，会务由这位经理负责。因为是千人大会，所以跟酒店签合约时，双方就约定提前一天晚上进行会议设备安装调试，但酒店那天晚上刚好接了一场宴会，一般宴会也就是在八九点就结束了，偏偏那天宴会的嘉宾们玩嗨了，迟迟不愿意散场。根据合约，他们是可以要求酒店强行清场交付场地的。但耐不住宴会方和酒店的一再请求，这位脾气好的经理选择让设备公司的施工人员一等再等，最后进场安装时已经深夜12点多。由于深夜疲劳施工，第二天大会举办时，设备错漏百出，公司会务人员拼命补救，差点搞砸了一场重要的大会。

我想这样的事情大家也见过不少，有一些人脾气很好，很会说话，在人际关系中好像十分和谐，谁也不得罪。可是，谁也不得罪的代价是沉重的，因为当一个人谁也不得罪时，只好得罪自己了。你能说这样的人情商很高吗？如果这种人也叫高情商，那情商真没什么价值了。

其实情商没你想的这么简单。那到底什么是情商呢？情商是与智商相对应的概念，指人在情绪方面的能力。情商这一概念是在1991年由美国耶鲁大学的彼得·萨洛维和新罕布什尔大学的约翰·梅耶提出的。情商与智商不一样，一般认为，智商主要由遗传因素决定，而情商是后天培养出来的。

《情商》一书的作者丹尼尔·戈尔曼是一位心理学博士，在写这本书的时候，他是《纽约时报》的科学记者，因此，这本书是从心理学与科学两个角度去解读情商这一概念的。这本书与一般的书不一样，一般的书是作者提出自己的观点，并阐述自己的论点、论据来论证自己的观点，然后提出解决方案。这本书更像是一本有关情商的研究和观点的汇编，这可能与作者的记者身份和习惯有关，作者汇集了大量有关情商的研究成果，所以，书中的引述比较多，是一本关于情商的研究资料汇总。

团长是"用"家，不是专家。专家研究情商是什么，"用"家研究如何提高自己的情商。所以，我不会像《情商》那本书那样，给大家讲一大通关于情商的理论，如果大家希望了解更多关于情商的理论，我建议你去阅读这本书。

本节写作的目的是帮助家长培养一个高情商的孩子。因此，我会使用应用心理学的方法，结合我个人的实践经验，让大家明白什么是情商以及如何培养孩子的情商。当然，家长也要提高自己的情商，因为父母的情商会直接影响孩子的情商，只有高情商的父母才能培养出高情商的孩子。

关于情商的具体内容，不同的人有不同的解读，"情商"概念的提出者萨洛维和梅耶认为情商可分为五个方面：了解自我情绪，管理情绪，自我激励，识别他人情绪，处理人际关系。为了方便大家记忆以及与其作品的概念相一致，我把这五个概念稍做调整，变为：自我觉察、自我控制、自我激励、共情／同理心和人际关系。下面分别跟大家做一个简单的介绍。

自我觉察

自我觉察是一种能够感知自己情绪的能力。对自己的情绪有敏锐的感知能力，这本来是人类的动物本能，在成长的早期，孩子这方面的能力很强，可是为什么有的人这方面的能力会退化甚至消失呢？大致有四个原因。

第一，因为经历了一些非常痛苦的创伤性事件，潜意识为了避免感受这些痛苦，干脆选择性关闭了这种感知能力。也就是说，以前的感受太不好了，干脆就不感受了。

第二，后天错误的教育所致。比如前面提到过的20世纪三四十年代的欧洲教育理念，认为孩子有情绪是不好的，所以，在早期不回应孩子的情绪。中国文化也有类似的地方，特别是对待男孩，不允许男孩有情绪，于是，大多数男人都变成了喜怒不形于色的"木头"。

第三，被大脑中的执念所掌控，就是俗称的"上脑"。有些人道理懂得越多，感知能力越低。

第四，大脑病变或者缺陷造成的，比如某些经过大脑手术的人，大脑的某部分被切除后，会失去情绪的感知能力。

那如何才能提高一个人的自我觉察能力呢？可以针对上述原因采取对应的方法，比如，疗愈过去的创伤，允许情绪流露，多使用身体的感知能力，训练觉察能力，等等。关于自我觉察的具体内容，下面还会跟大家详细分享。

自我控制

大多数人对"自我控制"这个概念有误解，认为某些情绪是不好的，比如愤怒、悲伤等，一旦这些负面情绪出现，就压抑它们，以为把这些情绪压抑下去就是自我控制。这样的结果是：你失去了感知情绪的能力，情商反而更低了。

那什么才是真正的自我控制呢？以开车为例，你要控制车，必须了解车的性能以及使用方法，这样你就能做到人车合一。你是车的主人，而不是与车对抗。情绪也是一样，当你能够感知情绪、看见情绪、了解情绪时，你就能成为情绪的主人。这时，情绪就能为你所用。

如何才能做到这一点？你可以把每种情绪当成你内在的小人，这样你就能够看见它们，了解它们，成为它们的主人，并与它们和谐共处，让它们成为你的资源。就像开车一样，控制车的意思不是与车对抗，而是坐在驾驶位置上，让车成为你的资源，为你所用。至于具体如何控制情绪，下文还会与大家详细分享。

自我激励

自我激励并不是打鸡血、喊口号，而是一种生生不息向上生长的能力。就像一棵树，当阳光被挡住时，会调整自己，自然地向着阳光的方向生长。一个健康的人天生就拥有这种能力。那为什么有人会失去这种能力呢？

一个人在成长过程中，特别是人生的早期，如果遭遇身边人的不断差评，就会将这些差评内化为一种低自我评价，产生自我否定心理。一个自我否定的人是无法自我激励的。

提升自我激励的方法有很多，比如提高延时满足的能力，设定目标，保持乐观和希望，进入心流状态，等等。更多自我激励方法，下面还会详细讲述。

共情／同理心

萨洛维和梅耶把它叫"识别他人情绪"，一般心理学读物都把这种能力叫"共情"。我个人更喜欢"共情"一词，因为"同理心"的"理"字，更多是形容思维的。而共情是一种感受他人情绪的能力，这也是一种人类天生就有的能力，但是为什么有些人共情能力强，有些人共情能力弱呢？

心理学研究发现，孩子在小的时候如果情绪没有得到父母或其他照料者的回应，这种能力会减弱或关闭。有些人出于创伤性事件或者错误教育等原因，在成长中在自己的周围砌起一堵无形的墙，慢慢隔断了感受他人感受的能力。而一个人之所以砌墙，是因为安全感不足。因此，要恢复这种能力很简单，就是通过学习或者治疗自己的创伤，提升安全感，拆掉那些不必要的墙，敞开自己，唤醒慈悲之心。这样，你不仅能感受他人的感受，而且能与世界更好地连接，生活会变得更加开心快乐。

如何提升孩子的共情能力，下面会继续展开。

人际关系

了解他人感受，并采取相应行动调节他人情绪，是人际关系的核心。人际关系必须以自我觉察、自我控制、自我激励和共情／同理心这四种能力为前提。人际关系除了必须具备了解他人感受和调节他人情绪这两种能力，还有四种能力也很重要：情绪展示的能力、情绪感染力、社会智力和融入团体的能力。

只要具备了以上六种能力，处理人际关系就很容易了，因为这项能力更多是一种方法或者策略。下面，我会为大家提供具体的提升人际关系的方法。

明白了情商的五个能力之后，我们回头看那位脾气好的女经理。她委屈自己讨好别人，这首先有违"自我觉察"的原则，表面的和谐并不代表好的人际关系，那只是人际关系美好的假象。压抑自己迎合别人并不是和谐，充其量算是讨好，讨好的代价是伤害自己以及自己的亲人。真正好的人际关系是我好、你好、大家好，只有大家都舒服的关系才是好的关系。

通过上面概括性的讲解,我相信大家已经大概知道什么是情商了,那为什么《情商》一书的作者丹尼尔·戈尔曼说情商比智商更重要呢?

我们都知道,你今天过着什么样的生活,都是由过去的行动所创造的。那一个人的行动是由什么推动的呢?答案是情绪。所有的情绪本质上都是某种行动的驱动力,是进化历史赋予人类处理各种状况的即时计划。情绪的英文"emotion"一词来源于拉丁语"motere",意为"行动、移动",加上前缀"e",含有"移动起来"的意思,这说明每一种情绪都隐含着某种行动的倾向。

不仅行动由情绪所推动,在决策中,情绪也起到很大的作用。根据过往经验,在进行决策时,感觉的作用等于甚至常常超过思维的作用。一般的理论会过于强调智商的价值和意义,但只要回顾一下过往的决策过程你会发现,当情绪占据支配地位时,智商会变为0。

在特殊情况下,情绪的作用就更大了。社会心理学家认为,情绪帮助我们迎接困难和挑战——这些挑战和任务往往过于重大,无法交由理智单独处理,比如危险、巨大损失、艰巨任务、改善人际关系、组建家庭等。在人生的这些困难时刻,能够让我们有力量渡过难关的,往往就是情绪的力量。

情商就是运用情绪的能力。而情绪是一股巨大的能量,如果运用不好,很可能会失控并导致严重后果,小则造成人际冲突、身体疾病,大则造成发疯、杀人、自杀等极具破坏性的行为。

医学数据表明,人的疾病中有75%是情绪引起的,一个人如果能够经常保持愉悦的心情,可以增加寿命5～7年。犯罪心理学研究则表明，由情绪失控导致的犯罪行为超过一半。正如爱默生所说："一个人对世界最大的贡献，就是让自己快乐起来；你快乐多一分，这个世界的灾难就少一分。"

相反，一个善于运用情绪的人，也就是高情商的人，能够将情绪力量用于学习和工作，不仅有助于事业成功，还能让人际关系更加和谐。高情商的人，人际摩擦比较少，家庭更和谐，婆媳关系改善，母女父子关系融洽，年轻人孝顺，老年人快乐，家庭事业双丰收，并且身体会更加健康。

因此，情商在人生中起到十分重要的作用。当然，并非智商不重要，智商毫无疑问也很重要。就像前面说的，智商决定人生的上限，而情商决定人生的下限。只不过一般人很少能够达到人生的上限，所以，在大多数人的一生中，情商比智商更重要，只要情商有一点点提升，就可以让你的人生进入更高层次。

如果大家能够对应以上五个能力去修炼和提升自己的情商，我相信你一定会爱情事业双丰收，更重要的是，你的孩子未来会感谢你今天的努力，因为，你的孩子会成为最大的受益者。

本节功课

在正式进入具体的提升方法之前，请家长们对自己目前的情商做一次自我检测，请完成下面的功课：

1. 觉察：对照情商的五项能力，用 0～10 分的打分标准，分别给自己和孩子现阶段的五项能力打分。

2. 目标：为自己定个目标，你希望按本书中的方法训练后，

> 你的情商能提高到什么程度？你孩子的情商能提高多少？用具体的分数设定自己的目标。

自我觉察

什么是自我觉察

自我觉察就是对情绪的一种自我觉知状态，通俗地说，就是能感知自己情绪的一种能力。

一个具有自我觉察能力的人是不是一定对情绪很敏感？

《情商》一书中举了这样一个例子：

> 有一次，一个女人弄丢了自己最喜欢的钢笔，心烦意乱了好几天。还有一次，她看到一家昂贵的女鞋店大降价的广告，兴奋不已，立刻放下手头的工作跳进汽车，驱车三个小时赶到这家位于芝加哥的女鞋店。

这样情绪敏感的人在团长的课堂中也会经常出现。在我的学员中，有一位特别爱哭的女学员。几乎我每次做个案示范的时候，她都会抢着举手，要求成为案主。就算我没有选择她做案主，在做个案的时候，案主还没有哭，她倒先哭了起来，而且哭得比案主还大声、还悲伤。总之，自己或别人的一点小事，她都十分敏感，情绪经常写在脸上。

这种对情绪高度敏感的人就是具有自我觉察能力的人吗？

当然不是！不仅不是，而且恰恰相反，过度敏感的人是情商有缺陷的人。过度敏感的人往往会被情绪控制，心理学用"吞没"来形容这样的人。当情绪来时，只有情绪，没有人，因为人被情绪完全吞没了。情绪主宰了一切，人被情绪所掌控，无力逃离。这种人意识不到自身的情绪，很容易迷失在情绪之中，会给人一种反复无常的感觉。他们自己也很痛苦，无力摆脱负面情绪，无法控制自身的情绪，经常感到压抑和情绪失控。

那什么才是真正的自我觉察呢？

萨洛维和梅耶把自我觉察概括为"同时意识到自身的情绪，以及自身对情绪的想法。是一种对内心状态不做反应、不做判断的关注"。从这个定义可以看出，自我觉察包括两部分内容：（1）我能感受到某种情绪；（2）我知道我此刻正在感受某种情绪。

以愤怒为例，我感到愤怒，同时，我知道我此刻正在感受愤怒。仿佛有两个我，一个是感受到愤怒的我，另一个是知道自己愤怒的那个我。那个知道自己愤怒的我，就是觉察的我。

"觉察"这个词还是有点抽象，团长比较喜欢用"看见"这个词，看见，就是觉察。比如，沙发上有一把水果刀，你如果没看见它，坐下来，就会受伤，这叫无明状态；你如果能看见它，就会选择拿起来，把它放到安全的位置，这样，水果刀不仅不会伤害到你，还可以为你所用。

如果你被刀所伤，并不是刀的错，只是你没看见它而已。情绪就像这把水果刀，准确地说，情绪没有正面和负面之分，情绪只是一种能量。如果你被某种情绪伤害，并不是情绪的错，只是你没看见它而已。如果你能看见它，任何情绪都能为你所用。

感受到情绪并看见情绪，这叫自我觉察；看见情绪后，让情绪为我所用，这叫自我控制，关于如何自我控制，我们下一节会详细探讨。

个体能够意识到"我有情绪"时，就会增加选择。一个有选择的人，当然是自由的。所以，有自我觉察能力的人，是自由的人。佛教修炼的最高层次就是"觉"。"佛"在古印度梵文中就是"觉"的意思，一个觉行圆满的人就是佛。佛法说人人都有佛性，人人都可以通过修炼唤醒佛性。这一点，跟心理学提升觉察力有类似的地方。

当局者迷，旁观者清。如果只做一名当局者，就会迷失方向；但是，如果只做一名旁观者，就缺少了参与感，生命也会随之逊色不少。试想一下，谁愿意做一名生命的旁观者呢？自我觉察就是既做一名当局者，同时又做一名旁观者。既体验到生命的乐趣，又能不偏不倚地充当一名目击者，这样，就算是情绪像暴风雨一样来临，你也不至于迷失方向，因为，还有一个清明的"我"，在为你选择应对方法。

认识几种常见的情绪

那如何才能达到自我觉察的境界，或者说如何才能提升自我觉察的能力呢？

我们首先要认识几种常见的情绪，只有认识它们，你才能看见它们，如果你不认识它们，就算它们出现了，你也不知道它们是谁，所以，自我觉察要从认识情绪开始。

1. 愤怒

愤怒是一种次要情绪。如果事情没有按自己所预期的发生，需求得不到满足或者自己感觉被侵犯时,惶恐、焦虑与无助交织在一起,人们为了避免痛苦,就会产生"愤怒"的情绪来终止我们的痛苦,通过攻击、逃跑、隔离等方法来释放压力。

愤怒只是表层情绪,其底层通常还隐藏着其他让我们更加痛苦的情绪。愤怒是一种向外的力量,当我们向外攻击时,就无须感受潜意识深处隐藏着的伤痛,这就是大多数人都会选择愤怒的原因。

愤怒并没有什么不好,它只是一种防御机制,能让我们分清"对"与"错"。

但是,很多时候,一旦我们被愤怒所掌控,这股情绪就会转变成攻击行为。为了维护自己而把剑锋指向他人,会让我们自己变成"错"的一方,给别人更多反对我们的理由,对自己的局势更为不利。

愤怒是一种保护我们不受侵犯的力量,有人侵犯了我们的利益,我们才会愤怒。可是,当愤怒变成一种攻击行为时,我们自己就变成错的一方。而且,你给别人造成多大的伤害,别人也会给你带来多大的痛苦。

同时,愤怒会释放肾上腺素,极易造成身体紧张,长此以往容易引发心脏病、胃痛、高血压等疾病,严重影响身体健康。有人说,愤怒是以别人的错误来惩罚自己,这个说法一点儿都不为过。

愤怒是把双刃剑,能帮助你,亦能伤害你。要使用好这把剑,就要对愤怒保持觉察,只有觉察,才能让这股能量为你所用。

2. 憎恨

憎恨由愤怒演化而来,当事情没有按自己的预想发生时,人就会感觉到自己被伤害。憎恨的底层原因是受了伤,至少是自己感觉到受了伤。感受伤痛是一种很糟糕的体验,为了避免感受这份痛苦,人们会习惯性地向外寻找一个出口，试图把责任推给他人，可是你又打不过他，或者因为某种原因你不能打他，于是就开始"憎恨"。

憎恨从表面上来看有两种：一是恨别人，二是恨自己。如果你深入了解憎恨，你会发现，憎恨的对象其实是自己。但恨自己太难受了，于是目标向外，找一个人或事为此负责。当然，也有部分人选择恨自己，这会引发各种精神疾病，比如抑郁，有的人甚至会放弃生命。

任何事情的发生，一定有其好处。憎恨也不例外。憎恨的好处是让你暂时忘了伤痛。许多人之所以固执地憎恨，是因为他们明白，一旦远离恨意，他们就会被迫面对痛苦。因此，就算憎恨的代价是让你身处地狱之中，也在所不惜。憎恨是人类大脑的共性，是内置在大脑中的程序，是一种帮助我们暂时逃离痛苦的游戏。如果你说自己不会憎恨别人，那有两个可能，一是运气比较好，还没遇到让你足够痛苦的伤害；二是自我欺骗，用合理化的理由来掩盖憎恨。

3. 内疚

内疚是因为自己的错误造成了无法挽回的后果而痛苦，焦点在过去。内疚是一种自我憎恨，恨自己无能，恨自己不够好，恨自己不如别人。

内疚的原因有两种，一种是当自己的行为伤害了别人，或者自己认为自己伤害了别人，造成了他人不可挽回的损失时，对自己的指责。第二种是因为自己不如别人，或者被人伤害而又无力去攻击对方时，向内攻击自己。

内疚的本质是无法接受当下的事实，所以，内疚并不是坏事，轻度的内疚会让你纠正自己的错误，但过度的内疚会让你苦不堪言，同时大量消耗你的能量。生活中很多问题都源于内疚。

4. 羡慕与嫉妒

羡慕与嫉妒，这两种情绪就像一对兄妹，看似是两个个体，却是同一个根源，都是由比较而产生的情绪。羡慕是指看到别人拥有的，自己也希望拥有，是一个人意识到自己的身份、成就或财产等不及别人，渴望得到或希望像他人一样时产生的情绪。

这种情绪带来的好处是可以激励自己进步，努力去争取想要的东西，变得和羡慕对象一样好。但是坏处也就在这里，想和别人一样好甚至是比别人还要好，究其原因就是觉得自己还不够好。"我不够好"这样的信念会打击自信心，产生较低的自我价值。

而嫉妒则程度更深，它是指，当我们看到别人拥有和享受着我们想要的东西时，我们希望对方失去，以平衡自己的内心，而对方没有失去时自己所感受到的一种痛苦的情绪。嫉妒会伴有冷漠、贬低、排斥或者是敌视的心理以及一定程度的攻击性，会使自己有意无意地侵害他人。严重时，人会由嫉生恨，想要毁灭他人。

有人说，要成为一座城市最高的大楼有两种方法，一种是摧毁所有比自己高的大楼，另一种就是打好基础，不断往上建。前者是"嫉妒"，后者是"羡慕"。这两种情绪有一个共同点，就是不太相信自己，觉得自己不如别人，是自我价值不足的一种体现。

5. 焦虑与恐惧

这两种情绪很容易搞混。

恐惧是人们在面临某种危险情境，企图摆脱而又无能为力时所产生的担惊受怕的一种强烈压抑的情绪体验。恐惧心理就是平常所说的"害怕"。

而焦虑，是人类在与环境做斗争及适应生存需要的过程中发展起来的基本人类情绪，是对现实的潜在挑战或威胁做出的一种情绪反应，是一个人在面临其不能控制的事件或情境时的一般反应。

恐惧是对当下威胁的反应，而焦虑是对未来可能发生的威胁的反应。在我们能够识别恐惧与焦虑的不同后，我们就知道如何应对这两种情绪了。

首先，我们要知道恐惧并没有什么不好。很多时候会听人说，如果我没有恐惧就好了。恐惧还经常会受到指责："你个胆小鬼。"好像胆小是不好的。其实这些都是对恐惧的误会或者误导。恐惧自有它的存在价值，如果没有了恐惧，我们人类生存的可能性会大打折扣。

比如我们看到蛇，会恐惧，会害怕，于是就会躲开，从而保证生命不受威胁。恐惧是对当下威胁的自然反应，我们要学会接纳恐惧，甚至感谢恐惧，因为恐惧会保障我们的生存。而当威胁解除时，恐惧自然会消失，恐惧并不会困扰我们的生活。恐惧是保护我们的一种本能情绪，恐惧没有问题，对抗恐惧才有问题。勇敢并不是不害怕，而是一边害怕，一边去行动。

焦虑也是一样，适度的焦虑具有积极意义，它可以充分调动身体各脏器的机能，适度提高大脑的反应速度和警觉性。可是长期或过度焦虑就会对人的健康及生活质量产生影响。

6. 悲伤与忧郁

悲伤是有好处的，它会降低人们对娱乐休闲的兴趣，使我们把注意力集中于损失，并削弱开始新的尝试的能量。悲伤相当于人生中的一种反省性撤退，让我们暂时停止追求，哀悼损失，认真思考其中的意义，最后进行生理调节，并展开新的计划，让生活继续下去。

但抑郁没有好处，抑郁是一种病，生理层面表现为失眠，冷漠得像行尸走肉；感觉麻木，虚弱，伴随着躁动不安；然后是失去快感，食物如同嚼蜡；最后是希望消失，绵绵不绝的恐惧令人绝望。在严重的抑郁状态下，生活会陷于瘫痪。重度抑郁需要就医并进行药物治疗。

如何提升自我觉察能力？

上面团长简单地讲述了几种常见的情绪。认识了这些情绪之后，我们知道，每一种情绪都是有作用的。情绪并无好坏之分，它仅仅是一种能量而已。因此，面对情绪，我们不要害怕它，更不用跟它对抗，而是欢迎它、接纳它。

但是，如果你对情绪没有觉察，它就会控制你，甚至伤害你，就像前面团长所做的比喻一样，情绪就像一把锋利的水果刀，如果你没看见它，它就很可能刺伤你；但是如果你能看见它，它就可以为你所用。所以，自我觉察是情商五大能力的基础。

那如何才能看见情绪呢？团长在这里为大家分享一个小方法，就是写情绪觉察日记。

大家还记得《头脑特工队》这部电影吗？如果还没看过这部电影，请大家抽时间看看。电影把一个孩子的内在情绪拟人化，变成一个个内在的小人，这些小人在开会，在争吵，最后达成共识，然后表现出一个人的喜怒哀乐。这是一个很棒的比喻。团长借用这个方式发明了一个很好的情绪觉察方法，就是写情绪觉察日记：把你内在的情绪想象成一个个活生生的人物，而你是这些情绪人物的主人，每天回顾一下这些情绪人物是如何对话的。这样，你就能对你的情绪保持觉察，成为它们的主人，而不是像过往那样成为它们的奴隶，被它们欺骗和控制。当你能够看见这些情绪的活动，你就是一位觉者，至少在情绪这个领域，你是一位觉者。

当然，通过写情绪觉察日记提升自我觉察力会稍慢一些，需要你长时间坚持。

如果你想快速提升自我觉察能力，以团长个人的经验，最好的方法是疗愈过去的创伤。那些不敢面对自己创伤的人，他们的创伤永远都在，一辈子都在。如果内心的创伤没有得到疗愈，学习再多的技巧也没有太大的作用。

所以，如果你真的希望提升自我觉察能力，让自己变成一个高情商的人，走进心理学的世界，通过学习、咨询个案疗愈自己，使自己成长，这是我能想到的最佳选择。

一个人情商的提高，最大的受益者除了自己，就是你身边的人。如果你愿意提升你的情商，爱你的人和你爱的人都会感谢你的。

自我觉察者既不是那种经常被情绪吞没的、情绪敏感的人，也不是那种喜怒不形于色的情绪隔离者，而是那种对情绪有敏锐的感知能力，同时又能对情绪保持清醒觉察的觉者。

情绪是一种能量，也是一种来自潜意识的信息，只有在自我觉察的状态下才能让情绪为我所用。所以，自我觉察是情商五种能力的基石，没有了自我觉察，其他一切都是空谈。我想，这就是伟大的哲学家苏格拉底一直强调"认识你自己"的原因吧。

不管今天你的情商如何，都不需要担心，因为情商是可以通过学习去改变的。比如前面我跟大家讲过的那位爱哭的女学员，经过几次个案疗愈和长时间学习之后，原来爱哭的她已经不再像以前那样爱哭了。也就是说，她不再像以前那样经常被情绪吞没，而是有了更高的自我觉察能力，能让情绪变成资源，成为她强大的感染力。

而我自己也一样，原来经常被称为"木头"的我，在学习心理学后，现在也变得"柔软"多了。经过学习我才知道，原来的我之所以会隔离情绪，缺乏自我觉察能力，是内在力量不足所致。一个没有力量的人会封闭自己的内心，因为安全感不足，需要在自己的周围砌起厚厚的墙来保护自己，这样的人失去了与人连接的能力，自然不会因为别人的事掉眼泪，就算是自己的悲伤，也被厚厚的墙封闭在心底，根本就无法感受到情绪。

如果你愿意，一切都可以改变。

情绪觉察日记示范

2022年2月16日　雨

按广东的习惯，元宵节一过，年就算过完了，是时候收心投入工作了。今晚是年后的第一场直播，要好好准备一下。我有个习惯，在工作之前，会搜索一下当天的新闻。一则珠海寻找私渡者的信息首先进入我的视野：

"有15人从香港私渡回内地，已找到12人，有3人下落不明，如有人告知其信息，可获50万元奖金。在找到的12人中，有两人已确认是新冠肺炎病毒的感染者，他们在从珠海回湖南的途中，很可能已把病毒传了出去。"

一看到这则新闻，"焦虑"第一个跑出来说："这下可麻烦了，香港的可是奥密克戎病毒，传播力超强，那3个不明下落的人不知已经传染了多少人，今年的课程可能开不成了，已经熬两年了，看来今年才是最难熬的一年！"

我知道，焦虑是当下对未来可能发生的事情的恐惧，是一种想象。跟焦虑相处最好的方法，就是采取行动。于是我问自己："我现在做点什么，可以避免这些可怕的事情发生呢？"

我的"理性"告诉我，疫情总会结束的，就算疫情真的不结束，心理学还是需要学习的，今天是互联网时代，通过网络，一样可以传播心理学。就算这次真把病毒传开了，影响了我们的线下授课，我们还是可以在线上先打好基础的。这样，等疫情一结束，生意一定会更好。

一想到这里，"兴奋"就跑出来了："噢，耶！这是一件让人兴奋的事情！你最好赶快把直播做好，让更多人喜欢心理学，这样何愁没有生意？"于是，在"兴奋"的催促下，我开始修改晚上直播的大纲。

当我专注于当下的工作时，"焦虑"已经不见了，我知道，为了避免我未来遇到危险，"焦虑"一直守护在我的身边，像一个贴身的警卫，尽职尽责地保护着我的安全。当我明白了这一点，我对"焦虑"表达了深深的感谢。

晚上的直播效果十分理想，我自己和十点读书两个直播间的人数加起来有近10万人，也就是说，有将近10万人受益于我的分享。从观众的反馈中，我知道我今天的工作很有价值，"温暖"从我内心最柔软的地方慢慢地渗透出来，跟它一起出来的，还有"爱"。我享受着跟它俩在一起的时光，这种感觉真好！

问题不是问题，如何应对问题才是问题。我不能控制外在情况的发展，但我可以做好自己当下的工作，只要做好了当下该做的，其他的交给老天就好了，这就叫"听天由命"吧！

> **本节功课**
>
> 1. 像等待一位老朋友一样，等待你情绪的到来。情绪来时，你也像接待一位老朋友一样，欢迎它，看见它，观察它。
>
> 2. 用前面介绍过的写情绪觉察日记的方法，为当天到访的每一种情绪命名，并把它们的主要对话记下来。
>
> 3. 如果你的孩子还不满12岁，请用写情绪觉察日记的方法，跟他一起谈论他的情绪。
>
> 4. 如果你的孩子已经超过12岁，请带领他一起写情绪觉察日记。

自我控制

什么是自我控制

什么叫自我控制？《情商》一书中讲述了这样一个故事。

加里激怒了他的未婚妻艾伦，因为他对任何情绪表达都无动于衷，艾伦感觉不到来自加里的温暖，好像他的情绪总是一片空白似的。虽然加里在谈论科学或艺术时，可以眉飞色舞，但一谈到感受，加里就哑口无言。尽管艾伦努力地从加里身上发掘热情，但加里总是无动于衷。在艾伦的坚持下，加里去看心理治疗师，他告诉治疗师："我天生不会表达感情。"在被问到情绪状况时，他说："我不知道该说什么，我没有强烈的感觉，不管是积极的还是消极的。"

像加里这样的人在我们身边也普遍存在，他们的情绪不会有太大的起伏，团长自己也曾经是这样的人。记得我20多年前第一次加入疗愈性课程时，我一直试图从课堂上逃离。因为课程中的学员们情绪表达太"奔放"了，每次做个案都会有人掉眼泪，尤其那些女学员，甚至号啕大哭。而引发他们哭泣的那些事呢，在我看来实在算不得什么，都是每个家庭都会发生的芝麻绿豆般的小事。

"他们怎么那么脆弱？泪腺怎么那么发达？"对着那些涕泗横流的人，尤其是男性，当时的我真的很难理解，男儿有泪不轻弹，男人怎么能随便掉眼泪?！

有一次在深圳参加了一个疗愈工作坊，那是一个非常特别的课程，特别到酒店的保安因为课堂上的哭声而匆匆赶来，可想而知那是一种怎样的场景。可是，就算是在这样的氛围中，我也不为所动。我还清楚地记得，那个班上有40多人，我和另外三个男同学被老师称为"四大金刚"，因为我们最"坚强"，在整整五天的课程中，一滴眼泪都没有流，眼圈都没有湿一下。

像我这样的人是不是就是自我控制能力很强的人？

我想很多人会以为这就是高情商的人，因为对那些喜怒不形于色的人，史书上一向是赞赏有加的。比如《论语》中讲过令尹子文的故事，说他"三仕为令尹，无喜色。三已之，无愠色"。这段话的意思是，这个叫斗子文的人，三次升迁面无喜色，三次遭贬面无怒色，认为这个人称得上"忠"。

深藏起自己的情绪，喜怒哀乐不上脸，没有愤怒，没有悲伤，没有欢乐，难道这样的人就真的是高情商的人吗？

当然不是！如果是的话，加里也不用见心理治疗师了，团长也不用不断去上课学习了。

情绪隔离的人不仅不是高情商的人，反而是情商有缺陷的人，就是我们前面提到的"述情障碍"。述情障碍的人无法表达自己的情绪，就像加里那样，谈论大道理一套一套的，但一谈到感情就哑口无言。

述情障碍还有一种表现是单一情绪，最常见的表现是单一快乐。你会发现有这样一种人，他们在任何时候都很开心，脸上总是充满笑容，就算遇到伤心的事也不会难过，而是及时转移注意力，把话题岔开，去找一些看起来开心的事情做或者谈论一些开心的事情。这样的人并不是真的开心，而是不愿意去面对痛苦，也许他们童年的生活太艰难了，为了生存，他们学会了用打岔的方式来应对那些让人不舒服的情绪。就像有些人，地板脏了，他们习惯把垃圾扫到沙发底下，这样表面看起来很干净，其实垃圾全在看不见的地方。

还有一种情绪隔离的模式叫作超理智型，他们习惯于用一套合理化的理论武装自己的大脑，就像《伊索寓言》里的狐狸一样，吃不到葡萄时，就说葡萄是酸的。这种合理化的逻辑可以让自己心里好受一点。或者说，他们根本就不去感受情绪，用逻辑把情绪隔离开，一副百毒不侵的样子。

不管是用哪种方法隔离，这样的后果就是失去了感受生命的能力。这样的方式不是自我控制，只是一种冷漠的生活方式。

自我控制既不是述情障碍，也不是压抑情绪。正如布林·布朗在《脆弱的力量》中讲的那样："让人变得脆弱的东西，也让人变得美好。"有意识地克制、逃避和压抑情绪会让人变得冷漠。冷漠的人生如同荒漠，与生活的多姿多彩切断了联系。生活中需要恰当的情绪和对环境恰如其分的感知。可是，如果情绪失去控制，很容易走向极端，悲伤过度会变成抑郁，焦虑和愤怒过度会变成躁狂。因此，情绪需要控制。

那什么才是真正的自我控制呢？

当个体意识到"我有情绪"时，就会增加选择，一个有选择的人，就是一个有能力自我控制的人。所以，自我控制其实是一种重新选择的能力。这种能力是建立在自我觉察的基础上的，没有自我觉察，就没有自我控制。

我们再用开车做一个比喻。你要控制车，就必须了解车的性能以及使用方法，这样你就能做到人车合一。你是车的主人，而不是与车对抗。情绪也是一样，当你能够感知情绪、看见情绪、了解情绪时，你就能成为情绪的主人。这时，情绪就能为你所用，让它成为你的资源。

自我控制的几种方法

下面来跟大家分享几个自我控制的小方法。

1. 接纳

接纳不是接受，接受是被动的，接纳是主动的。主动创造一个空间，接纳情绪，而不是与情绪进行对抗。当情绪到来时，主动打开门，就像欢迎一位老朋友那样欢迎它的到来，这就是接纳。

2. 收下情绪的礼物

中国是一个礼仪之邦，朋友来了，一般都会带点礼物。情绪也是一样，它的到来也会带着礼物，所以，接纳之后，我们还要收下它带来的礼物。

什么意思呢？我们来看王小波写过的一个故事。他说，古代有一个国王，这个国王喜欢听一些好消息。当士兵、官员给他传递好消息时，就会获得奖赏；但是如果传递的是坏消息，这个国王就会非常生气，将人拉出去斩首。你觉得这个国王怎么样？是不是非常残暴和荒唐？

其实大多数人跟这个国王一样荒唐，只是自己没有意识到而已。

我知道你不会砍人，但是会砍掉那些所谓的负面情绪。情绪就像一个传令官，比如你悲伤时，第一时间会想怎样才能避免悲伤，于是去喝酒、唱歌，这不就是在想办法砍掉悲伤吗？

其实，悲伤只是给你传递一个信息，你想方设法地抵抗悲伤，就无法从损失中学习和成长，那下一次你将会面临更大的损失。

愤怒也是一样。当你对某些事情无能为力时，你感到愤怒，那就是你采取措施，提高自己的能力以应对环境的变化，从而免受伤害的时候了。但如果愤怒来时，你没有收下它的礼物，而是跟它对抗，或者抑制它，后果必将是更大的挫折、更大的伤害。

羡慕和嫉妒想提醒你，你还不够好，还需要努力；恐惧让你快速离开危险，保护自己的安全；焦虑让你做好准备，以应对未来可能发生的危险；内疚让你避免再犯同样的错误……

情绪就像快递小哥，他有一份礼物要送给你，如果你不接他的电话，他会一直骚扰你，让你不得安宁。只要你收了他的礼物，他便不再骚扰你了。情绪也是一样，当你能够看见它，欢迎它的到来，收下它的礼物，它便不会再骚扰你。

所以，情绪来时，除了接纳它，还要看看它带给你什么礼物，提醒你什么信息。如果你收下它的礼物，任务完成了，它就会像送完快件的快递小哥一样，很快从你眼前消失。

3. 转念

我曾在网上读到过这样一个经典故事。

"文革"时，一位女士被剃了一个阴阳头，遭到了批斗，被当众羞辱。这个女士很有身份，她难以忍受如此奇耻大辱，十分痛苦，萌生了死的念头。就在这个关键时刻，禅门大师贾题韬塞给她一个纸条，女士看后，豁然开朗，破涕为笑，安然度过了这次劫难。纸条上就七个字：此时正当修行时。

为什么简单的七个字就能改变这位女士的心情呢？美国心理学家艾利斯提出了一个"ABC法则"：A是指诱发性事件（activating event），B是指个体在遇到诱发性事件后产生的信念（belief），即他对这一事件的看法、解释和评价；C是指特定情境下个体的情绪及行为的后果（consequence）。

ABC理论认为，事件只是激发了我们的信念系统，让它发挥作用。由于人对各种事件的看法不同，也就是信念不同，才会出现各种不同的情绪和行为。这个理论也可以解释，为什么面对同一件事情，有些人表现出一种行为，另一些人则表现出另一种行为。真正起作用的就是B，我们的信念。

再举个简单的例子。有些人喜欢下雨，认为雨天很浪漫，所以，遇到下雨天，就会心情舒畅，还会雨中漫步。有些人不喜欢下雨，认为下雨是一件倒霉的事情，因此，一遇到下雨天，整个人心情郁闷，什么也不想干。

同样是下雨，为什么不同的人会有不同的反应呢？这就是 ABC 法则在起作用。在这里，下雨就是事件 A，对下雨的看法就是信念 B，而下雨天的心情和行为就是反应 C。

如下图所示：

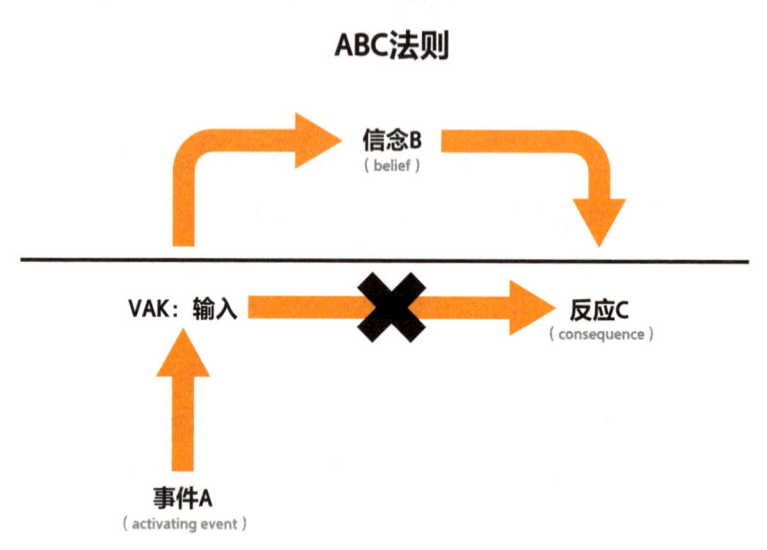

ABC法则

信念B (belief)

VAK：输入 ✗ 反应C (consequence)

事件A (activating event)

注：V、A、K 是英文单词 visual、audio、kinesthetic 的缩写，分别代表视觉、听觉、动觉。

贾题韬先生那七个字，改变了那位女士的想法，因而也改变了她的情绪。

所以，当情绪来时，觉察一下此时你大脑中的念头是什么，试试换个想法，你的情绪会在你的掌控之中。

比如，如果你的孩子让你生气，你此时的念头也许是：

"你怎么总是给我添堵？"

如果你换个念头：

"孩子是我人生的功课，他正在磨炼我的心性"。

这样一转念，你的心情是不是就完全不一样了？

转个念头，人生会更好！关于如何转念，我写了一本关于谈话的书，书名叫《改变人生的谈话》。如果你想学习更多转念的方法，可以阅读这本书。

4. 调整呼吸

我们每时每刻都在呼吸，但很少有人知道如何运用呼吸来帮助自己调节情绪。

人有两组神经：交感神经和副交感神经。交感神经让我们兴奋，比如当我们演讲、比赛的时候，它就会兴奋，带给我们力量、信心和勇气，而副交感神经让我们放松，让我们进入平静、放松的状态。

大多数人并不知道如何调整这两组神经，所以当情绪来时才会完全被情绪掌控。想要调整这两组神经，可以通过调整呼吸做到。

呼吸方式有两种：腹式呼吸和胸式呼吸。其中腹式呼吸又分为以下两种：

顺腹式呼吸： 吸气时肚子鼓起，呼气时肚子收紧。顺腹式呼吸可以启动副交感神经，让我们会处于一种放松的状态。所以，当你需要放松、平静时，可以采取顺腹式呼吸。

逆腹式呼吸： 吸气时肚子收紧，呼气时肚子放松。逆腹式呼吸可以启动交感神经，让我们充满力量和勇气。所以，当你需要力量时，你可以采用逆腹式呼吸。

当你明白了这两种调节神经的方式，就像找到了调节情绪的开关。当你沮丧的时候，就可以通过逆腹式呼吸让自己更有力量。相反，当你愤怒、焦虑时，就可以通过顺腹式呼吸让自己平静下来，避免受情绪影响，做一些追悔莫及的蠢事。

自我控制就像开车一样，你可以通过刹车系统、油门、方向盘等部件控制你的车，让你的车为你所用。而"接纳""收下情绪的礼物""转念""调整呼吸"等方法就是你的刹车系统、油门和方向盘，可以让你的情绪变成你的资源，为你所用。

当然还有很多自我控制的方法，如果你还想更深入学习，我推荐你去学一门叫NLP的学问。NLP被誉为"一本人性的使用说明书""一本大脑的操作手册"，可以在短短120小时内让你掌握一门心理学。如果你想学习心理学，我诚意推荐你学NLP——神经语言程序学。

不管你的情商如何，也不管你的孩子的情商如何，都不需要担心，因为情商是可以通过学习去改变的。团长自己就是一个很好的例子，原来曾经被称为"金刚"的我，经过学习心理学，现在也变得柔软多了，不再是原来那个情绪隔离、述情障碍的木头。

本节功课

1. 在上节课自我觉察练习的基础上，增加自我控制练习。当情绪来时，像欢迎老朋友那样欢迎它的到来，试着跟它对话，问问它想带给你什么信息，它在提醒你什么，收下情绪的礼物。

2. 然后，觉察此时大脑中的念头，试试换一种想法，直到心情舒畅为止。

3. 有意识地通过呼吸调节自己的情绪。情绪低落时，刻意用逆腹式呼吸的方式呼吸；愤怒、焦虑、躁狂时，就采用顺腹式呼吸,直到情绪状态有所改变。

4.当自己熟练掌握这些方法之后,把这些方法教给你的孩子。

自我激励

什么是自我激励

一讲到自我激励,大家就很容易联想到成功学。有这么一个嘲笑成功学的故事。

从前,有一只鹰被误养在了鸡群里,有一天被伯乐发现了。伯乐把它带到山崖边,在伯乐的鼓励下,那只被当成鸡的鹰大胆地跳下山崖,果然就振翅高飞了。

于是,所有的鸡在仰望鹰的同时,都在琢磨"我是不是混入鸡群的鹰呢?"。

狐狸看到了商机,趁机开了培训班,告诉鸡们:"不尝试一下,你怎么知道你不是鹰?"

一下子,大量的鸡参加了狐狸的培训班。

狐狸把培训班设在了山崖边,让鸡大声喊叫:"我就是鹰!我就是鹰!"那些愚蠢的鸡在狐狸的激励下,一只只激动、无畏、勇敢地跳下了山崖。当然,它们没有成为鹰,反而成了狐狸的盘中餐。

这样的故事在现实生活中比比皆是,很多像狐狸一样狡猾的骗子，利用了人性中的某些弱点，用煽动性的手法欺骗了不少无知群众。所以，大家一听到"自我激励"这个词，难免会有一些担心，会不会又是那种打鸡血的骗术？

当然不是，那些看起来激情澎湃、热情洋溢的人，未必是懂得自我激励的人。为什么这样说？老子在《道德经》第二十三章说："故飘风不终朝，骤雨不终日。"意思是说，狂风刮不了一个早晨，暴雨下不了一整天。

所以，那些看起来满腔激情的人，就像飘风和骤雨一样，是注定不能长久的。激情并不是真正的自我激励，那什么才是真正的自我激励呢？

自我激励是一种情绪特质，这种特质让一个人在面对挫折时仍能保持满腔热情，是一种坚韧不拔、持之以恒的能力。这种特质可以促进我们思考、计划、坚持训练以及解决问题。这种积极的、可以帮助我们获得成功的情绪力量就是自我激励。

为了帮助大家更形象地理解自我激励，我想引用作家夏衍的一篇散文《野草》中的一段描述：

有人问：世界上什么东西的气力最大？回答纷纭得很，有的说"象"，有的说"狮"，有人开玩笑似的说：是"金刚"。金刚有多少气力，当然大家全不知道。

结果，这一切答案完全不对，世界上气力最大的，是植物的种子。一粒种子所可以显现出来的力，简直是超越一切。

人的头盖骨，结合得非常致密与坚固，生理学家和解剖学者用尽了一切的方法，要把它完整地分出来，都没有这种力气。后来忽然有人发明了一个方法，就是把一些植物的种子放在要剖析的头盖骨里，给它以温度与湿度，使它发芽。一发芽，这些种子便以可怕的力量，将一切机械力所不能分开的骨骼，完整地分开了。植物种子的力量之大，如此如此。

这也许特殊了一点，常人不容易理解。那么，你看见过笋的成长吗？你看见过被压在瓦砾和石块下面的小草吗？它向往阳光，为着达成它的生之意志，不管上面的石块如何重，石块与石块之间如何狭窄，它必定要曲曲折折地、顽强不屈地透到地面上来。它的根往土壤里钻，它的芽往地面挺。这是一种不可抗的力，阻止它的石块也被它掀翻。一粒种子的力量就是如此。

没有一个人称呼小草"大力士"，但是它的力量之大真的无可比拟。这种力，是一般人看不见的生命力，只要生命存在，这种力就要显现，上面的石块丝毫无法阻挡。因为它是一种"长期抗战"的力，有弹性、有韧性、能屈能伸的力，不达目的绝不罢休。

在部分人的身上，也拥有夏衍先生所描写的这种种子的力量，这种力量就是情商中的"自我激励"。

试想一下，如果你的孩子拥有这样一股生命力，你还有什么好担心的呢？

自我激励能力是如何丧失的？

一个健康的人天生就拥有这种生生不息的能力。那为什么有人会失去这种能力呢？

我们先从一种现象说起。最近网上流行一个新词叫"躺平"，这个词很形象地表达了失去自我激励能力之后的状态。

躺平的定义有如下几种：

1. 无论对方做出什么反应，你内心都毫无波澜，对此不会有任何反应或者反抗，瘫倒在地，不再热血沸腾、渴求成功了。
2. 选择最无所作为的方式反抗。
3. 超脱于加班、升职、挣钱、买房的主流路径，用自己的方式消解外在环境对个体的压力。

一个人为什么会躺平？先给大家普及一个心理学名词——习得性无助。

"习得性无助"来自美国心理学家塞利格曼1967年做的一项经典实验。这个实验分为三个步骤：

第一步：研究员用1.5米左右的栏杆把一条狗围住，在外面放上肉，狗闻到肉香，一下子就跳过栏杆出去吃肉了。这一步测试出狗有跳过1.5米栏杆的能力。

第二步：研究员把栏杆加高到3米，这是狗无法跨越的高度。研究员依旧在栏杆外面放上肉。当然，狗闻到肉香还是会不断尝试跳出去，但经过一次、两次、三次、无数次失败后，狗就放弃尝试了。为了刺激狗跳过栏杆，研究员开始在笼子里通电，一通电，狗就痛苦地呻吟，为了逃避痛苦，它又开始尝试跳出围栏，但栏杆实在是太高了，经过无数次失败后，狗最终还是放弃了尝试。

第三步：让狗休息一段时间，以恢复体力。研究员把栏杆重新降回1.5米，并在外面放上肉。奇怪的事情发生了，这时候的狗闻到肉香只会流口水，不再像第一次那样跳过栏杆去吃肉。为了刺激狗跨越栏杆，工作人员再给笼子通上电，受到电击的狗宁愿痛苦地缩在角落呻吟、颤抖，也不再尝试跳过栏杆。

用今天的话来说，这条狗躺平了！

这是不是很像某些人？他们看到机会只会羡慕别人，面对生活的痛苦只会抱怨，但是一动不动地维持着现状？

塞利格曼把这种现象称为"习得性无助"。

习得性无助的人内心有一个声音："我不行""我没有办法，因为我以前试过了""我根本做不到""这太难了"……

这些想法在心理学上称为"限制性信念"。所谓限制性信念，就是在想法中隐藏了某种限制，限制了人们对世界的认知，让人生的选择更少。这些信念又叫"病毒性信念"。人字外面一个框是什么字？是"囚犯"的"囚"字，当一个人被限制性信念束缚时，就有一个无形的框把他困在框内，他就成了某种程度上的囚犯，被关在一个自己为自己设置的思想牢笼里。有关限制性信念，我们在下一章还会详细阐述。

我们的大脑里为什么会产生这些束缚自己的想法呢？

从塞利格曼的实验我们可以看到，狗之所以不再尝试，是因为它以前在尝试的过程中遭受了一次次挫败，为了避免再受挫，它选择放弃。

这就是限制性信念产生的原因，是潜意识为了保护我们不再受伤害，是一种安全保护措施。

栏杆高3米时保护自己是理所当然的，可是，为什么1.5米的栏杆也不跳了呢？这可是自己可以轻松跨越的高度啊！

当局者迷，旁观者清。当你看实验时，你看得清清楚楚，可是到了自己身上，人跟狗并无两样。因为我们的大脑会根据过去判断未来，以前做不到的事，我们会认为以后也做不到，完全忘记了环境、能力都已经发生了改变。

限制性信念通常产生于生命早期，当一个人在成长的过程中，特别是人生的早期遭遇了一些重大挫败性创伤事件，或者不断受到身边人的否定时，会有一种不安全的感觉。为了保护自己，大脑会产生一系列限制性的想法，这些想法还会内化为一种过低的自我评价，于是就会产生自我否定心理，这会严重影响一个人的自我价值。

一个自我否定的人是无法自我激励的，而自我激励的能力源于一个人的自我价值，也就是一个人的自信心。只有自我价值高的人才能避免习得性无助，才能打破那些旧信念的限制，从过往的思想牢笼中逃脱。

一个没有思想束缚的人，就像植物的种子一样，自然拥有一种生生不息的生命力，这就是自我激励的能力。

如何提升自我激励的能力

自我激励的能力跟后面第四章、第六章的内容有关，为了让情商这部分内容完整，先简单介绍一下基本内容。

1. 提高自我价值

什么是自我价值？所谓自我价值，是一个人对自己价值的主观评价。当人的自我价值感很强的时候，他会表现出自我完善的欲望，表现出向上向善的本性；当一个人对自己的评价极低时，他的心仿佛是玻璃做的，一碰就碎，十分在意别人的评价，遇到挫折就退缩。自我价值低的人很容易习得性无助，面对一点困难就怀疑自己，像塞利格曼用来做实验的那条狗一样，轻易躺平。

如何才能提升孩子的自我价值？大致有以下两个途径：

（1）给予孩子充足的心理营养，让孩子有被爱的感觉。

（2）让孩子有被需要的感觉，从被需要中产生价值感。

因为自我价值对一个人的一生起到巨大的作用，所以，我们在第六、第七章会继续详细阐述。

2. 破除限制性信念

前面我们讲过，人天生具有自我激励的能力，有的人之所以缺乏这种能力，是因为被自己大脑中的限制性信念束缚住了。因此，要恢复这种能力，只需要破除限制性信念就可以了。

如何才能破除限制性信念呢？我们首先要把这些限制性的信念识别出来。限制性信念通常有两种表现方式：合理化和非理性。

合理化

所谓"合理化"，其实就是一种自我欺骗。当一个人在骗自己的时候，他并不知道自己在说谎。心理学研究发现，人总想证明自己是对的。人一旦认定了某件事，或设定了某个目标，即便环境发生了巨大改变，原来的目标已经变得很荒唐，但为了证明自己是对的，他总会找某些理由为自己开脱，使自己心理上得到安慰，因而看不到真相。合理化是心理防御机制的一种，人们会无意识地搜集证据为自己的行为做合理化解释，以掩饰自己的过失，降低焦虑，维护自尊免受伤害。合理化通常有如下三种：

酸葡萄式： 对狐狸来说，吃不到的葡萄都是酸的。人类也一样，当自己追求的东西因自己能力不够而无法取得时，就加以贬抑和打击，这种合理化模式被称为酸葡萄式。

甜柠檬式： 狐狸吃不到葡萄，肚子又实在是饿，就摘了一个酸涩的柠檬充饥，边吃边说柠檬是甜的。有时人们也会像这只狐狸一样，当我们无法得到更好的东西时，就会发展出另一种防御机制，企图说服自己和别人，自己做到的或拥有的已是最佳选择，努力去强调事情美好的一面，以减少内心的失望和痛苦，这种防御机制会妨碍我们去追求生活的进步。

推卸责任式： 这种防御机制是指将个人缺点或失败责任推给其他人或环境，从而让自己的内心保持平衡。

以上三种合理化方式其实都是在说谎，只是这种说谎并不是欺骗别人，而是在欺骗自己。

非理性

什么是非理性信念？非理性信念由美国心理学家艾利斯在1955年首次提出。简而言之，非理性信念是不合理的、夸张的、绝对化的、完美主义的、思维混乱的、易引起负面情绪及造成困扰的荒谬想法。

非理性信念主要有以下三大特征：

绝对化： 即从自己的主观愿望出发，认为某一件事必定会发生或不会发生，话语中常常带有"必须"和"应该"等字眼。持有这种非理性信念的人很容易产生失败感和挫折感，导致失落、自责或忧郁等情绪。

极端化： 总认为事件的发生会导致非常可怕的或灾难性的后果，这种非理性信念常使个体陷入羞愧、焦虑、抑郁、悲观、绝望、不安、极端痛苦的情绪体验中而不能自拔。

以偏概全： 就是凭借自己或他人的单一行为去判断其整体。一件事情做得不好，就否定自己，其结果就是自暴自弃、自责自罪，认为自己一无是处，从而产生焦虑抑郁情绪。

艾利斯认为人天生就具备了非理性的人格倾向，因此每个人的思考或多或少都以某种无效或顽固的方式进行，再加上父母师长或传媒的影响，因而产生了许多不合理、不合逻辑或与事实不符的非理性信念。

既然限制性信念会让孩子产生习得性无助心理，丧失自我激励能力，那如何才能避免让孩子产生限制性信念呢？

（1）尽量避免给孩子过高的期待，就像狗面对 3 米高的栏杆会放弃一样，孩子面对那些过高的要求会产生挫败感。

（2）自信源于一次次成功的累积，所以应创造机会让孩子多体验成功的快乐。

（3）尽量给孩子开放的思维空间，不要随便否定孩子，少给孩子标准答案，让孩子养成自己思考的习惯。

限制性信念对孩子的成长来说也是个关键因素，我在第四章会继续展开探讨。

本节功课

1. 每天肯定孩子的三个行为，让孩子感觉自己是有价值的。

2. 对照限制性信念的特征，每天觉察自己是否用这样的信念限制了孩子。

共情 / 同理心

什么是共情 / 同理心？

"同理心"一词由美国心理学家蒂奇纳在20世纪20年代最早使用。最初的意思是感知他人主观经验的能力，即了解他人感受的能力，是一种对他人困扰的身体模仿，通过模仿引发相同的感受。

生活中有个有趣的现象，当我们看到别人笑的时候，自己也想笑，看到别人流泪的时候，自己也止不住地伤心，看到别人打哈欠的时候，自己也忍不住犯困。

这是为什么呢？答案就在"镜像神经元"里。

镜像神经元是20世纪末由意大利帕尔马大学首先发现的，这个发现证明猴脑中存在一种特殊神经元，能够像照镜子一样通过内部模仿而辨认出所观察对象动作行为的潜在意义，并且做出相应的情感反应。

它的作用就是让我们像镜子一样感知别人的感受，这就是共情能力的生物学基础。也就是说，对一个正常的人来说，天生就具有共情能力，这种能力是与生俱来的，并不需要特别的训练。

同理心与同情心不一样，同情心是指同情别人的遭遇，但并没有体会到别人的感受。

同理心的基础是自我觉察，我们对自身的情绪越开放，就越善于感知情绪。那些述情障碍患者不清楚自身感受，对于他人的感受更是一无所知。

无法感受他人感受是情商的重大缺陷，也是人生的悲剧。共情能力在人生很多竞技场上发挥着重要作用，从销售、管理到谈情说爱、养儿育女，再到政治行动，都离不开共情能力。有同理心的人与异性关系会更加亲密，能够促进感情发展。没有共情能力会产生严重后果，这在某些罪犯身上得到了充分体现。

共情能力是一种接收潜意识的能力。人们通过言语表达的情绪很少，情绪更多是用非言语的形式表达的，比如声调、姿势、面部表情等，90%的情绪是非言语的。一个人的共情能力缺失，就无法接收这些信息，因而感受不到别人的情绪。

为什么有的人会丧失共情能力？

既然共情是一种天生就有的能力，那么为什么有的人却没有共情能力呢？

研究发现，共情能力独立于智力，也就是说，智商高的人共情能力并不一定高，相反，共情能力高的人智商也不一定高，二者没有必然联系。那共情能力跟什么有关呢？丹尼尔·戈尔曼在《情商》一书中做了如下总结：

- 共情能力的发展源于婴儿时期，孩子在成长的过程中，情绪能得到父母的及时回应，对于发展同理心有帮助。
- 婴儿大概在8个月的时候开始意识到自己与他人是分离的，在这个阶段，婴儿的情绪能得到父母或者其他照料者的协调，长大后就会有同理心。
- 如果孩子的情绪一直没有得到同理回应，也就是孩子的感受一直被忽略，孩子就会开始回避表达，甚至不愿意感受相同的情绪。孩子会慢慢地停止把这些情绪用于人际关系。因为孩子明白了,我兴奋时并不能让父母兴奋,所以,我不要再尝试了。
- 与之相反,强烈的情绪虐待,比如残忍可怕的威胁、人格的侮辱及尖酸刻薄等,也会导致另一种可悲的结果,孩子会对他人的情绪极度戒备。这种人长大后情绪紧张,喜怒无常。他们看起来非常善于感受他人的感受,但这并不是同理心,而是一种对情绪的过敏反应,有的人甚至会变成边缘型人格。

以上是《情商》一书中列举的情况。团长再补充另外一种与同理心有关的情况。为了让大家形象地体验到这一点,我先讲一个真实的故事。

几年前,有一家德国企业请我做企业培训,他们把培训地点选在合肥巢湖边上的一家五星级酒店里。那次培训是我做过的所有培训中印象最深刻的一次。之所以印象深刻,并不是因为培训效果特别好,也不是因为酒店特别豪华,而是因为酒店飘荡着浓烈的臭味,那几天我吃什么都不香,还吐了好几次。

为什么一家酒店会有如此的臭味呢?我问了酒店的工作人员才知道,原来,巢湖里长着一种叫蓝藻的植物,每到夏天,这些蓝藻就会腐烂发臭,这就是酒店臭味的来源。

我问主办方的工作人员,为什么选择这么臭的酒店做培训,他们用惊奇的眼光看着我:

"这很臭吗?没有啊!我们可能习惯了,我们当地人并不觉得很臭,只是有一点点的味道而已。"

这让我想起了《孔子家语·六本》中的一句话:"与善人居,如入芝兰之室,久而不闻其香;与恶人居,如入鲍鱼之肆,久而不闻其臭。"我想是一样的道理吧!

心理学研究发现,人的潜意识有一种保护功能,为了让你少受环境的刺激而感受痛苦,潜意识会自动屏蔽部分感知能力。就像前面例子中的巢湖当地的居民,因为他们长期居住在巢湖边,如果他们感受臭味的能力跟外地人一样,他们会很难受。潜意识为了帮助他们,让他们感受好一些,会选择性地弱化臭味的感知能力,这就是他们并不觉得臭味很大的原因。

味道如此,情绪也是一样。

《情商》一书对同理心缺乏的一种解释是:孩子的情绪没有得到及时回应,所以干脆就不去感受情绪。团长发现还有另外一种常见的原因。

如果一个人在成长的早期经历了太多生活的苦,或者他的家人情绪喜怒无常,情绪就像大海中的巨浪一样经常性地袭击他,为了保护自己,让自己的感受舒服一些,他的潜意识会屏蔽掉部分情绪的感知能力,就像一个人屏蔽掉对臭味的感知力一样,他开始对自己和他人的情绪不再有敏锐的感知能力了。这就是有的人缺乏同理心的另一个原因。

缺乏共情能力的后果

同理心专家霍夫曼认为,道德的根源在于同理心。一个人只有对潜在的受害者感同身受,才会愿意与之分担痛苦,并愿意去帮助他们。除了与人际交往中的利他主义有直接关系,同理心还促使人们遵循一定的道德准则。

同理心是道德的核心，他人的痛苦就是自己的痛苦，与他人感同身受就是关怀他人。所以，缺乏同理心会导致如下危险：

犯罪。那些犯下惨无人道罪行的人通常缺乏共情能力。他们无法感受到受害者的痛苦，因此会为犯下的罪行辩解开脱。

家庭暴力。缺乏共情能力会让人冷酷无情，控制欲强，这样的人会使用暴力去迫使家庭其他成员就犯。因为他们无法感受到被施暴者的痛苦。他们对自己的行为在未来会受到的惩罚也毫不关心，因为他们自己感受不到恐惧，所以，他们对受害者的恐惧和痛苦不会产生同理心和同情心。

精神错乱。心理学家罗伯特·哈尔认为，精神错乱者对情绪词语的理解很肤浅，这是他们情感世界较为浅薄的一个证明。

如何提升孩子的共情能力

前文讲述了共情能力的重要性以及缺乏共情能力的原因，明白了原因，培养孩子的共情能力就很简单了。相应地，在孩子成长过程中要做到如下两点：

（1）从小关注并接纳孩子的情绪，及时给予回应。

（2）修炼好自己，建立和谐幸福的家庭关系，让孩子有一个健康的成长环境。

高情商的父母才能培养高情商的孩子。如果父母共情能力缺失，怎么办？

那当然要先提升父母的共情能力。因为共情能力是在童年时不良家庭教育中丧失的，所以，最好的方法就是找专业心理咨询师疗愈自己。

很多人对找心理咨询师有一个误解：我又没有精神病，干吗要找心理咨询师呢？这种想法搞错了，如果你真的有精神病，你要找的是精神科医生，而不是心理咨询师。

那心理咨询师是做什么工作的呢？心理咨询师不是神，他不能改变你的过去，但是，他可以改变你对过去的看法。你的看法改变了，你的世界就改变了。

以共情能力为例，一个人的共情能力缺失，是因为他小的时候有些不好的感受。所以，他的潜意识认为没必要去感受这些不好的感受，因为这些感受会让他感到痛苦。于是，他宁愿关闭感受的能力。

但是，你的潜意识并不理会环境已经发生了巨大的改变，你早已不再生活在当年那个恶劣的环境中了，你今天如果愿意开放感受的能力，你会感受到很多美好的感受。如果潜意识能够明白这一点，它就会愿意打开感受的开关，于是，你的共情能力就神奇般地恢复了。这就是心理咨询的简单原理。

当然，说起来简单，做起来可是个技术活，咨询师需要有能力绕过意识的防御，走进你的潜意识世界。同时，你只有在自己愿意改变的前提下，才能完成这个改变的过程。

除了通过心理咨询恢复共情能力，还有没有其他方法呢？

有，但是比较慢，比如通过一些刻意练习唤醒你的慈悲心。

什么是慈悲心？请容许我跟大家分享一部曾经很火的国产电影——《我不是药神》。这部电影讲了一个人从"烂人"变成"英雄"的故事。

电影的主角程勇前期的人物形象可以定义为两个字："烂人"。

一开始我们看到的是这样一个程勇：头发就像鸡窝，穿着一件破夹克衫、一双破拖鞋，叼根烟，对人对事的态度都属于人憎狗嫌的模样。

可是最后，程勇这个"烂人"却变成了"英雄"，就连我这样比较理性的人，也数次被他感动得落泪。究竟是什么力量让一个烂人变成英雄的呢？

程勇的转变是从一位叫吕受益的病友去世开始的。吕受益是一位病人，也是程勇的伙伴。当站在挚友的病床前，看他顶着稀稀拉拉的头发，张开发白起皮的双唇叫自己吃橘子的时候，他坚固的外壳融化了；当听到挚友不堪病痛，丢下妻儿自杀时，他的良知爆发了。在吕受益的葬礼上，面对前来吊唁的无数戴着口罩的白血病患者的期盼无助的眼神，他内心的慈悲被唤醒了，他的力量也被同时唤醒了，于是他找回了当初的团队，决心重新卖药，只卖500元一瓶，成了病友心中的"药神"。

这个故事讲的就是一个人慈悲心的唤醒过程。

慈悲是佛教词语。慈爱众生并给予快乐，称为慈；同感其苦，怜悯众生，并拔除其苦，称为悲；两者合称为慈悲。

人变得慈悲，往往是从看到他人的痛苦开始。

一个人之所以会穿上厚厚的铠甲，内心冷漠，甚至变成一个烂人，总有其内心不得已的地方。当一个人只看到自己身上的苦，他就会穿起铠甲来保护自己；但当他能把焦点从自己身上移向他人时，别人的苦就会唤醒他的慈悲之心，这就是从"烂人"到"英雄"的转折点。

所以，刻意地、有意识地把焦点放到别人的不容易、别人所受的苦上，你内心某个柔软的部位就会被触动，那就是你的慈悲之心。当你的慈悲心被唤醒时，你的共情能力自然就恢复了，这就是除了找心理咨询师疗愈，一个可以自己刻意练习的方法。

请你相信，不管今天你的共情能力如何，只要你愿意，要恢复这种能力很简单。你可以通过学习，或者疗愈自己的创伤，来提升安全感，拆掉那些不必要的墙，唤醒慈悲心。这样，你不仅能感受他人的感受，而且能与世界更好地连接，生活会变得更加开心快乐。

当你拥有了同理心，只要稍加注意，你自然能够培养一个拥有共情能力的孩子。拥有了共情能力，就等于拥有了和谐的人际关系和团队作战的基础。有了这两个法宝，你孩子将来的事业将不可限量，人生也会幸福美满。

本节功课

1. 你如果觉得自己缺乏共情能力，请找一位你信得过的心理咨询师做几次咨询，疗愈自己的童年创伤，打开共情能力的开关。

2. 有意识地调整自己的焦点，去看看身边人的不容易，当你看到他们跟你一样，也有各种各样的无能为力时，当你能看到别人的痛苦时，你共情的开关就慢慢打开了。

3. 当你的共情能力提高后，你自然会感受到孩子的感受。当你有能力感受孩子的感受之后，请积极回应孩子的感受。

4. 请尽量创造一个和谐幸福的家庭环境，让孩子在幸福的环境中成长。

人际关系

了解他人感受,并采取相应的行动调节他人情绪的能力,是人际关系艺术的核心。人际关系必须以自我觉察、自我控制、自我激励和共情/同理心这四个能力为前提。有了这四项能力,人际关系基本上就相当成熟了。但如果能再增加一些人际关系方面的技巧,在融入团体,改善人际关系,动员及鼓舞他人,说服、影响和安慰别人时,都会起到更大的作用。如果缺乏这些技巧,个体可能会难以适应社会,人际关系会一团糟。

人际关系是前面四种情商能力的外在体现,是情商的一个重要组成部分。《情商》一书提出,人际关系大体包括以下四种能力。

展示情绪的能力

社交竞争力的一个关键是展示情绪的能力。情绪展示有三种方式。

情绪表达的最小化。也就是善于控制自己的情绪,喜怒不形于色,让自己内在的情绪不为他人所觉察。比如,在香港的警匪片中常出现的赌王,他们看过底牌后,你无法从他们的脸上看到开心或者失望的情绪,也就是说,你无法根据他的情绪判断他的底牌。

放大情绪表达,夸大自身感受。这在小孩身上经常会看到,一些孩子受到一些小伤后会大声哭泣,显得很痛苦的样子,以吸引家长的关注。这种情况在大人身上也经常会出现,比如在参加一些喜庆活动时,你表现得特别开心;在参加一些哀悼仪式时,你表现得特别伤心。这种情绪表达对于融入群体有好处。

情绪替换的能力——用一种情绪替代另一种情绪。当年诸葛亮就是用这种能力避免了一场灾难。《三国演义》中的"空城计"我想大家都知道,司马懿兵临城下,诸葛亮却在城墙上悠闲地弹琴,让司马懿误以为是一个陷阱,退兵郊外,给了诸葛亮一个撤退的时间。我猜诸葛亮面对司马懿百万大军时,内心是恐惧的,但他善于"情绪替换",用悠闲、淡定的情绪替代恐惧,这样就能给对方传递一种你想传递的信息。诸葛亮的这种技巧我们也有,比如别人送给你一份礼物,当这份礼物不及你的预期时,你内心明明很失望,但出于礼貌,你会微笑着向对方道谢,这也是一种情绪替换。

人们运用这些技巧,在合适的时机做出恰当的反应,以适应当时的环境,这种根据环境展示情绪的能力,是情商的体现之一。这些情绪规则不仅是社交礼仪的一个方面,还决定了我们自身的感受如何影响他人。得体地运用和遵循情绪表达规则,会产生最佳效果,反之就会陷入情绪混乱。

不管是缩小、放大还是替换,都是为了适应环境而采取的一种主动选择。当我们这样做的时候,必须带着觉察,如果有压抑和虚伪的成分,会造成亲密关系的疏远和自己身体健康等方面的伤害。当你带着觉察,你才是情绪的主人,情绪就变成了你的一种资源,为你所用。

情绪感染力

什么是情绪感染力?《情商》一书作者在书中讲了这样一个故事。

> 泰瑞是20世纪50年代最早在日本学习合气道的美国人之一。

一天下午，他乘坐东京郊区列车回家，一个高大威猛、醉醺醺、脏兮兮的工人上了车。那醉汉步履蹒跚，开始恐吓其他乘客，他大声咒骂着，挥拳打向一个抱着婴儿的妇女，那位妇女仰身摔倒在一对老夫妇脚边，老夫妇连忙站起来，躲到车厢的另一头儿。醉汉又挥出好几拳，由于过于愤怒，打空了，他怒吼着抓住车厢中间的柱子，试图把它拔出底座。

泰瑞每天练习合气道8小时，身体非常棒。此刻他觉得自己应该出面阻止醉汉闹事，以免其他人受到伤害。但他想起了师傅的教导："合气道是和解的艺术，心里想着搏斗的人，自己已经失去了跟宇宙的联系。如果你试图征服别人，那么你已经落败了。我们应学习如何解决纷争，而不是挑起纷争。"

泰瑞同意师傅关于不挑起争斗的教导，他只在自卫的时候使用武术。现在很明显，他处于正当的立场，他终于有机会在现实世界检验他的合气道水平了。因此，在其他乘客吓得呆在座位上的时候，泰瑞站了起来。

醉汉看到了他，号叫着："啊哈，外国人！你该尝尝日本人的厉害！"然后靠近他，准备与他一较高低。

当醉汉开始移动时，有人发出了欣喜若狂的声音："嘿！"

那语调欢快得如同突然遇见老朋友一般。醉汉感到很奇怪，环顾四周，发现这声音发自一位70多岁穿着和服的瘦小的日本老头儿。那老头儿高兴地对醉汉笑着，轻轻挥手向醉汉示意，轻快地说："过来。"

醉汉怒气冲冲地大步跨过去："我为什么要跟你说话？"与此同时，泰瑞已经准备就绪，只要醉汉一有攻击行为就立刻把他拿下。

"你喝了什么?"老头儿笑呵呵地问醉汉。

"我喝了米酒,关你屁事啊。"醉汉怒吼道。

"啊,太好了,真是太好了。"老头儿温和地说,"瞧,我也喜欢米酒。每天晚上我和太太——她67岁了,我们把米酒温热,然后拿到花园,我们坐在那条古老的木凳上……"老头儿一直说到他家的柿子树、花园的景致,以及在晚上享用米酒的时光。

醉汉听到老头儿的话,脸变得柔和起来,紧握的拳头也松开了。"对,我也喜欢柿子……"他的声音渐渐变小了。

"没错,"老头儿轻松回答,"我肯定你也有一位好太太。"

"不,"醉汉说,"她死了……"他边流泪边诉说起自己失去妻子、家庭和工作的经历,他为自己感到羞愧。

这时候泰瑞到站了,他下车时听到那老头儿让醉汉坐在他的旁边,把他的故事讲完,泰瑞看到醉汉躺在座位上,头伏在老头儿的膝盖上……

这个故事让我很感动,这就是情绪感染力!

如何应对愤怒者?研究数据显示,一个有效的方法是分散愤怒者的注意力,以同理心对待他的感受和立场,将他的注意力转移到其他事物上,激发出积极情绪。这种方法又叫作情绪柔道。

情绪可以感染别人,这是一种无声无息、无处不在的人际交流方式,我们彼此传达和接收情绪。从某种意义上说,情绪感染力是个体可以驱动他人情绪的能力。

有一些人的情绪传递让人舒服,能够帮助别人舒缓情绪,这样的人具有很高的社会价值，我们会用"受欢迎""有魅力"来形容他们。

情绪感染力通常由表现力强的一方传递给较为被动的一方。通常来说，那些容易被别人打动的人是富有同理心的人。

情绪感染是如何发生的呢？人会无意识地模仿他人所表现出来的情绪，也就是说，我们对他人的面部表情、姿势、声调等非言语行为进行无意识的模仿，通过模仿，我们将他人的情绪在自己身上进行再创作。研究发现，当人们看到微笑或生气的脸时，他们的脸部肌肉会发生细微的变化，会表现出同样的情绪。不管你是否意识到你正在模仿对方，仅仅是看到别人的情绪就会引发你同样的感受。这个在前文我们已经讲过，那是镜像神经元在起作用。

人们之间的情绪总是在不断地传递，步调一致，好像在翩翩起舞。情绪的同步性决定了你对人际关系的感受，不管是舒服还是不适。当两个人互动的同步性处于高水平时，意味着两个人互相喜欢。你与他人相处得好不好，可以体现在身体层面。

有效人际交流的一个决定性因素就是运用情绪同步性的熟练程度。如果一个人善于与别人的情绪协调一致，或者很容易让别人的情绪跟着自己的情绪走，那么他在人际互动中就会顺利得多。一个有影响力的领导者，就是以这种方式影响数千名观众。一名雄辩的演讲者，比如政治家或者传教士，总是致力于影响观众的情绪。能够影响别人情绪的人，是影响力的核心。

不善于接收和发送情绪信息的人容易遇到人际关系方面的问题，这样的人在与他人相处时，会让人感到不舒服，但是他们自己也说不清楚为什么会这样。

社会智力

什么是社会智力？心理学家哈奇和加纳德的一个研究发现，社会智力体现在如下四个方面：

组织团队。这是领导者的基本技能，发动并协调群体努力开展工作。这种能力常见于各种团队的领导者身上。

协商解决办法。这是一种调停的才能，防止冲突或解决突发危机。具有这种能力的人擅长谈判、仲裁或调停争端。

连接能力。即与他人产生联系的能力。具有这种能力的人很容易与别人打成一片，容易识别和恰当地回应别人的感受和关怀。

社会分析。能够体察和领悟他人感受、动机和关怀。了解他人感受的本领可以使人很容易与他人建立亲密关系。

社会智力出色的人很容易和别人打交道，善于领会他人的反应和感受，善于领导和组织团队以及解决人际关系中的争端。他们是天生的领袖，能够把未被言明的群体性情绪准确地表达出来，引导群体向特定的目标前进。他们受到大家的欢迎，因为他们总能使人保持高昂的情绪，让大家心情愉快。

融入团体的能力

与其说这是一种能力，不如说是一种策略。

研究发现，就算是最受欢迎的孩子试图加入已经开始游戏的团体时，被断然拒绝的比例也达到了 26%。也就是说，就算你具备了前面所说的所有情商的能力，但如果你不懂得如何策略性地融入团体，你还是有 26% 的机会被拒绝。

那如何才能有效地融入团体呢？那些受团体欢迎的孩子使用的策

略是，在加入团体之前，先花时间搞清楚团体的状况，然后用行动表明自己愿意接受团体规则，等到自己在团体中确立地位之后，才主动建议团体做什么。

所以，这个策略包括以下步骤：(1)搞清楚团体的状况；(2)用行动表明自己愿意接受团体规则；(3)在团体中建立自己的威信；(4)为团体做贡献。

只要能遵守上述原则，那么，融入团体就不是什么难事了。

在以上四项能力中，除情绪感染力之外，其他三项都是策略性的，特别是第一项展示情绪的能力。这些策略性的技巧是一把双刃剑，稍有不慎，很可能会伤及自己。所以，在使用这些技巧的时候，切记要忠于自己的真实感受。用莎士比亚的话说就是"对自己忠实"，即不管产生什么样的社会后果，行动与自己内心深处的价值感受都要保持一致。如果无法平衡自身需要与外在之间的关系，这些技术只会导致空洞的社会成功。比如，以牺牲个体真实需要为代价的"交际花"，给别人的印象非常棒，但私底下几乎没有稳定或满意的亲密关系。所以，真正的人际关系艺术是能够在忠于自己与社交技能之间取得平衡，诚实正直地行事。

人际关系技巧

除了上述四项能力和方法，团长再跟大家补充一些人际关系技巧。

1. 把对方摆在对的位置

人际关系最大的问题就是，人们总想证明自己是对的。因此，我们会习惯性地把别人放到"错"的位置。对方也要证明自己是对的，于是，冲突就来了。如果你学会了把别人放在"对"的位置上，大多数人际关系问题都会迎刃而解。为什么这么说呢？一位谈判专家曾在自己的书里讲过这样一件事：

> 一天，他在上班途中发现道路被堵住了。那是一条单行道，一辆出租车和一辆私家车互不相让，把路堵得严严实实。
>
> 于是，谈判专家下车，敲敲出租车的车窗，说："师傅，我看你们两个司机里只有你是专业的，这么窄的一条路，没点水平可真退不了。你们俩只有你是专业的，应该只有你能退，他肯定是退不了的。麻烦你退一下好吗？"
>
> 出租车司机看了一眼谈判专家，点点头："好吧，谁让我技术好呢。"马上打火发动车倒了回去。道路再次通畅。

为什么谈判专家几句话就解决了交通拥堵呢？因为谈判专家的话里面有一个假设：只有水平高的人才能让步。那个愿意改变的人，愿意采取行动的人，正是一个更有水平的人。

出租车司机听到了这个前提，他让步了，因为他的技术更好。

没有人愿意承认自己是错的一方，人们总是愿意往更好的方向走。当你能够给对方一条成为更好的人的路径时，大多数人都愿意往这条路上走，因为这样会更有成就感，会充满力量。而更重要的是，当一个人这样做的时候，身边人的人生也会越来越好。

2. 位置感知法

什么是位置感知法？位置感知法是NLP（神经语言程序学）中的一个技术，我在《改变人生的谈话》中引述了一个古代的故事。

春秋时期,齐国君主齐景公有个特别的爱好:养鸟。他为了照顾好他的鸟,专门设了一个官职——鸟官。鸟官的名字叫烛邹。有一次齐景公得到了一只漂亮的鸟,他非常喜欢,可是几天后,那只鸟飞跑了。齐景公气坏了,要杀死烛邹。

因为一只鸟而杀一个人,大家都知道齐景公这么做过分了,但都不太敢站出来劝他,并且在君主大发雷霆的情况下,劝他是一件很可能掉脑袋的行为。"大王不能为一只鸟而杀一个人,你这样叫无良的国王……"如果有人敢说出这样的话,十有八九会被拉出去一起砍了。

烛邹很幸运,他有一个智慧的同事叫晏子。在众人都沉默的时候,晏子站了出来,他向齐景公请求道:"恳请陛下让我指出烛邹的罪状,然后您再杀了他,让他死得明白。"齐景公答应了。

晏子板着脸,严厉地对被捆绑起来的烛邹说:"你犯了死罪,罪状有三条:大王叫你养鸟,你不留心让鸟飞了,这是第一条。你让咱们英明的国君因为一只鸟而杀了一个人,这是第二条。全国的老百姓都知道咱们英明的国君因为一只鸟而杀了一个人,他们会怎么议论我们的国君?他们会说我们的国君是重小鸟而轻仕人的国君,你给咱们英明的国君戴上这样的污帽,你的确该死,这是第三条。"说完,晏子回身对齐景公说:"大王,您可以杀他了"。

听了晏子的一番话,齐景公明白了晏子的意思。他干咳了一声,说:"算了,把他放了吧。"接着,走到晏子面前,拱手说:"若不是先生的开导,我险些犯了大错呀!"

晏子这番话高明不高明?晏子并没有劝说齐景公改变主意,更

没有跟他争论，可是，他轻松地让齐景公改变了主意。这实在是高明！可是高在哪里？他列举的三条罪状，表达的其实是同一件事情，只不过用了三个完全不同的角度：第一个角度是鸟官本身，第二个角度是国君，第三个角度是老百姓。这种引导一个人从不同角度来看清同一件事情的方法叫"位置感知法"。位置感知法有三个位置：自己、对方和大众。

位置感知法是通过设定自己、对方和大众三个框架，让当事人从三个不同的框架看问题。通过这三个框架，不断拉宽对方的视野，切换到更大维度去看问题，从而达到让对方自我觉察的目的。

很多时候，我们会跟齐景公一样，只站在自己的立场考虑问题，因此会做出很多伤害别人、让自己后悔的蠢事。位置感知法的原理就是挪开现有的位置，从对方和大众的位置重新审视自己的言行。

当站在自己的位置看问题时，你会觉得自己是对的，当你换个位置时，你会有不一样的感受，因为，位置决定视角，视角影响观点，位置改变了，观点自然就会改变。

你所处的位置会影响你的感受，所以，多从别人的角度感受他的感受，有助于减少冲突，改善关系。注意，不是换位思考，而是换位感受。换位思考时，人类的大脑很容易合理化，也就是为了证明自己是对的，人们往往不惜欺骗自己。只有换位感受才能真正理解他人的感受，因为身体的感受是不会骗人的，但是大脑会。

和谐良好的人际关系是一门让自己舒服的同时让别人也舒服的平衡艺术，而不是委屈自己去讨好别人，也不是通过一些技巧去满足自己而伤害他人。只有在我好、你好、大家好的前提下，才会有真正的人际关系和谐。而位置感知法，就是一个帮助你做到我好、你好、大家好的心理学工具。

3. 平等沟通，而不是高高在上

前面讲了人际关系中的"对错"和"立场"，下面跟大家讲讲"平等"。

大家都知道，批评会破坏人际关系，那批评不行，表扬总可以吧？奥地利心理学家阿德勒认为，表扬也不行，因为，不管是批评还是表扬，都是高高在上地评判别人，批评是给差评，表扬是给好评。

比如，父母对孩子表扬时，孩子是被动接受的，对他评判的主动权仍在父母手上，于是孩子会养成依赖的习惯，别人表扬他，他就开心，不表扬他，他就不开心。父母的这种赞美，本意是想让孩子增加自信心。这个方法看似有效，但长期下来孩子可能习惯讨好和依赖、寻求他人的肯定，这样长大的孩子是无法自信的，因为他自己的价值依赖别人的评价。

当赞美成为孩子的动机来源，只要没人赞美或大人不在场，孩子就失去动力去做原本该做的事。

阿德勒认为，无论批评还是表扬，都源自一种主观评判，评判方掌握主导权，高高在上地告诉被评判方"我认为你是怎样的"，双方关系是不平等的。这种不平等的沟通方式，实际是一种操控。

那么，不表扬，不批评，我们该怎么跟人沟通呢？

平等沟通的秘密武器就是——鼓励。

这里说的"鼓励"跟字典中的"鼓励"不是一个含义，这里的"鼓励"是有特定含义的。阿德勒所说的"鼓励"是没有评判的，是站在平等的位置分享感受，让对方产生价值感。

就算是家长跟孩子沟通也一样，家长如果能站在平等的位置，减少评判，真诚地指出孩子的贡献，会让孩子感觉自己是有能力、有用的人，从而获得自我价值感。

比如："谢谢你在妈妈做晚餐时陪妹妹玩，这样妹妹就不会到厨房来找妈妈，妈妈就可以很快做好晚餐了。"

鼓励是家长试着从孩子的立场去感受他的行为、表现、情绪等，多给孩子传递"我注意到你了""你这样做是有价值的""我们需要你""你是独特的""你属于这里"等信息。这样，孩子对自己的良好认知来自内在，是主动的。

对孩子如此，对老人也一样。

父母退休后，很多儿女以为的孝顺，是让父母什么都别操心了，"孩子的事你就不用费心了""你该吃吃、该喝喝，家里的事不需要你管"……

这实质上也是一种高高在上的操控。这样表面上是孝顺，其实对老人是一种伤害，因为这会让老人觉得自己活得很没价值、是个累赘。

但是，你换一种平等的方式鼓励就不一样了。比如，加班回家后，对一直等你归来的妈妈说："妈妈，我饿了，外卖太难吃了，好想吃碗你煮的面啊。"妈妈听了就会很有价值感，乐呵呵进厨房为你煮面。老人觉得自己有价值，会有助于延长寿命。

对待跟自己有血缘关系的父母、孩子都需要平等，对待其他人就更不用说了。

大多数人总喜欢高高在上地教育别人。人们一般不喜欢那些居高临下的人，所以，平等地分享，适当地鼓励，会让你的人际关系越来越好。

带着自己的观点，去说服别人接受，这叫操控。保持开放，尊重别人的观点，不强求别人接受自己的观点，君子和而不同，这才是沟通。没有人愿意被操控，所以，一旦你在操控别人时，你已经在将人际关系推远。

大部分人喜欢站在自己的立场，高高在上地操控别人。只要你能够站在对方的位置去感受，平等地与对方沟通，你自然会广受欢迎。那么，如何才能把孩子培养成一个人际关系能力强的人呢？

首先，人际关系的能力来自情商前面的四个能力，如果这四个能力培养好了，人际关系能力就不用担心了。

其次，这一节讲述的都是一些人际关系方面的技巧，这些技巧孩子会从父母身上模仿学习。所以，只要父母能提高自己的人际关系技巧，拥有好的人际关系，那么孩子一定会跟你一样拥有好的人际关系，反之亦然。

最后，团长想提醒你，除了技巧，提高情商最关键的是修炼好内在，因为别人怎么对你都是你教的，你的内在才是一切人际关系的根源。正如王阳明说的"心外无物"，如果你能修炼好内在，你的生活自然会如鱼得水，幸福美满。

| 本章功课 |

1. 对照本章讲述的 7 个人际关系技巧，为自己现阶段的人际关系能力打个分数。

2. 有意识地运用本章讲述的 7 个技巧与人相处，留意你人际关系的变化。三个月后，再给自己的人际关系打一个分数。一边学习，一边检视自己的进步。

· 第四课 ·

信念与价值观

孩子教育，光有能力是不够的

能力对人的一生很重要，但拥有强大的能力就足够了吗？前文我们曾讲过一个少年时期拿奖无数，长大后却违法入狱的案例，其实在现实生活中这样的例子比比皆是。

大家还记得一个叫"熊猫烧香"的电脑病毒吧？当时被称为"毒王"，可见其在当时给广大网民造成了多大的损失。这个让网民闻之色变的病毒出自被称为电脑天才的李某之手。李某学历不高，只有职业中专学历，但通过自学成为一名编程高手。在暴利的诱惑下，他写出了那个让百万网民恨之入骨的"熊猫烧香"，他本人也因此身陷囹圄，被判4年有期徒刑。出狱后，因为能力强，他受聘于一家著名的网络企业，本以为李某会改过自新，遗憾的是，2013年6月李某再次利用自己的小聪明设立网络赌场，敛财数百万元而被批捕。二度入狱，天才再次陨落，实在可惜。

这样的例子从古至今，比比皆是。可见，孩子教育，只看重能力是不够的。

那么，除了能力，还需要什么呢？

能力就像一把刀，善良的人会用它帮人、救人；但坏蛋会用它来伤人、杀人。刀用来做什么，并不取决于刀本身，而是取决于执刀之人的起心动念。

能力也一样，能力强大了，是用来利人利己，还是用来伤人害己，取决于一个人的起心动念。这里说的"起心动念"，在心理学上叫作"信念和价值观"。

信念是人格大树更深一层的根，如下图。

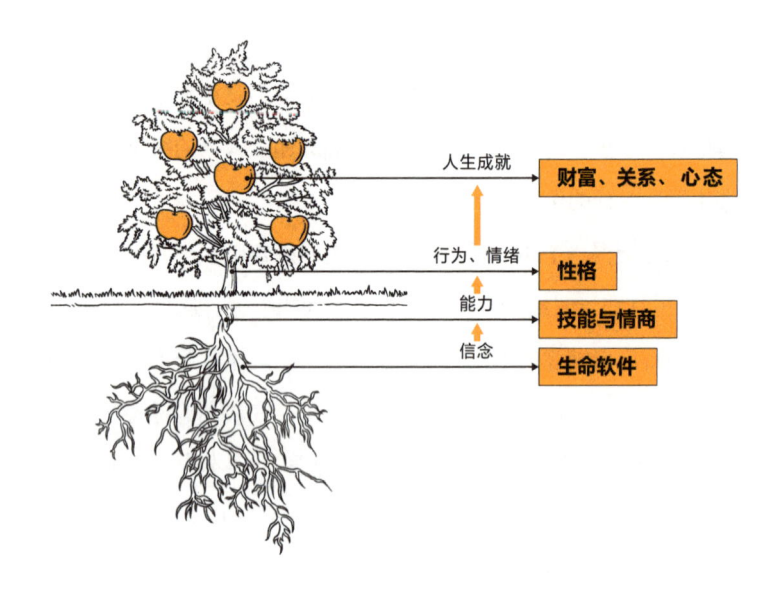

人生成就 → 财富、关系、心态
行为、情绪 → 性格
能力 → 技能与情商
信念 → 生命软件

生命的软件：信念、价值观

我们都知道，一个人的思想决定一个人的行为，行为会产生结果，结果的累积就是一个人的命运。简单来说，一个人的思想会决定一个人的命运。

那思想里有什么呢？思想又是如何决定一个人命运的？

学过逻辑学的朋友都知道，思想由概念、命题和推理组成。

概念是指人类在认知过程中，从感性认识上升到理性认识，把所感知的事物的共同本质特征抽象出来，加以概括，形成一个大众认同的标签，是思想中最基本的单位。表达概念的语言形式是词或词组。

命题也称为"判断"，一般把判断某一件事情的陈述句叫作命题。

推理是由一个或几个已知的判断（前提）推出新判断（结论）的过程，有直接推理、间接推理等。

概念、命题和推理构成了思想的主要内容。概念是大家都认同的认识事物的标签。不同人对同一概念的了解基本上是一样的，因为概念的一致性是人与人之间沟通的基础。

人与人之间的最大不同在于命题和推理，而推理过程所依赖的是已知的命题。也就是说，人与人之间最大的区别来自对一件事情的判断。

那么，人是根据什么对事情做出判断的呢？是价值观。

价值观是认知、理解、判断或抉择的依据，是人认识事物、辨别是非的一种思维或取向，体现出人、事、物一定的价值或作用。用大白话说就是，你认为重要，才会做某件事情。为什么你此时会看本书，就是因为你认为教育孩子是重要的、是可以改变孩子命运的。如果你不这样认为，你不会一直阅读到这里。

简单来说，价值观就是你做出判断的标准，是你人生的方向盘和指南针。

那信念又是什么呢？

信念是一个人对人或事物的判断、观点或看法，是一个人做或者不做某件事的依据。简单地说就是：**信念就是一个你会赖以行动的想法。**

比如，"运动有利于健康"，如果你认可这句话，但是并没有去运动，这句话就只是你的想法而已。但如果你每天都在健身房挥汗如雨，无论寒霜酷暑都不能阻止你，那它就不仅仅是你的想法了，而是支撑你运动的信念。

其实，心理学中的"信念"，就是逻辑学中的"命题"。

可以这样理解，价值观是信念的内核，而信念是价值观的表现。

如果把身体比喻为计算机硬件，信念、价值观就是生命的软件。硬件在出厂时已基本固定，但软件可以随时升级。所以，我讲了一套课程，叫作"升级生命软件"，就是通过改变一个人的信念来改变他的人生。

综上所述，信念就像软件一样决定着一个人的命运。因此，在孩子成长过程中安装并及时升级一套优质的软件就显得非常重要了。

信念如何影响人的一生

信念是如何决定一个人命运的呢？回顾一下我们的人生经历：一件事，你认定了"我不行"，结果你就真的不行了。你觉得"我运气不好"，结果你的运气就真的越来越差了。当你对自己的未来有了一个预言，这个预言会真的影响接下来发生的事，这个原理在心理学上叫作"自我实现的预言"。

下面给大家分享一个我们课堂上的案例。

故事的主角叫小艾，我认识她那一年，她正读大三，拥有花季少女姣好的容貌，可惜却没有花季少女对生活的那份期盼，因为命运跟她开了个玩笑，她得了视网膜脱离的疾病。随着视力一点点的下降，她的心也渐渐形同死灰。

"妈妈，当我眼睛看不到这个世界的那天，就是我离开世界的那天，趁我的眼睛还看得见，我想好好看看这个世界。"小艾当时留下了这样一封让人心酸的遗书，离家出走了。她准备再好好看一看这个世界，然后就结束自己的生命。

小艾的行为是不是跟那位算命先生一样？她认定失去了视

力，活着也就没什么意义了。

小艾是幸运的，因为她有一位好母亲。母亲历经千辛万苦找到了她。为了劝她放弃轻生的念头，就经朋友的介绍，把她带到了我们的课堂。

在课堂上，张国维博士对她语重心长地说了这样一番话："看不见这个世界的光明，的确很痛苦。但是生活中，有很多人会失去比双眼更重要的器官，他们跟你一样痛苦。像我们这样身体健全的心理工作者，根本无法理解他们的痛苦，而你不一样，因为你经历过这份痛苦，如果你愿意帮助他们，对他们来说意义重大。如果你愿意学习心理学，你会成为一名正常人无法企及的心理咨询师。"

这番话仿佛一束光，照亮了她漆黑的人生。她意识到，原来自己活在世界上还是有价值的，并不是之前自己认为的"眼睛看不见，活着就没意义"。后来她发现，视力虽然退化了，但她的听觉却变得非常灵敏，经过系统学习，她现在已经是一名通过电话连线进行心理咨询的著名心理咨询师。通过她的努力，一个个跟她一样经历过生命至暗时刻的人走出了痛苦，重获生机。

一念之转，一生得以改写。

和计算机一样，如果把人的信念比喻成软件，这个软件也分成两类，一类是帮助人生变得更好的操作系统，另一类则是让人生死机的病毒。小艾是幸运的，因为她能够遇到可以清除病毒的张国维博士。

通过上面的两个故事，我们明白了信念是如何影响一个人的。正如"ABC法则"指出的：影响我们情绪的，是我们大脑中的信念。不同的信念会导致不同的情绪反应。换个想法，你的情绪就会完全不一样。

孩子面对学习也是一样，为什么有的孩子喜欢学习，而有的孩子讨厌学习呢？答案是孩子心中的信念不一样。

团长自小喜欢学习，因为出生于农村的我，只能靠学习改变命运，因此，我对学习的信念是："学习可以改变命运。"在这个信念的作用下，团长前半生花了大量时间学习，不仅以每周一本书的阅读量学习，还参加各种各样的培训班，从国内学到国外，花在学习上的钱难以计数。

但对今天很多孩子来说，因为家庭生活富裕，衣食无忧，父母什么事情都为孩子设计好了，再加上许多网红的不良示范，孩子心中就形成了"学习没什么用"的信念。有了这样的信念，孩子又怎么会热爱读书呢？

学习对我来说是一种享受，但对不少人来说是一种痛苦。同一件事情不同的人会有不同的反应，其根本就在于信念不同。

信念不仅会决定一个人的情绪和行为，还会决定一个人的命运。

以团长为例，一个农村的孩子，今天能成为一名靠写作吃饭的心理学作家，凭的就是"学习可以改变命运"这个信念。在这个信念的推动下，我几十年如一日地不断学习，这样累积下来的学习成果，就是今天的呈现。

信念不光会影响我们的行为，还会影响我们的身体。跟大家分享一个故事。

2019年，我跟一位美国的心理学专业导师去了一趟南美洲，我们深入亚马孙丛林，拜见了好几位萨满。萨满教是一种古老的宗教。萨满被认为是神与人的中间人。在亚马孙丛林里的一些原始部落，医学还没普及，因此，当地人生病都是找萨满来治疗的。

萨满其实就是普通的村民，平时跟其他村民没什么两样，打鱼种地，以农业为生。不过，在一些特殊的日子里，比如有人生病了，萨满会穿上仪式专用的衣服，拿着萨满鼓和摇铃，边跳舞边撒豆子，经过一系列的仪式后，萨满会给病人喝一些草药汤。经过萨满古老的仪式，一般病人都能痊愈。

我的心理学专业导师带我参加了一次这样的治病仪式，并让我试试找到萨满治病的秘密。整个仪式让我看得一头雾水。导师告诉我，在二三十年前，她曾带领一个团队专门过来研究萨满治病的秘密，可研究了好几个月仍旧一无所获。她问萨满："是仪式的哪个环节起到了治病作用？"萨满回答："哪个环节都很重要，师傅就是这样教给我的，漏一个环节都不行。"

正在团队束手无策的时候，有一位喜欢找碴儿的团队成员问了一个很不礼貌的问题："大师，有没有病是你治不好的？"萨满很诚实地回答："如果病人不信我，我就治不好他。"

多么诚实的答案！是什么在治病？是信念！
两个故事听起来有点玄乎，别以为团长在宣传封建迷信，这一点都不迷信，信念对身体的影响十分科学。

稍懂点药理的朋友都知道，治疗病人时，有些药物是无效的，但只要病人相信，痛苦就能有效减轻，这叫作安慰剂效应。安慰剂效应于1955年由毕阙博士提出，毕阙发现，一个性质完全相反的效应同时存在，它就是反安慰剂效应：病人不相信治疗有效，这个信念会直接影响药物的治疗效果，病人就会出现病情迅速恶化的状况。

信念就像我们生命中的软件一样，决定你的人生。

信念与命运的关系，可以用下图表示：

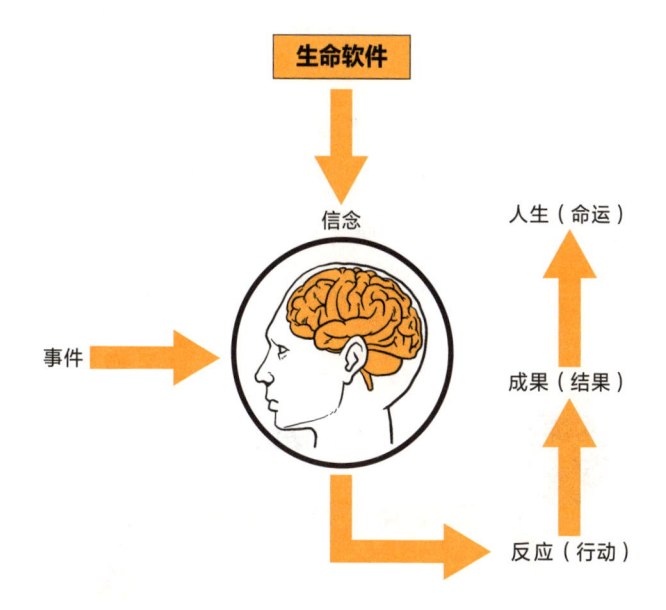

```
              生命软件
                ↓
               信念
事件 →        [大脑]         人生（命运）
                               ↑
                             成果（结果）
                               ↑
                   → 反应（行动）
```

如果你觉得这张图太过复杂，还可以用另一张更简单的图来表示（如下图所示）。

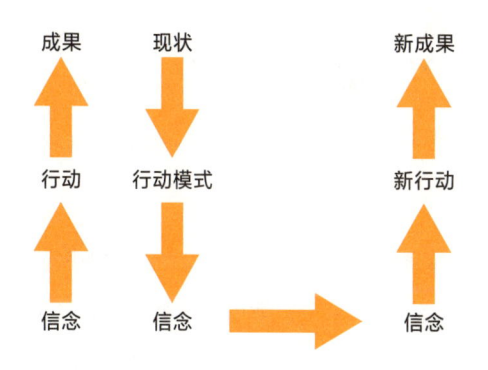

```
成果    现状            新成果
 ↑       ↓               ↑
行动   行动模式          新行动
 ↑       ↓               ↑
信念    信念    →        信念
```

你今天的生活现状就是过去行为模式累积的结果，你如果对今天的生活不满意，可以换一种信念，新的信念会带来新的行为，而新的行为又会带来新的结果。简单地说，改变你的信念，就可以改变你的命运。

这也是美国心理学家费斯汀格发现的一种现象。他认为：生活中 10% 的事情是由发生在你身上的事件决定的，而另外 90% 则是由你对所发生事件的反应决定的。换言之，生活中有 10% 的事情是我们无法掌控的，而另外 90% 却是我们可以掌控的，这个叫作"90/10 法则"（如下图所示）。

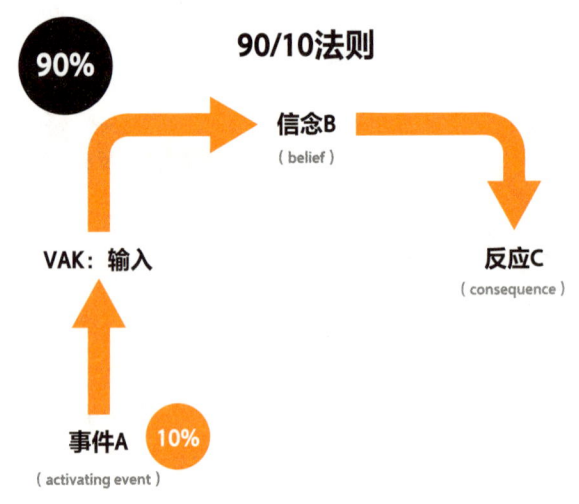

90/10法则

90%

事件A (activating event) 10% → VAK：输入 → 信念B (belief) → 反应C (consequence)

注：V、A、K 是英文单词 visual、audio、kinesthetic 的缩写，分别代表视觉、听觉、动觉。

我们的信念，就是生命的软件，它决定了我们的行为，可以影响我们 90% 的人生。改变信念，就可以改变人生，我们要像升级计算机软件一样，不断升级我们的信念系统。那么，信念与孩子的教育有着怎样的关系呢？

小心病毒性信念对孩子的伤害

我们都知道，计算机软件有两类：一类是帮助我们工作的操作系统以及各种工作软件；另一类就是电脑病毒。本章开始提到的那位电脑天才李某制造的"熊猫烧香"，就是著名的电脑病毒。

如果把信念比喻成软件，那么信念中是否也存在病毒呢？

答案是肯定的，在人的信念系统中，也存在着各种各样的病毒性信念。电脑中毒会死机，那么人脑中毒会怎样呢？会死人！

2022年3月26日，武汉某大学一名研究生从五层宿舍楼楼顶的天台坠亡。警方调查结论为高坠死亡，排除他杀，不予立案。

2022年4月22日，成都某大学的2016级博士生、年仅29岁的曹某在校内从17楼跳下，高坠身亡。

两个人都是高学历，属于鲤鱼跃龙门的优秀学子。对像我这样出身农村的孩子来说，别说硕士生和博士了，能考上大学就已经是一件足以改写命运的幸事，但这两位让多少人羡慕的天之骄子却用这样的方式放弃生命，实在令人惋惜。

上述两位同学为什么放弃自己的生命，团长不得而知，但差点放弃生命的小艾为什么想放弃生命，我是知道的，因为"活着没什么意义"。

当然，并不是每一个病毒性信念都会让人放弃生命，有些毒性较轻的想法并不会让人轻生，就像有些电脑病毒并不会导致死机，只会让电脑运行变慢一样。

病毒性信念会带来一系列不良后果，比如：

一个相信"钱是肮脏的""钱是万恶之源"的人，是不会拥有金钱的；

一个相信"男人没一个好东西"的女士是不会嫁人的；

一个相信"婚姻是爱情的坟墓"的人是不会结婚的；

一个相信"读书无用"的孩子是不会喜欢读书的；

……

病毒性信念也称"限制性信念"，是指想法中隐藏了某种限制，限制了我们对世界的认知，让人生的选择变少。上面列举的就是这样的信念。

病毒性信念从哪里来呢？

病毒性信念大多来自父母和老师。一个人相信什么，不相信什么，主要来自他信任的人。在人生的早期，孩子最信任的人就是父母，因此，父母的一言一行对孩子起着决定性的影响。

给电脑下毒的人要受到法律的制裁，给孩子大脑下毒，暂时还没有法律惩罚。但孩子教育的失败，对父母来说何尝不是一种比坐牢更苦涩的惩罚呢？

一个不懂心理学、不懂教育规律的父母，往往会以爱的名义给孩子下毒。不信？你看看下面这些话你是否对孩子说过：

你真没用；

你怎么那么笨；

你看隔壁的小明，你跟人家比差远了；

你不可能做到；

别癞蛤蟆想吃天鹅肉；

也不看看你自己是什么料；

如果不是生了你，我今天……

你就是家里的拖累；

你什么事情都做不好；

……

这些话或多或少都说过吧？这些都是病毒性信念，一旦孩子接受，会伤害孩子一生！

所有让我们人生过得不开心、不快乐的东西，都是思想中毒的结果。 如果你对孩子目前的表现不满意，一定是你在过往的教育中给他的思想植入了病毒。

三大思想病毒

如果发现孩子思想已经中毒了，怎么办？

电脑中毒了可以杀毒，人脑中毒了同样可以通过心理学的方法杀毒。在杀毒之前，首先要识别病毒。孩子常见的思想病毒有哪些呢？

心理学研究发现，在工作和生活中陷入困境而不能自拔的人通常都有某种性格缺陷，而这些性格缺陷由三大病毒性信念所致，这三大病毒性信念就是：无助、无望和无价值。

无助

在生活中你是否发现这样一种人，他们懦弱、凡事依赖他人；做事退缩，想做而不敢做；总是在羡慕他人取得的成就，自己却不敢尝试；对现有生活不甘心，却又迈不出关键的一步……这样的人就算学富五车也一事无成。

他们为什么会这样呢？因为在他们的内在有这样一个信念："**别人做得到，而我做不到。**"这种信念在心理学上叫作"无助"。

一个人一旦有这样的信念，就算他毕业于名校、知识渊博也无济于是，因为他总会找到比他更强的人，总是活在被动等待的状态中，不仅事业难以成就，还会在一种无助、无力的状态中度过一生。

无助信念产生的原因有很多，主要源自童年父母的教育方式。如果父母经常拿孩子与别人家的孩子做对比，让别人家的孩子成为自己孩子心中永远无法攀越的一座高山，或者事无大小总是包办代替，不信任孩子，随意剥夺孩子的成长机会，在这样的家庭中长大的孩子，就会在潜意识中形成这样一种想法："我不如别人。"

中国的文字富有智慧，比较的"比"字，就像是两把匕首，一把插向自己，一把插向别人。"你看人家小明，学习那么好，你看你笨得不行。"当孩子被这样比较时，他会是什么感受呢？我们可以换位思考一下。

工作中，我们被老板比较："你看看人家××，比你还小两岁，做事可比你老练多了。"回到家中，我们又被老婆比较："你看看隔壁××，工资高还顾家，你哪哪都比不上人家。"这些话，我们听进耳朵里，就会陷入一个无助的框架："我就是不行""我就是做不好"。有了"不行"的负面信念，我们就会想方设法证明自己真的不行，然后放弃努力和尝试。

那如何才能避免自己的孩子中这种病毒呢？

发掘孩子的天赋

"比"字是两把刀，伤人伤己。为什么人们还会不由自主地与他人比较呢？

你可以试想这样一个场景，你和朋友正在原始森林里散步，突然间蹦出来一只老虎，你跑不跑？你肯定会跑。你为什么会跑？难道你跑得过老虎吗？你不需要跑赢老虎，你只要比你的朋友跑得快一点，你就有了生存的机会。可见，比较是人类的天性，它是人类基因内置的一个程序。

我们无法跟基因对抗，虽然人会不由自主地比较，但我们可以换一种比较方式。

第一，把横向比较变成纵向比较。

也就是拿孩子的今天跟孩子的过去比。"上次你考了65分，这次考了70分，有很大进步啊。"在这样的比较中，孩子会更自信，也更乐于做出改变。每天进步一点点，日积月累，孩子就能实现完美蜕变。

第二，拿孩子的强项去跟别人比。

俗话说，上帝是公平的，他对你关上一扇门，肯定会为你打开一扇窗。

还记得前面故事中的小艾吗？她的眼睛因病视力退化，可是她的听觉却变得敏锐起来。因为看不清楚，她对声音、情绪就特别敏感，这种敏感在远程电话咨询中比视力健全的咨询师有更大的优势。

每个孩子身上都有其独一无二的地方，这就是他们的天赋。只要你发现孩子的天赋，然后不断强化训练，把这个天赋变成一个针尖，突出来，让其他人都望尘莫及，孩子就能获得信心和成就感。

也许你会说，我的孩子一点儿天赋都没有，怎么办？

这怎么可能？每个人都是特别的存在，你之所以看不到孩子的天赋，是你的思维被困住了，看不见那个天赋而已。下面我讲一个在我课堂上发生的真实故事。

在一次课堂小组练习后，有位学员问我，她们小组那位小男孩什么来头？一个十四五岁的小男孩，智商碾轧全组同学，一个成人都不明白的内容，这个小男孩反而解释得头头是道，这也太优秀了，他的父母是怎么教育出这么优秀的孩子的？我说这个孩子曾经被强行关进问题儿童学校一段时间呢，这位同学惊讶地说："这怎么可能？"

这个孩子从小就是不省心的那种类型，上课坐不住，不爱学习，总有用不完的精力，所以上课时总是捣乱，老师烦透了他，也没少向家长投诉。他的爸爸从自己的父亲那里学会了一种棍棒教育法，每当老师投诉，就是一顿打。可是，越打问题越多，最后孩子连学校也不去了，天天在家里玩游戏。父母为此十分担心。医生说是多动症。最后送到问题儿童机构治疗过一段时间，也没见好转。

后来他的母亲在一个朋友的介绍下来到了我的课堂，问我该怎么办？我问她孩子什么厉害，她说玩游戏最厉害。我问她除了游戏呢？她说玩乐高也很厉害，整天在家里不是玩游戏就是玩乐高。我跟她说，你要么让你儿子参加游戏比赛，要么让他参加乐高比赛试试，她选择了乐高。

母亲学过心理学后，开始明白了孩子教育的规律，也说服孩子爸爸改变了对孩子的教育方法，不再像原来那样打骂孩子，而是鼓励孩子参加乐高比赛。后来，这个孩子多次获得全球乐高比赛上海赛区的大奖。

因为乐高比赛中有编程内容，编程涉及很多科学知识，为了参赛，孩子重回校园，这次因为是自己主动的，学习认真多了，成绩一直名列前茅。后来他的母亲把他也送到了我的课堂，才有了前面那一幕。

如果这位母亲没有学习心理学，她一定认为游戏、乐高这些不是天赋，是不务正业。其实，不光这些是天赋，连打架都是天赋。如果你的孩子喜欢打架，说不定就能培养出下一个格斗高手呢。

"生活中不缺少美，只是缺少发现美的眼睛。"相信我，你的孩子一定有某种天赋，只要你能早一天发现孩子的天赋，他的未来就能多一点自信和自尊，少受一点苦。千万不要等孩子成年之后抱怨："我爸妈怎么没有给我培养一个优势出来呢？"到时孩子生气，你也很痛苦。

信任你的孩子，从小让孩子有选择权

让孩子陷入无助的另一个原因就是父母从小剥夺了孩子的选择权，什么事情都为孩子包办，在这样的环境中长大的孩子，会感到自己什么都做不了。要避免这种情况的发生，家长就要把孩子的人生选择权交还给孩子。

还记得前文讲过的小文的案例吗？小文的前半生都是她那位副市长爸爸安排的，包括职业和婚姻，在她的印象中，所有的人生大事她都没有为自己做过主。这就叫剥夺了孩子的选择权。

我还讲过女儿从一岁开始就试着自己吃饭，哪怕吃相不雅，甚至用手抓，我都不介意。而邻居家同龄的孩子在初中时吃自助餐，还坐等着爸爸拿食物。

做父母的，都爱自己的孩子，只是爱的方式有所不同。

世界上有很多种爱，大多数爱都是以结合为目标的，只有父母对孩子的爱是以分离为目标的。父母对孩子最好的爱，就是让孩子能够独立生活，做一个自力更生的人。所以，父母对孩子的培养从小就要以放手为目标，能让孩子自己做的事绝对不要包办替代。

可惜的是，大多数父母都是反其道行之，以孩子还小为理由，包办替代，这无形中会剥夺孩子成长的机会。不仅如此，很多父母，孩子五六年级了，还天天监督孩子做作业，这种教育方式的根本原因就是对孩子的不信任。这种不信任的教育方法，无异于给孩子的思想种下了"无助"的病毒。

无 望

世界无限，除非你设地自限。现实生活中，我们身边很多这样的人，他们画地为牢，因循守旧，墨守成规，不愿意创新，不敢尝试，就像拉磨的驴，一直在有限的空间里打转，把一辈子活成了一天。

在他们的世界里，有太多太多的不可能，他们会把一次失败看成永远，把暂时的无能为力当成永恒，就像马戏团里的大象那样，因为小时候被一条细绳所缚，长大之后依然为一条细绳所束缚。其实，束缚大象的并不是那条细绳，而是它大脑中的那个信念。同样，让人受苦受困的也不是外在环境，而是他们心中那"无望"的信念。

无望是这样一种信念："我做不到，别人也做不到，因为这是不可能的。"

一旦形成这种信念，人生的某个领域就停止了。如果这种信念越来越多，会导致一个人绝望，甚至会萌生轻生的想法。

给大家分享一个"无望"的可怕案例。

多年前，我的一个同学得了肝癌，我陪他去了很多医院。有一次，在朋友的引荐下，我们找到了广州某著名肿瘤医院的一位教授，教授看了他的磁共振成像片后，当着病人的面说："已经是晚期了，没有办法治了。"听他这样说，我同学更加绝望了。当时，我真想骂娘，我觉得不说粗口都无法表达我对这位教授的愤怒。

后来，在另一位朋友的引荐下，我们找到了南方医科大学的一位教授，他的表述让我和朋友都很舒心："从这个片子来看，目前的医学技术好像都没有办法去改变什么，但是，医学是每天都在进步的，现在不行，不代表未来不行。现在的治疗方案是稳定住病情，我们等等看，或许未来会有新的医疗技术的诞生。"

这两位教授说的话有什么不同？前者让人无望，后者让人充满希望。

我想，无论如何，作为一名医生，沟通时专业、客观之余，应该给病人留一点希望，因为医生的话会影响病人的信念，甚至直接影响病人的生死。

任何时候都要充满希望，因为一切都有可能。

2005年，我公司的课堂上来了一位特殊学员，是一位印尼籍的香港人，名叫艾妮塔·穆札尼。她是由先生陪着来上课的，因为她已经是淋巴癌晚期，尝试了各种治疗方法都无效，医生都放弃治疗了。但她求生的意志一直十分顽强，不愿放弃，到处寻医问药，包括上各种各样的心理、灵性课程。然后奇迹发生了，在一次濒临死亡的昏迷后，她醒了过来，晚期癌症也不药而愈了。

她把这段经历写成了一本书，书名叫《死过一次，才学会爱》，用文字记述了自己的真实经历。她说她在那段时间没有放弃，用了各种各样的方法，虽然至今她仍然不知道是哪种方法让她康复了，但只有心存希望，才可能有奇迹发生。

死而复活都可能发生，何况孩子的教育呢。他们的人生刚刚开启，又有什么是绝对不可能的呢？

对孩子教育而言，如何避免给孩子种下"无望"的思想病毒呢？

儿子在美国学艺术的时候，我们去探望他。他的学校很特别，不少老师都是校外的艺术家，其中美术老师就是当地很有名的画家。这位美术老师从儿子的社交账号了解到我们一家来了，就主动邀请我们去她家喝下午茶。

当天，客套一番之后，老师开始告状："你儿子比较懒，学习不用功，你们作为家长要多多监督，让他用功一点。"我心里嘀咕，不是说美国教育主张自由吗，这话风怎么跟国内一样啊。

没想到，老师的话风突然一转："不过，你儿子的画风我喜欢，自由奔放。我带过不少中国的留学生，大多数基本功都非常扎实，可画风基本上是固化的，怎么画都是一个模子。"

接下来老师说的这句话值得分享给每一个位家长。她说:"基本功任何时候学都不晚,但是,一个人的画风一旦固化了,就没什么前途可言了。"

我知道大多数读者的孩子都不是学艺术的,我斗胆把老师这句话做个修改:"能力任何时候学都来得及,但是,一个人的思维方式一旦固化了,就没什么前途可言了。"

前面讲了什么是无望,以及无望的代价。那在家庭教育中,什么样的教育方式容易培养出无望的孩子呢?

不可能

先给大家讲一个故事。

在一个月光皎洁的夜晚,有一个小孩在院子里不断蹦高,他的妈妈看到孩子这个奇怪的举动,问他在做什么,孩子说:"妈妈,你看,月亮好漂亮,我想跳上去。"

孩子的妈妈说:"好啊,不过记得回来吃饭啊!"

据说这是第一个登上月球的宇航员阿姆斯特朗童年的故事。当然,这是不是真的我不知道,但从这个故事中,我们至少学到了如何避免给孩子种下"无望"的毒。

对于很多未知的事情,父母会习惯性地告诉孩子:"这不可能!"当你这样做的时候,你已经关闭了孩子求知欲的大门。不管孩子说什么,尽可能地开放一种可能性,孩子的世界就敞开了一扇大门。

就算你的孩子说"我要为太阳装一个开关，夏天太热了我就把按钮调小一点，冬天太冷了我就调大一点，这样我们就不用安空调了"，你也不要说"不可能"，而是给孩子这种异想天开一个肯定：

"你的想法很有趣，你打算怎么做？"

"还有呢？"

"除了上面所说的，还有呢？"

"假如还有的话，是什么呢？"

……

不行，不可以

还有一种让孩子无望的教育方式是"不行，不可以"。父母出于安全考虑，会限制孩子做危险的事情，当然，如果真的很危险，身为父母，必须干预，以确保孩子的安全。但很多事情并不太危险，比如学游泳、轮滑、滑板、煮饭、吃某些食物等。还记得讲孩子偏差行为时提到的那个小女孩过生日的故事吗？孩子连续点了几个自己想吃的食物，妈妈都说"不行"。

"不行，不可以"，这样的词在心理学上叫作禁令。禁令会固化一个人的思维，让人产生"无望"的病毒。

孩子一遍遍听到父母说"不行，不可以"，慢慢就养成了退缩、不敢尝试、不敢探索的习惯，这样的孩子长大之后，一定会以"我不行""没有办法""我做不到"等方式回应世界。

安全很重要，但希望更加重要，没有任何礼物比让人对未来充满希望更宝贵了！与其通过不断施压让孩子增加知识，不如让孩子时时处处感受到希望。就算有些事情真的有危险，也要让孩子清楚地知道，这是因为你的年纪小，暂时不能做，等你长大了，你就可以做了。这样就能给孩子开放一个可能性，而不是因为安全而把孩子禁锢起来。

标准答案

人总想获得标准答案，但你需要知道的是，标准答案会毁了孩子的一生。

为什么这么说呢？先跟大家分享一个案例。

听朋友说，他儿子的学校最近发生了一件事，引发了家长的强烈抗议。事情是这样的，他儿子就读的是国际学校，因为疫情原因，很多外籍老师回国了，外教不足，学校只好临时聘用国内的老师替代，于是数学课换了一位国内某名校的老师。在一次考试中，学生没有按新老师的标准解题步骤解题，虽然结果是对的，但还是被判为不合格。之前的外教鼓励学生有自己的想法，要有创意，现在却要统一按标准化的步骤答题，学生肯定适应不了。于是，家长向学校表达了强烈抗议，纷纷要求换老师。学校迫于压力，要求老师重新给学生打了合格的分数。

事情就这样解决了，但我朋友担心的是，他儿子回来跟他说，这位老师很不服气，他在班上跟学生说："你知道我教出了多少清华北大的学生吗？你们现在不用标准解题方式，以后会后悔的。"

如果按这位新任老师的标准答案，养成了固化的思维方式，那才会真的后悔终生!

为什么这样说呢?

大脑的一个重要的工作原理是追求节能，简单来说，就是能不思考就不思考。因此，人们总喜欢寻找标准答案，这样跟着标准答案走，就可以不用思考了。而习惯于标准答案的大脑会慢慢固化，一个固化的大脑是很难适应变化的。

数理化也许有标准答案，但人生没有。我们每天面对的都是一个变化的环境，要适应这个变化的环境，最好从小训练大脑的灵活性。

人的思维一旦固化就会变成思想的囚犯。你如果不想用标准化答案囚禁你的孩子，那就要尽可能地不给孩子标准答案。

你的教育方式会影响孩子的未来。一个对未来充满希望的孩子，还有什么事情能难得倒他? 就算他的成绩暂时落后，也没必要担心他的未来!

可惜的是，很少人会明白这一点，就像富兰克林所说的，有些人25岁那年已经死了，直到75岁那年才埋葬。死的并不是肉体，而是心中的希望。

那如何才能培养出一个充满希望的孩子呢? 下面为大家提供两个小方法:

（1）告诉孩子困难是暂时的。

当孩子遇到困难时，请告诉孩子这是暂时的。

千万别小看"暂时"这两个字，这两个字为孩子开放了一个可能性，会让孩子的人生更加开阔。

（2）多多运用潜能开发问句与孩子对话。

这是我在《改变人生的谈话》中写过的方法，对孩子跳出"无

望"的框架有非常好的帮助。如果你想孩子青出于蓝而胜于蓝,当他问你问题时,你最好不要回答他,而是反问他:

"你说呢?"

当他有了一个答案之后,你再问他:

"还有呢?"

当他又说出一个答案时,你再问他:

"除了这些,还有呢?"

这样,他就会把一个又一个的想法说出来,直到他说"没有了",你还是不要放过他,接着问下一个问题:

"假如有的话,是什么呢?"

如果你能经常用这样的方式跟孩子对话,孩子的人生就会充满无限可能,说不定未来某一天,他真的能为太阳装个开关,谁知道呢?科技每天都在发展,你要相信,孩子以后的生活会跟你完全不一样。

请记住下面这四句话,你的孩子会受益一生。

- 你说呢?
- 还有呢?
- 除了……还有呢?
- 假如还有的话,是什么呢?

无价值

物有价,人无价。可惜的是,在生活中我们经常会看到人们用一个人所做的事情来衡量一个人的价值。

当一个人事业有成时，人们会对他仰视，当一个人暂时没有取得成绩时，人们就会认为他一无是处。于是，人间惨剧就这样一幕幕地呈现在人们眼前：某研究生因为毕业论文暂时没有通过而选择了轻生，某企业主因为一次生意上的失败而放弃生命，某年轻人因为失恋而割腕……

这些悲剧之所以发生，只因为人的价值轻如鸿毛。因为人没有价值，所以只能依赖他所做的事情来体现他的价值。这样的结果就是，一旦事情失败了，就意味着人也失败了。这种信念有一个名字，叫"无价值"。无价值是所有病毒性信念里危害最大的一种，可称之为"毒王"，甚至可以说，前面两种病毒也是无价值造成的。

无价值的人最常见的心理对话是："我不值得拥有。"

熟悉团长的人都知道，读大学那几年，是我人生中最艰苦的时期。当时，父母没有钱供我上学，我一个月的生活费只有60元，其中30元是奖学金，另外30元是我打扫公共卫生勤工俭学的收入。这点钱根本不够花，所以我每顿饭只会要四两米饭、一勺最便宜的黄豆。有同学见我每天吃黄豆，很心疼我，就会多打一份排骨或者一份鸡肉请我吃。

有人请我吃好东西是好事，可当年的我却认为别人买菜给我，简直就是对我的侮辱。于是，每次放学的时候，我都会假装作业没写完，或者装作有其他事要忙，故意不跟同学们一起吃饭，这样就可以躲开同学们送我的排骨或鸡肉了。排骨和鸡肉仅仅是我躲掉的看得见的东西，我同时躲掉的还有机会和友谊。

后来研究心理学我才明白，我之所以把好吃的往外推，是因为我觉得自己不值得。当一个人有不值得的感觉时，他就会把很多好东西推出去。如果推出去的是一份排骨，还不用太过惋惜，但如果推出去的是一见钟情的爱人，是重要的升迁机会，是值得奋斗一生的事业，又会如何呢？

什么叫无价值？无价值又叫自卑，就是觉得自己不够好，就算有一些好东西，我能得到，但是仍旧觉得自己并不值得拥有。这种自己不值得拥有的感觉，在心理学上称为"不配得感"，当一个人感觉自己不配得时，就是中了"无价值"的病毒。

我在《会赚钱的人想的不一样》一书中写过，大多数人没钱，不是没有能力赚钱，而是他觉得自己不配拥有更多的钱。正应了那句古话：财多身子弱。当你没有配得感的时候，你拥有了很多财富，就会吃不香，睡不好，心里很不安，长此以往，身体肯定不会好。从小培养一个有配得感的孩子，对他的人生很重要。

与之相反的是另一种强有力的信念。人的价值并不依赖于他做的事，因为事情是暂时的，就算事情不如人意，那也只是暂时的。只要生命还在，就没有所谓的失败。

当一个人内在种下了"无价值"这种病毒后，他仿佛长着一颗玻璃心，一点小的挫折就会有深深的挫败感，轻则放弃自己的事业，重则放弃自己的生命，就算勉强活着，也处处表现得很脆弱。与这样的人相处，周围的人会苦不堪言。

"无价值"这一病毒是如何形成的呢？

第一是身体有缺陷。身体的缺陷会让我们感觉自己跟别人不一样。有一点需要注意，这个缺陷可能是比较值。我经手过一个个案，一个中学女生长得很漂亮，可她却总觉得自己无价值。问题的根本就在于，跟她的哥哥姐姐、堂哥堂姐、表哥表姐比，她是兄弟姐妹中最矮的一个，这就被她当成了身体缺陷。其实，作为中学生的她身高已经 161cm，比中国平均女性的身高还要高出 3cm。

第二，缺爱。缺爱的人会觉得父母不爱自己，是自己不够好，是自己有问题。这是因为父母太强大了，相比之下，孩子很弱小，他不会认为父母有问题，只会认为自己有问题。父母就像镜子一样反映出孩子的不重要，于是，孩子从父母的行为中收到了一个自己无价值的信念。

第三，溺爱。为什么现代不少孩子在一个充满爱的家庭中长大，却还会得抑郁症，甚至自杀呢？是因为父母的溺爱让他们觉得自己没什么价值。一个在溺爱的环境中长大的孩子，会认为自己没有用，什么都做不了，不能给家里做任何贡献。如果读书成绩好还行，一旦读书也不行，就会觉得"活着没什么意义"。

第四，为爱附加条件。孩子考了 100 分时，你会怎么对孩子？奖励，对吧？孩子考试不及格呢？你会批评、责骂孩子，甚至打孩子，对吧？

在这样的奖罚训练之下，孩子会在潜移默化中形成一个信念，父母对我的奖励，不是我这个人优秀，而是我做的事父母喜欢，如果我做的事情失败了，我这个人就一文不值。

当爱与某件事挂了钩，就成了有条件的爱。

有条件的爱又叫作"对事不对人"，我的第一本书的书名叫《只因目中无人》，讲的就是这个原理。

大多数家长的眼中，只有事情，没有孩子，只关心孩子飞得高不高，从来不关心孩子累不累。

在这种教育方式下长大的孩子，一旦事情失败，就会感到生无可恋。这就是前文那些案例中研究生、博士生会因为一次论文答辩的失败而放弃生命的原因。

不要等孩子可爱才爱你的孩子。你爱孩子，才能让孩子变得可爱！

所以，我们不仅仅要在孩子取得成绩时才奖励孩子，在孩子遇到挫折时，更需要对孩子鼓励。

父母要把焦点从"事"转回到"人"，让孩子收到一个信息：不是我做的事情有价值，而是我这个人本身就有价值；不管我事情做得如何，父母都是爱我的。这样才能培养出一个高自我价值的孩子。

最有效的家庭教育并不是孩子取得成绩时，而是孩子遇到挫折时。孩子遇到挫折的时候，正是孩子最需要父母肯定的时候，因为那是他最脆弱的时候。我们需要让他知道，不管他事情做得如何，在父母心里，他都是最棒的。要让孩子明白，他的价值并不取决于他所做的事，而是他自身，而且这一点无须用任何事情去证明。

第五，遗弃。我在《亲密关系》一书中讲了这样一个故事：

> 有个女士总是会爱上那些有妇之夫，介入他人的婚姻。为什么会这样呢？原来，她出生在一个重男轻女的家庭，父母一看是个女儿，就把她放到乡下爷爷奶奶家，后来父母又生了个弟弟，更没精力照顾她了。爷爷奶奶渐渐年纪大了，也没办法照顾她，又把她送到了舅舅家。舅舅还好，但舅妈对她嫌弃的眼神，她终生都忘不了。

一个一出生就被父母遗弃的孩子，她会认为是自己不够好，父母才不要她。因此，面对那些优秀的未婚男士，她的潜意识会认为自己配不上对方，因此，不知不觉间，她就沦为向已婚男士求得情感与心理慰藉的可怜可恨之人。

当然，并不是每一个被遗弃的孩子都会这么做。被遗弃与缺爱本质上是一样的，只是缺的爱更多。缺爱会让人内心产生深深的不配得感和自卑感，被遗弃的孩子尤甚。如果你不希望你的孩子变成这样的人，那就尽可能地把孩子养在自己身边。

如果你发现你的孩子已经自卑了，怎么办呢？先别急，在后面的第九章，我将拿出一个章节专门讲述"自卑与超越"。

本节功课

无助、无望、无价值是影响孩子一生的三大思想病毒，如果你不想孩子染上这三大病毒，请多给孩子说下面这三句话。

第一句：你行！

这句话是应对"无助"病毒的。无助的人总觉得自己不行，多跟孩子说这句话，对减少或消除孩子的无助信念有帮助，特别是在孩子遇到挫折的时候。

第二句：一定有方法！

这句话是应对"无望"病毒的。无望的人总把自己框在一个固化的思想框架里面，超出他认知框架内的事情，他就会认为不可能，所以，经常告诉孩子"一定会有方法的"，会帮助孩子建立信心，就算暂时找不到方法，也要心存希望。

第三句：你值得拥有！

这句话是应对"无价值"病毒的。一个认为自己无价值的人，最大的特征就是有强烈的不配得感，所以，经常告诉孩子"你值得拥有"，对提升配得感很有帮助。

这三句话不仅仅要对孩子说，也要经常对自己说，因为，只有父母自己不中思想病毒，才能培养出健康的孩子。

如果孩子已经"中毒"了，怎么办？

读完上一节，我猜有不少家长发现自己的孩子已经"中毒"了，而且"中毒"很深，怎么办？请放心，一定会有办法的，因为有心理学！

方法是什么呢？请看一个案例。

多年前，我在北方某城市做一场企业培训，中场休息时有个十七八岁的小女孩找到我，对我说："团长，你是我的救命恩人，我今天要感谢你。"我当时很惊讶，我并不认识她，以为她认错人了，直到接下来她和我分享起她的经历。

原来，她的妈妈上过我的课程。曾经，她的家里有条很粗的棍子，是妈妈专门用来"对付"她的。

她是单亲家庭的孩子，从小爸爸就不在她们身边。妈妈是个成功的商人，但她也把雷厉风行的做派带到了家里。只要有什么没达到她的标准，这个孩子的身上就会留下道道血痕。

在她妈妈上团长的课之前，母女俩的关系已经降至冰点，三年没说过一句话，她患了严重的抑郁症，多次离家出走，无数次想结束自己的生命。

看着此刻阳光健康的小女孩，如果不是她亲口跟我说这段经历，以我算得上深厚的心理学经验，怎么也看不出她曾经是抑郁症患者。

那她的病是怎么好的呢？这位小女孩告诉我，自从她妈妈上了我的课之后，像是变了个人。回家后做的第一件事就是把那根棍子扔了，主动向她道歉。教育方式也随之发生了180度转变，由原来总是挑毛病、责骂的方式变成了肯定、关怀的方式，并且尊重她的意愿，送她去喜欢的学校念书，现在她正在英国留学。

自从妈妈改变了对她的教育方式之后，她的病慢慢好了，而且，她不再自卑了。这次听妈妈说我来到了她所在的城市，特地来看看我是个什么样的人，居然能让她妈妈那样的人改变。

这件事让我很感动，因为我的课程，影响了一个我完全没见过的人。

这个案例说明什么呢？道理很简单，父母的教育方式发生了改变，孩子就会改变。如果父母不改变，就算孩子经过咨询发生了改变，也会被打回原形的。为什么会这样呢？

团长给大家做个比喻，假如我办公室天花板上有脏水滴下来，把我的衣服弄脏了，怎么办？很简单，把衣服洗干净就行。可是，如果我工作的环境不改变，我穿上干净的衣服回到原来的地方工作，衣服很快就又脏了。

孩子的问题也是一样的，孩子出了问题，就像衣服脏了一样，可以清洗干净。不过，如果环境不改变，问题很快就会重现。

那怎么办呢?

在一次演讲中,一位家长问星云大师:"我的儿子现在处于叛逆期,他现在有好多问题,打架、不做作业、不愿意回学校上学。大师,我该怎么办呢?"星云大师回答说:"这位施主,你复印过文件吗?如果你发现复印件有错误,请问你是改复印件还是改原件呢?"

什么意思?每个孩子都是父母的复印件,而父母才是原件。我们眼中盯着孩子的不良行为,希望他做出改变,殊不知,最应该改变的是我们自己。

以前已经做错了,那怎么办?没关系,总会有办法的。

给大家做个比喻——团长是广东人,喜欢喝汤,如果你的家人,比如你婆婆煲汤时把盐放多了,汤太咸了,无法喝,怎么办?

傻子都知道,再多放点水就可以了。你也许会说,放水多了,汤就没有鲜味了啊!没关系,再加点汤料不就行了。这样,原来准备煮一小锅汤的,因为盐放多了,反而变成了一大锅汤。盐放得越多,重新调好后,汤就越多。

孩子的教育也是一样,如果以前做错了,就像汤里的盐放多了一样,只要你能按照书中的方法去做,就像往汤里不断添加水和汤料一样,孩子的世界也会越来越大。也许你本来对孩子没有太多期待,只盼着他幸福就好。这反而丰富了你孩子的人生经历，不知不觉中，可能就培养了一位伟人。

没有走错的路，人生每一步都算数。我经常跟我带领的导师们说，你今天经历的每一个困难，都将成为未来讲课的案例。家长也是一样，你今天的错误，只要能改正过来，反而会成为孩子未来成功的资源。

所以，千万不要看了这本书之后责怪自己，那样的话反而会更糟糕，因为自责只会伤害自己，让自己感到挫败。如果你连自己都不放过，你又怎么会放过你的孩子呢？所以，受害的最终还是孩子。

本书的每一章，甚至每一节都有功课。只要你爱你的孩子，只要你愿意完成这些功课，改变自然会发生。

不过，冰冻三尺，非一日之寒，要给孩子一点改变的时间，同时也给自己一点耐心。想象一下，孩子经过过去那么多年成了现在这个样子，怎么可能一下子就改变过来呢？

送给孩子一组强有力的信念

前面讲了病毒性信念以及改变的方法。

信念是主观的,你既然可以主观地那样认为,当然也可以主观地这样认为。鲁迅先生说过,其实地上本没有路,走的人多了,也便成了路。我们的大脑就像一片草地,换一条路走,原来那条路就会长草、消失。

那我们该走一条怎样的新路呢?这一节给大家介绍一组强有力的信念,这组信念是小众心理学流派NLP(神经语言程序学)的两位创始人通过对卓越人士的研究总结出来的。

NLP的两位创始人理查·班德勒和约翰·格林德发现,古往今来那些成功人士的身上都有一些共同点,这些共同点就是他们内在的信念跟一般人的不一样。

这组信念一共分两组,共计16条,后来有人又在这个基础上加了一条,变成了17条。这组信念在NLP中称为预设前提,也就是NLP这门学问的底层逻辑。如果能把这组信念从小种在孩子心中,孩子将会感激你一辈子。

地图不是疆域

地图不是疆域，或者说我们的地图只是我们自己的疆域。什么意思呢？

意思是，没有真实的世界，只有三观塑造出来的世界。为什么这样说呢？我们来看一个著名的棋盘阴影实验。

下图方格里的 A 和 B 你认为谁的颜色更深？

棋盘阴影错觉
by Edward H. Adelson

大部分人会选 A，因为肉眼看起来确实是 A 的颜色更深。可是，这是真的吗？我只是在 A 和 B 之间拉了一根线，你就会发现，其实 A 和 B 是一样深的，请看下图。

棋盘阴影错觉
by Edward H. Adelson

为什么会这样呢？因为 A 的周围有 3 个浅色的方块，B 的周围有 3 个深色的方块。颜色的深浅，是跟周围的方块进行对比才判断出来的。

就像你觉得易建联很高，因为他比你高，可是他和姚明站一块儿，你又会觉得他矮。

这个例子很好地说明了，你看到的未必是真的。也就是说，你内心的地图并不是真实的疆域，你对世界的认知，仅仅是你个人的主观判断而已。

我们再看看下页这幅图，你认为它是动的还是静的？

理性上，你知道书上印的图片是不可能会动的，可是，你看起来它明明是动的，对吧？

这说明什么呢？说明你的大脑会做出错误的判断。

图片给人的感觉不一定是真的，同样，你大脑中的信念也不一定是真的，而仅仅是你的主观判断。你的判断会受到环境的影响，比如，你认为钱是肮脏的，很有可能是受你成长环境的影响，比如小时候家里借钱时接触到的有钱人都是不好的人。但这不能一概而论。有很多有钱的好人，你没有看到，你就错误地给钱下了一个判断。

地图不是疆域，但你的地图就是你的疆域。

因为你一旦认定了某个信念，你就会想方设法让它变成事实，因为每个人都想证明自己是对的。比如，你认为钱是肮脏的，你就会到处找寻某些人利用金钱做肮脏事的证据。于是，在你的世界里，钱就真的变成肮脏的了。

我们要认识到，自己的信念未必是对的，它会受到周围环境的影响，也会控制我们的人生。

信念 1：尊重别人的内心世界

既然地图不是疆域，那么你对他人的认知和评价也不是真的，仅仅是你内心的主观判断而已。就像莎士比亚说的，一千个人眼里有一千个哈姆雷特。

没有两个人对世界的看法是完全一样的，因为每个人的信念、价值观都是独特的。信念决定行为，既然信念不同，行为自然也不一样，对同一件事情的反应当然就不一样了，因此也就没有所谓的三观一致这个说法了。

只有懂得尊重别人的内心世界，我们才能跟另一个人相处和合作。比如我不喜欢吃辣，你喜欢吃辣，你吃你的辣，我吃我的鲜，两个人相互尊重，才能友好相处。但如果我因为自己不吃辣，也不允许你吃辣；或者你自己吃辣，也要强迫我吃辣，那我们在一起肯定痛苦。

这个信念在婚姻中特别重要！不少人以"三观不一致"而离婚，其实这是荒唐的，因为这世界上根本就没有三观一致的两个人。反过来，如果要求两个人一样，干吗要婚姻呢？跟自己在一起不就可以了？

人因不同而成长，正因为人与人之间是不同的，这个世界才缤纷多彩。如果这个世界人人都一样，那多没趣啊！

孔子说："君子和而不同，小人同而不和。"君子允许别人跟自己不一样，从而和谐相处；小人强迫别人一定要跟自己一样，因此造就了冲突。

信念 2：没有失败，只有回馈

有一个故事大家都耳熟能详，爱迪生当年发明电灯时，曾试过一千多种材料做灯丝，但都没有成功。朋友劝他说："你都失败一千多次了,这证明你的想法是错的。"但爱迪生并不这么看,他回应说:"我没有失败,我成功地验证了一千多种不适合做灯丝的材料。"

这就是卓越人士内心强大的信念!跟爱迪生类似的卓越人士还有很多。

德国乒乓球名将蒂姆·波尔说:永远不要把输球当成失败。

我也经常告诫我投资的创业者:"事情会失败,人是不会失败的,因为人在事情的失败中会学到很多。"

几年前我陪女儿去三亚度假,在她的影响下,我迷上了冲浪。在学冲浪的时候,我一次次地跌倒,但是,在每一次的跌倒中,我都学到了如何才能更好地取得平衡,每一次跌倒都是一次反馈。经过无数次反馈和学习之后,我终于成功地站在冲浪板上踏浪而行。

有这样一个笑话,说有一个人连吃六个馒头都没有饱,吃完第七个馒头后终于饱了。他后悔地说,早知如此,我就不吃前面那六个馒头,直接吃这第七个馒头就好了。

当局者迷,旁观者清。我们都知道这个人是个傻子。可是,如果你认为你现在做的事情没有取得预期成果就认定自己失败了,你何尝不是一个傻子呢?

信念3:凡事最少有三个处理方法

一个选择就是没有选择,两个选择会左右为难,三个选择才是选择的开始。

我们经常会听到有人说"我没有办法",或者说"我只能这样做,没有别的办法了""我不得不这样做"……

为什么那些卓越的人总有办法,那些平庸的人总是没有办法呢？原理很简单，因为他被自己的思想框架困住了。如下图：

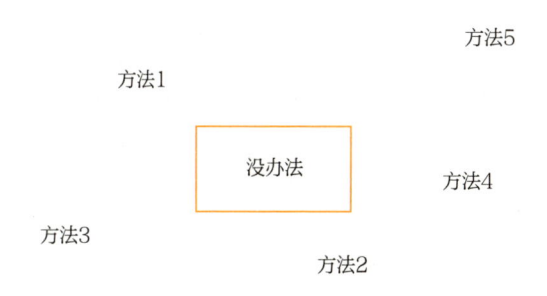

```
                            方法5
        方法1
              ┌─────────┐
              │  没办法  │    方法4
              └─────────┘
    方法3
                  方法2
```

从图中我们可以清楚地看到，不是没有办法，而是方法在他的认知框架之外，如果我们能扩大自己的认知框架，如下图：

```
                              方法5
        ┌──────────────────┐
        │ 方法1             │
        │                   │   方法4
        │       没办法      │
        └──────────────────┘
    方法3
                  方法2
```

这样，方法1不就出现了吗？如果继续扩大呢？更多方法就出现了，如下图：

```
        ┌────────────────────────────┐
        │                      方法5 │
        │      方法1                 │
        │                            │
        │           没办法           │
        │                     方法4  │
        │ 方法3                      │
        │          方法2             │
        └────────────────────────────┘
```

我在《会赚钱的人想的不一样》一书中写了这样一个小故事：

一位父亲让他的孩子把一块石头搬过来，孩子很听话地去搬。可石头实在太沉了，超过了他的体力，他无法搬过来，只好跟父亲说自己搬不动。他的父亲问他：

"你尽力了吗？"

"我尽力了。"他肯定地说。

"你真的尽力了吗？你再试试。"父亲鼓励他。

孩子在父亲的鼓励下，再次过去尝试了一次。可是石头真的太沉了，还是搬不动，于是又回到父亲身边说："我真的尽力了。"

"可是孩子，我一直在这里，你都没请我帮忙，怎么可以说尽力了呢？"他的父亲微笑着问他。

大多数人都和这个小男孩一样，以为尽力就只是尽自己一人之力，根本没有意识到请人帮忙也是一种尽力的方式。

生活中，很多人会说自己"没有办法"，其实方法是有的，只是不在你的思考范围之内。就像你找不到钥匙，可它一定是在某个地方，只要你愿意扩大寻找范围，一定能找到它。

办法也是一样，"没有办法"的真正含义是："在我的思考范围之内没有办法。"如果你愿意拓宽范围，办法会无穷无尽。

这一点在财富领域最易理解，你无法赚到你认知范围以外的钱。

信念4：别人做得到，我也能做得到

还记得前面讲过的鸡和鹰的故事吗？

"别人做得到，我也能做得到"，这个信念的意思不是让你像那些愚蠢的鸡那样，看到鹰能飞，自己也从悬崖上跳下去，结果成了狐狸的午餐。

人类不会飞，但人类从鸟的飞翔中找到了飞翔的原理，于是制造了飞机。有了飞机之后，鸟做得到的事情，人类也就做到了。

这才是 NLP 模仿卓越的真正意义，不是简单粗暴地复制，而是拓宽思想蓝图，找到其他能做得到的方法。

比如，举重运动员能举起 100 多公斤，我也做得到，借助起重机就可以了。

别人可以通过互联网传播心理学，我不懂互联网技术怎么办？没问题，我找懂互联网的人合作就可以了。

英国人类学家贝特森说过，"在更高层次，一定存在解决方案"。如果你现在做不到，你要相信，只是暂时还没有找到做到的办法而已。

信念 5：人会在每一刻做出他们认为的最佳选择

很多时候，我们会为过去的某些行为后悔。其实大可不必，因为当时的决定已经是彼时你能做的最好选择了。

为什么这样说呢？

在网上看到一个很有意思的段子：

> 孟婆做了好几千年的孟婆，觉得没意思，想换份工作。于是她找到了阎王，请求换份工作。
>
> 阎王很爽快地答应了，不过，在换工作之前，他请孟婆先把孟婆汤喝完。

孟婆喝完孟婆汤之后，自己是谁、为什么事找阎王全都忘光了。这时阎王告诉她："你来找我换份工作，现在我满足你的要求，从现在开始，你做孟婆的工作。"

孟婆一听，开开心心做孟婆去了。

这个段子看起来很搞笑，不过十分写实。

以地产为例，过去 20 年，楼价翻了好几番，如果带着现在的智慧回到 20 年前，傻子都能发财。问题是，如果真有孟婆汤，你喝完孟婆汤，再送你回到 20 年前，你敢买房吗？

敢？别吹牛了，你当时怎么做，你穿越回去后还是那样做。这不是命中注定，这是由你的认知决定的。生命软件不升级，你的决定就不会改变。

与其为过去做过的事情后悔，不如从现在开始学习心理学，改变自己的认知，升级生命软件，让自己的下半生变得更好。

信念 6：没有难相处的人，只有不善变通的沟通者

中国有句古话：曹操有朋友，关公有敌人。

很多时候，我们会认定某人很难相处，但是你会发现，你认为很难相处的人，也有不少好朋友。

在我做过的婚姻个案中，不少人认为自己的伴侣很难相处，以为换个伴侣就好了，没想到，换了伴侣之后，也是一样的。哪里出了问题呢？我们看一个米尔顿的经典治疗案例。

有个 16 岁女生，有吮手指的习惯，父母怎么说都改不了，

于是找到了当时著名的催眠大师米尔顿帮忙。

米尔顿并没有直接要求她改变，而是反其道而行之，他给女孩一个任务，每天可以在固定的时间在父母、老师面前正大光明地吮手指。一开始，女孩接到这个任务很兴奋，终于不用为吮手指被骂了。不过，很快女孩对这个行为就厌烦了，她不想再完成这个任务，吮手指的症状也彻底在她身上消失了。

经常会有一些父母问我："团长，我的孩子很叛逆，该怎么办？我让他往东，他偏往西。"这时我就会回答他："这还不好办，你想让他往东的时候，你就让他往西嘛，他不就往东了？"

每个人都有自己的个性，都是独特的个体，一个人如果只会用自己的方式去要求别人，那肯定会碰壁。只有拓宽自己的思想维度，接纳那些跟自己不一样的人，了解他们的个性特点，用他们喜欢的方式沟通，我们就能与任何人好好相处。

没有难相处的人，只是暂时你还没有找到跟他的沟通方法而已。

信念 7：人的行为不等于他的本质

我们经常会听人说："好马不吃回头草。"我倒不这么认为，如果后面的草又长了出来，前面的草还不如后面的长得好，干吗不回头吃呢？

这种信念是把人的某些行为等同于他的本质，这是一种信念固化的病毒。人是会变的，不能用过去的眼光来看一个人的现在，特别是孩子。我就亲眼见证过很多孩子，原来很懒，甚至很笨，但到了某个阶段突然发奋起来，成绩一鸣惊人，令人刮目相看。

不要把一个人的行为和他的本质等同起来，这样会固化对一个人的判断。曾经犯了错误的人，给他改过的机会，未来就有无限可能。

信念 8：所有人都拥有获得成功和达成理想效果所需的全部资源

1999 年，我公司只有 12 个人，规模和实力都小到不能再小了。可是，那一年公司的一位同事做了一个惊人的策划案：在广州办一场大咖云集的知识经济论坛。演讲嘉宾名单把我吓了一跳！中国著名经济学家厉以宁，著名民营企业家刘永好，著名策划人王志纲，还有著名管理顾问公司麦肯锡中国区的首席执行官……以我们只有 12 个人、在行业里籍籍无名的小公司，怎么可能请得动这样的人物呢？公司所有人都认为他在异想天开，做白日梦。

没想到，这位同事给我的人生上了一课，而且是很重要的一课！他做到了！名单中 80% 的人都请到了！

他是怎么做到的呢？原来他是这样想的：这些人我不认识，但总有认识他们的人；这些人不会给我面子，但一定会给某人或者某机构面子；他们会给谁面子呢？对了，媒体！当时是纸媒时代，报纸的影响力非常大。于是他找到了一位在某报工作的同学，在同学的引荐下，找到了报社的领导，经过协商，与这家报社联合主办这场活动。由报社出面邀请演讲嘉宾，我们负责会务工作。于是，一个看起来不可能的策划案成功实施了！这场活动至今都是我引以为傲的一场活动。

因此，没有缺乏资源的人，只有缺乏资源的状态。如果你认为自己没有资源，一定是你被自己的思想给困住了。只要你愿意开放你的思想，资源自然会出现。

身与心属于同一个系统

身,指的是我们的身体;不过我们很难精准地定义什么叫"心",心通常指我们的思想和情绪。身与心属于同一个系统,意思就是说,身体、思想、情绪之间是相互影响、相互作用的。

思想会影响身体和情绪。前面我们学习过"ABC法则",一个人的行为(身体)、情绪反应受到思想的影响,这一点已经讲得很透彻了。

身体会影响思想和情绪。你可以做个实验,请你现在双手抱头,把头抱在胸前,蜷缩着身体,眼睛看着地面,请你想一件开心的事情……请问你能开心起来吗?不能!所以,那些经常蜷缩着身体的人是很难开心的。

或许你有这样的体验,有时候你很难过,泪水已经在眼眶打转了,但你不想让别人看到。于是你抬起头,眼睛看着天花板。当你这样做的时候,眼泪真的就收回去了。

这就是身体影响思想和情绪的例子。如果你对这个感兴趣,推荐你好好学一下NLP。NLP就像一本关于人的说明书一样,当你学会了NLP,你对自己的身心就会更加了解。

情绪、思想也会影响身体。这一点我们在前面讲过很多了,这里再补充一点:《生命重建》一书作者露易丝·海在书中说,人类有已知的两百多种疾病跟情绪有关。一个思想正面、情绪愉快的人,身体也会变得健康。

信念9:评估行为不能离开环境及整体平衡

我在《改变人生的谈话》中写了这样一个场景:

父亲正在电脑前写方案，孩子在一旁大声读书，孩子的声音让父亲感到烦躁，在忍无可忍的情况下，父亲大声呵斥孩子安静。孩子感到很委屈，找妈妈申诉，妈妈一听火冒三丈，马上把老公臭骂一顿：孩子读书是多好的行为啊，你为什么要骂孩子？……于是一个温暖的家瞬间变成了战场。

究竟谁错了？单从每个人的行为来看，你会发现谁都没有错。比如孩子大声读书，这是一个多好的行为啊，可是这个行为放在父亲正在写方案这个环境下，就有些不妥当了。妈妈维护孩子，这也没错。

我们再看，一个人蹲下来系鞋带有问题吗？好像没有。可是如果这个人在别人的瓜田里系鞋带呢？难免会让人产生误会。

从中我们可以看出，行为没有意义，行为加上环境才有意义，用公式表示如下：

行为 + 环境 = 意义

明白了这个原理，你就很容易理解这个信念了，因为行为单独来看是没有意义的，必须把行为放在环境中才会产生意义。

比如孩子打架这个行为，在学校是不好的，但在拳击擂台上却是正当的。

所谓的垃圾，就是放错位置的宝贝。所以，换个环境，你原来以为的孩子那些不良行为很可能就变成了卓越行为。

信念 10：人不能不沟通

无回应处即绝境！

在众多暴力中，冷暴力对人的伤害是最大的。因为肢体暴力伤害的是身体，而冷暴力伤害的是心灵。

我认识一位朋友，她在一次出差的时候，她的先生把她最爱的三角梅砍了，原因是三角梅冬天每天都落叶，天天要打扫，十分麻烦。太太出差回来后非常生气，一气之下把婚离了。

两人有什么大是大非的矛盾吗？没有，一切都源自缺乏沟通。当然，这个例子比较极端。不过，类似因为不沟通而导致严重后果的事情比比皆是。

不过，从另一个角度来看，其实，不沟通本身也是一种沟通。

比如说，有人会抱怨朋友不回信息，其实，不回信息本身就是信息："你不重要，我懒得理你。"人家明明回了，只是你看不懂而已。

你的一言一行都会透露出某种信息，不沟通本身就是一种沟通。这一点在两个孩子的家庭要特别注意，如果你把时间花在其中一个孩子身上，另一个孩子就会收到这样一个信息："我不够好，妈妈不爱我。"

信念 11：沟通的意义在于你得到的响应

在课堂上，我经常会问学员："觉得自己爱孩子的请举手。"

几乎所有人都自信地举起了手。

我再问："你的孩子觉得你爱他的请继续举手，孩子抱怨你对他不好的请把手放下。"

这时，大概有一半以上的人会把手放下。

为什么会这样呢？再讲一个真实的故事你就会明白了。

有一次，朋友告诉我要给我寄樱桃，一段时间后，她问我樱桃好不好吃，我说没收到啊。她说我明明寄了。她把寄件单拍给我，真相才被揭开，原来她写错地址了，她送我的樱桃估计被我的邻居享用了。

作为父母，基本上没有不爱孩子的，可惜的是，不少父母的爱，就像朋友送我的樱桃一样，孩子并没有收到。你说，这样的爱有意义吗？

沟通的意义在于你得到的回应。孩子感受得到的爱才是有意义的。伴侣之间也是一样，如果你觉得你很爱对方，但对方认为你并不爱他，这说明你爱的方式有问题。

这就是我为什么把本书叫作《家庭教育光有爱还不够》的原因。

信念 12：意之所在，能量随来

有个理论叫作一万小时定律，说的是如果你在某件事上花一万小时，你就会变成某个领域的专家。

我小学、初中都在村办学校读书，初三才到镇上读。在我们那个年代，村办学校除了校长是专职的，其他老师都是稍懂文化的农民，能有高中文化就很了不起了。也就是说，我的语文是体育老师教出来的。因为基础差，我写作能力十分差，高中时作文经常徘徊在合格线边缘。可是，今天的我居然可以靠写作吃饭，而且你们看到的这本书已经是我的第六本书了，有好几本书还被翻译成外文。我是怎么做到的呢？

答案是大量阅读。我有一个强大的信念：学习可以改变命运。在这一信念下，我读了很多书。俗话说，熟读唐诗三百首，不会作诗也会吟。

正所谓"意之所在，能量随来"。虽然针很小，但针具有极强的穿透力，只要你把时间、精力集中在一个点上，你就会获得强大的能量。

信念 13：弹性规条：最灵活的系统或个人，最能影响全局

如果我们的目标是进入一间房子，习惯思维是从门进，如果门上锁了，就找钥匙；如果找不到钥匙，就砸锁；如果锁砸不开，就拆门；如果拆不开，就炸门……

这种思维方式缺乏弹性，通俗地说就是一根筋。那什么叫作弹性思维呢？

如果我们的目标是进入一间房子，如果门打不开，就试试窗；如果窗也进不去，就试试揭瓦从屋顶进；如果屋顶也进不去，就挖地道……

这就是弹性思维。

大家都耳熟能详的"不管白猫还是黑猫，能抓住老鼠就是好猫"说的就是这个道理。

一个人如果僵化地固守一个方法，等于没有方法。但如果能够打破限制性信念，保持思维的灵活性，就能获得更多资源。因此，在一个系统中，最灵活的系统或个人最能影响全局。

信念 14：每个行为背后都有其正面动机

如果你读过团长的其他书，这一条你一定最熟悉了，因为这一条是治疗和改变的基本原则。你如果想改变某个人，必须遵守这一原则，否则，你花九牛二虎之力也改变不了他。

每个行为的背后都有其正面动机，就算是那些看起来不可理喻的行为也一样。

换一个表达你或许会更容易理解：每个行为都有其好处。

还记得那个出身富裕家庭，却在学校经常偷东西的小女孩吗？家里有的是钱，什么都有，她为什么还要偷东西？偷窃这个行为有什么好处？

当然有！偷窃的好处是可以报复父母平日对自己的忽略。

不光偷窃有好处，就连生病也有好处。你试着从孩子的角度感受一下，平时父母忙于工作，根本没时间理自己，一个偶然机会，你生病了，父母再忙，也会放下手上的工作陪你，你收到什么信息？只要生病，就能获得爸爸妈妈的爱。当然，孩子并不会有意识地这样做，但他的潜意识会自动自发地这样做，因为，身心是同一个系统。

孩子调皮捣蛋，是希望获得父母的关注；

孩子跟父母对着干，是希望获得自主权；

孩子故意破坏，让父母痛苦不堪，是在报复父母，希望父母改变……

总之，孩子的每个行为背后都有其好处。如果你想改变孩子的不良行为，首先要在保留其好处的前提下，换个更好的方法。比如，那位偷东西的女孩的父母，如果平时能多陪陪孩子，在孩子演出的时候也能回学校看看孩子，为孩子打气加油，孩子就不会再偷东西了，因为根本就没这个必要。

信念 15：若要求知，必须行动

电影《后会无期》中有一句经典台词："我们懂得许多大道理，但依旧过不好这一生。"

对，为什么呢？

我猜这本书的读者，很多人拥有大学以上学历，我斗胆挑战一下各位：如果现在重新把你送进中考的考场，你有信心考上高中吗？

除非你刚初中毕业没多久，否则，没几个人能考上高中。为什么会这样？因为当年学习的那些知识早就忘光了。

再问你一个问题：你会骑单车吗？你有多久没骑了？可能你很久没骑了，还会吗？

"当然会！"你一定会毫不犹豫地回答。

为什么你以前学过的知识都忘了，但小时候学会的骑单车却永远忘不了呢？

原理很简单，一个是知识，一个是能力。知识是停留在大脑中的信息，很容易忘记；能力是通过行动、练习形成的身体记忆，所以不容易忘记。

因此，若要求知，必须行动。只有通过行动去验证你所学的知识，知识才能变成让你受用终生的能力和智慧。

团长经常跟学生说一句话，在这里送给你们：

读书没有用，除非你有用；如果你没用，读什么书都没用；只有你有用，读书才有用。

信念 16：重复只会得到同样的结果，要懂得变通

在青少年的心理咨询中，很多咨询师都会遇到一个问题：通过自己的努力，孩子的症状好不容易好转了，可是一段时间后，家长反馈说，孩子的老毛病又犯了。这是为什么呢？是咨询师水平不够，治疗不彻底吗？可以说是，也可以说不是。

先说一个我遇到的案例。

有位妈妈因为孩子辍学的问题来上我的课，学了一段时间心理学后，改变了对孩子的教育方法，不再像以前那样总是指责、否定孩子，开始懂得欣赏、鼓励孩子，并且降低了对孩子的期待，一段时间后孩子找回了自己的力量，重回校园。当她告诉我这个好消息时，我也感到自豪，以为真的帮到了一个孩子。

没想到一段时间后，她告诉我，孩子又不肯上学了。我问发生了什么事，她说孩子一次考试不及格，孩子爸爸忍不住把孩子打了一顿，她说孩子爸爸也知道这样做不对，但就是控制不了自己的情绪，问我该怎么办？我说让你先生来上课吧，她说他不愿意。我只能叹息一声了。

看了米尔顿老师的一个案例后，我认为确实是我水平不够，因为米尔顿比我高明多了。

在《不寻常的治疗》一书中，他描述了这样一个案例。

一对夫妇带自己的儿子来见米尔顿，他们很宠溺这个孩子，给他买了汽车、立体音响、彩电，零花钱方面也毫不吝惜。但儿

子却根本不服管，甚至危及整个家庭的稳定。他们试过各种方法无效后，找到了米尔顿。

当父母把孩子的种种不当之处告诉米尔顿后，那个孩子脸上是一副相当满足的面容，他说："因为他们怕丢人，所以省略了很多东西。我还撕烂过妈妈的裤子，我说我知道的所有下流词句，我在晚饭里尿尿。"

米尔顿如何治疗这个烫手山芋呢？米尔顿请这对夫妻去度两周假，并安排男孩住进一个月租金100多美元的漂亮旅馆里，给他一笔固定的生活费。男孩可以点任何自己想要的东西，可以生活得非常奢侈，但要注意，钱用完了就没有了。而且，他每天还需要和米尔顿见面一到两个小时。

这家人同意了，治疗开始。

几天后男孩对米尔顿说："为了只有一张床的房间花那么多房租不值得。我准备去找个公寓，再去找份工作。"于是他找了个公寓，是与两个小伙子合租的。他们都接近20岁，有工作，都在努力赚钱上大学。他们不喝酒，也不滥用药物。他搬进去跟他们一起住，决定找份工作，并且找到了。

两周的时间快要过去了，男孩父母也快要回来了，米尔顿问男孩："你现在想做什么？"

他说："我跟父母回家以后会更加独立。我不会用家里的车，我可以步行，可以找份工作，可以廉价卖掉一些私人物品，这样我会有自己的积蓄。"

米尔顿说："好的，我想你可以回到公寓整理行装了。"

重复同样的做法，只会得到同样的结果。如果现行方法无效，就要改用其他方法。

孩子的问题大多数都是父母的不当教育导致的，如果父母的教育方式不做改变，就算治疗师把孩子的问题矫正了，但回到原来的生活环境，症状很快就会复发。

上述案例中，我的困局是我无法改变孩子的父亲。米尔顿虽然也无法改变孩子的父母，但他的高明之处在于，他切断了父母对孩子的溺爱，让父母去度假。随后，他策略性地让孩子住进旅馆，孩子从此开始了独立的人生。

上面16条预设前提是在NLP发展早期定下来的，后来NLP的研究者在此基础上又增加了很多条，据不完全统计，多达80多条，在这里就不一一介绍了，但有一条团长十分喜欢，在这里，团长将它送给大家。

信念17：有效果比有道理更重要

团长曾经是一名辩手，算得上能言善辩。结婚后，我把这项能力用在了吵架上，我太太根本就不是我的对手，我基本上逢吵必赢。

但结果如何呢？我发现我每赢一场争吵，夫妻关系都会疏远一点，因为我总是认为自己是对的，所以关系进入了危险阶段。

幸好我有机会走进了心理学的世界，学了心理学之后我才明白，原来，有效果比有道理更重要。

什么意思呢？

争吵，争的是道理，论的是谁对谁错，但赢得道理的同时，往往会输掉关系。

婚姻幸福,才是夫妻双方共同追求的目标。在夫妻关系中,如果每个人都坚持自己的道理,那一定会离这个目标越来越远。

孩子的教育也是一样,孩子一生的幸福才是目标,如果为了你那僵化的道理而伤害了孩子的自尊,就会像网上那句流行语说的:**你剪断了我的翅膀,却抱怨我不会飞。**

信念和价值观,就像树的根一样,虽然看不见,但只要扎得足够深,就会拥有强大的抗风雨能力,并能获得更多的养分。

孩子也是一样,只要从小建立强有力的信念,避免病毒性信念入侵,就会像根深叶茂的大树一样,一定会成为栋梁之材。

| 本章功课 |

1. 把这 17 条信念熟记于心。
2. 发挥自己的创意,把这 17 条信念种到孩子心中。

· 第五课 ·

力量源泉：心理营养

为什么生活条件好了,孩子的问题反而多了

物质营养与心理营养

孩子哭了,你会怎么做?

20世纪70年代,"哭声免疫法"在美国备受推崇。

心理学家约翰·华生认为,刚出生的婴儿哭了,你哄他、抱他,他就学会了用哭来要挟你。因此,正确的处理方法是:放任孩子哭,不理不睬,他就会明白哭是没用的,以后就不会哭了。这样,婴儿学会了独立、自立,白天吃饱了自己玩耍,晚上能有一个完整的睡眠,他能更好地生长发育,养育者也能休息好。

这个方法是约翰·华生行为矫正式儿童养育体系的一部分,除了哭泣矫正,还有饮食矫正——在特定时间以外,不能随便给孩子食物,以保证他形成规律的饮食习惯。这个教育理念的核心是:要超脱情感因素,把孩子当作机器一样训练、塑造和矫正。他主张:"母亲不能和孩子过度亲密,尽量不要亲吻和拥抱孩子,不要让孩子坐在母亲大腿上,不要轻易地满足孩子,这些行为都会阻碍孩子的成长,使孩子在成人后非常依赖母亲,从而难以独立、难以成才。"

约翰·华生有一句很煽动人心的话："给我一打健全的婴儿，随机选出一个，我可以把他塑造成我所选定的任何类型的人物——医生、律师、艺术家、商人等，而无须考虑他的天赋、倾向、父母的职业与种族。"

这种教育方法堪比"女娲造人"。当下，父母的养育重担大大减轻，未来，孩子能百分百地塑造成自己期待的样子，这太有诱惑力了。于是，"哭声免疫法"在美国风靡一时，不少自以为有远见的妈妈，打着"一切为了孩子"的旗号，狠下心"修整"自家的孩子，可结果如何呢？

经过"哭声免疫法"训练的孩子，长大后几乎都出现了心理方面的问题，轻则表现为睡眠障碍，重则出现了人格障碍甚至精神分裂。华生自己的孩子也未能幸免，他的大儿子雷纳曾多次尝试自杀，最终在30多岁时自杀身亡。他的女儿玛丽是酒精成瘾者，也曾多次试图自杀。悲剧还传递到了第三代，玛丽的女儿玛丽特重走了母亲的老路，一辈子深受酒精成瘾和厌世的困扰。

这个养育方法为什么有这么大的负面影响呢？回答这个问题前，我们先来看一个实验。

心理学家哈里·哈洛曾用与人类基因相似度高达94%的灵长类动物恒河猴做了一系列实验。他的实验结果非常耐人寻味。

一个是代母实验。哈洛把刚出生的猴子放进笼子。笼子里有两个假母亲，一个是用冷冰冰、硬邦邦的铁丝做成的，胸前挂着奶瓶，可以24小时供应奶水；另一个是用柔和、温暖的绒布做的，没有奶水。

多个幼猴表现出同样的倾向，它们更喜欢没有奶瓶的绒布妈妈，只有饿极了才会到铁丝妈妈那边吃奶，吃完，都会立刻回到绒布妈妈怀里。

还有一个旷场实验。哈洛把幼猴放进一个不熟悉的小房间，房间里放满了幼猴喜欢玩弄的东西，积木、毯子、带盖容器、折纸等。哈洛在三个小房间里分别设定了三种情况：房间里有绒布妈妈，有铁丝妈妈，没有妈妈。

幼猴表现出了非常明显的倾向，当房间里有铁丝妈妈或没有妈妈的时候，它们都非常紧张，蜷缩在毯子上，一动不敢动。而在有绒布妈妈的房间，幼猴会先冲过去，紧紧抱住绒布妈妈，寻求安慰。之后，它们开始触碰一下玩具，然后迅速返回绒布妈妈怀里，如此反复，它们触碰玩具的时间越来越长。

还有一个繁殖实验。哈洛将这些由假妈妈"养育"长大的猴子放到猴群中，发现它们都表现出孤僻、抑郁和自闭的特点，几乎无法和其他猴子相处，更严重的是，这些由假妈妈抚养长大的猴子，无论公猴、母猴，都拒绝交配。哈洛用强制手段让20只母猴受孕产下了幼猴，仅有一只猴子笨拙地尝试给自己的孩子喂奶，其他猴子对自己的孩子或者不理睬，或者虐待，还有几只残忍地杀死了自己的孩子。

为什么幼猴更喜欢没有奶的绒布妈妈，而不是有奶的铁丝妈妈呢？

为什么有绒布妈妈在身边，幼猴会更有勇气去探索、尝试？

为什么由假妈妈养大的猴子会出现严重的心理问题，并且无法融入群体，也无法繁殖后代呢？

也许你会说，这只是猴子而已，人类比猴子高级多了，未必会这样。好吧，我们再来看一个关于人类的研究。

美国心理学家勒内·斯皮茨曾是一名医生，在20世纪三四十年代，他对孤儿院里那些身体健全但情感缺乏的儿童进行研究，发现那些生理能够被满足但情感被剥夺的弃婴，无一例外变得抑郁、孤僻、体弱多病。如果孤儿连续三个月得不到情感上的关怀，视力就会衰退，身体发育迟滞。斯皮茨把这种因情感缺失导致的问题称为"医院病"，有些孩子还因此死亡了。

因此，不管是哈里·哈洛的猴子实验还是勒内·斯皮茨的弃婴研究，都证明了一件事，人类除了生理上的需要，还有心理上的需要。

团长认为，人有两条命，一条是物质生命，也就是肉体生命；另一条是精神生命，也就是"慧命"。

生命的成长需要营养，同样，慧命的成长也需要营养，这些能满足精神需要的东西，林文采博士称之为心理营养。

就像食物营养缺乏会导致身体上的疾病一样，心理营养的缺乏会导致心理上的问题。

因此，仅仅在信念层面教育好孩子是不够的，我们还要给予孩子成长所需的心理营养。心理营养是一个人力量的源泉（如下图所示）。

人生成就 → 财富、关系、心态

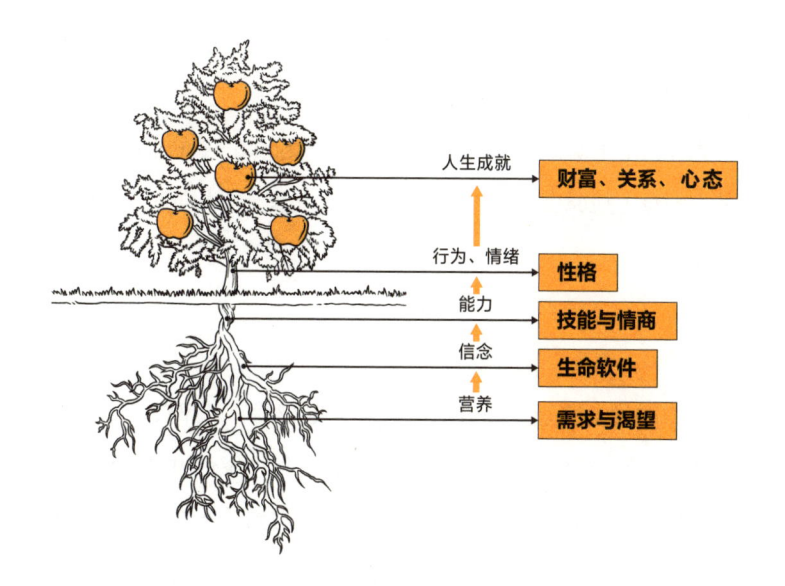

行为、情绪 → 性格

能力 → 技能与情商

信念 → 生命软件

营养 → 需求与渴望

为什么富裕家庭的孩子更容易出现心理问题？

我们再来看一项研究。

这项研究来自美国的《大西洋月刊》，它调查了美国的硅谷城市——帕罗奥多青少年的自杀问题，结果发现：在这个城市，青少年酗酒、吸毒比率远远高于全国平均水平；受抑郁症和焦虑症困扰的学生比率也比全国平均水平高出两到三倍；很多精英中学已经成了著名的"自杀学校"，学生因产生自杀念头而住院或接受心理干预的比例远高于普通学校。

帕罗奥多是美国加利福尼亚州著名的富人区，它邻近斯坦福大学，在这里上学、生活的孩子，大多出自中产及以上的富庶阶层。他们大多家境富裕、父母受教育水平高、个人学习成绩优秀，有着光明的前途。

我们可以得出一个反常识的结论：外在的物质水平并不能成为心理健康的助力，反而会成为影响心理健康的元凶。

为什么出生就高人一等的"天之骄子"反而有严重的心理问题？这得从家长身上找原因。越是条件好的家庭，越容易出现下面三种"优质"家长。

剥夺了孩子的价值感的家长

我小时候，家里穷，穷到什么地步呢？大冬天都只能赤着脚上学，买一件新衣服、一双新鞋子，那都是过年才能有的事，而且我知道，那是父母省吃俭用的结果。因此，每次得到某件东西时，虽然很开心，但也会带来心理愧疚。在这样的环境下长大的我，从小就有了一种责任感，希望为家庭做出自己的贡献。

富庶阶层的孩子是体会不到这种心情的，他们还不知道自己想要什么的时候，父母已经把世界上最好的东西都堆到了他们面前。

孩子刚出生就请来最专业的保姆帮忙照顾；衣服、美食、玩具，市面上能买到的，孩子都能轻松得到；辅导作业这类劳心的事儿，也可以请名师到家里来一对一。家长们很得意："我把世界上最好的东西都给你了。"他们不知道的是，这样做的结果是剥夺了孩子的价值感。

在这种家庭长大的孩子，衣来伸手，饭来张口，什么都不需要自己做，如果读书成绩好，还能感受到一点价值，一旦成绩不行，就会感觉自己是个废物，为心理疾病埋下了隐患。

价值感对人的一生来说十分重要。这部分下一章还会重点讲述。

对孩子期待过高的家长

有些人通过奋斗跨越了阶层,取得了世俗意义上的成功,对于后代,他们难免会寄予厚望,希望他们能比自己更进一步,踏入更高的阶层。

"我当时条件很差,走到了这一步。现在给你提供这么好的条件,如果你没法超越我,我会觉得很丢脸!"很多人把这样的话挂在嘴边。他们对子女总是抱着过高的期待,并且不允许孩子失败。

孩子就像生活在城堡中的王子或者公主,生活条件优渥,却有着自己一旦不称职就会被遗弃,然后失去一切的担忧。

在这种环境中长大的孩子,自我价值感很低。他们只有两种出路:

第一种,顶住压力,取得了一定成就。他们会事事苛责自己,同时也苛责身边的人。这种人很难有好的人际关系,也无法跟人亲密互动。

第二种,被父母的期待压垮。他们怎么做都达不到父母的要求,都得不到父母的认可,整个人陷入无助和无力的状态中,最终干脆放弃,摆烂了。

对孩子过度保护的家长

英国伦敦的一所小学有一条奇葩的校规:孩子们不准用手触碰刚落下的雪。

原因是,孩子摸到雪,就有可能团雪球;团雪球的话,就可能会互扔;互扔的话,如果恰好雪球里有石子,就可能造成伤害。因为这个"莫须有"的风险,所有孩子都被剥夺了体验下雪乐趣的机会。

这个案例很极端。在有的家庭，家长对孩子的保护真的就到了这种极端的程度，小到吃喝拉撒、衣食住行，大到上学工作、交友结婚，父母恨不得给孩子罩一个透明的保护罩。

这样的家长有两种谬论：

凡是伤害，只会让孩子更脆弱；

家长给孩子的就是最好的东西。

大树底下寸草不生，他们竭尽所能消除了孩子生活中的"变数"，不舍得让他们承受丁点儿挫折。这样的孩子遇事只会退缩，事事依赖大人的帮助，他们的身体是安全的，心理却愈来愈脆弱。

当然，生活条件好并不是孩子产生问题的原因，生活条件好了之后，对孩子教育的认知没有发生改变才是问题的关键。如果把生活条件变成良好的资源，相比于贫困家庭，富裕家庭更有条件培养出优秀的孩子。

正如萨提亚女士所说："孩子没有问题，如果孩子有问题，那一定是父母的问题。"我们想从根本上解决孩子的问题，还得从父母的教育方式入手。

不幸的童年需要用一生去治愈

几年前，美国弗吉尼亚理工大学发生过一起恶劣的枪击事件，一名23岁的韩国籍男子在校园里持枪射杀了32人，之后自杀了。事情发生后，学校举办了多场悼念活动，放飞了33个祈愿气球，敲响了33声丧钟。也就是说，32名遇难者和一名凶手一起被列为了悼念的对象。这是为什么呢？

弗吉尼亚理工大学相关人员指出："他（凶手）心理有疾病，可惜没有及时得到社会、家庭的关心和救治，才导致悲剧的发生。所以在悼念活动中，校方也把他当作一个受害者来看待，以体现人性关怀。"

美国的主流舆论认为，这起枪击事件中，凶手也是一名受害者。他性格扭曲、孤僻，有极端的暴力幻想，这种性格的形成，父母、学校、社会都有责任，其中，父母的责任最大。父母对他关注不够，使得他内心积压了很多负面情绪，遇到问题，他不找父母倾诉，也没有向父母需求帮助，最终走了最极端的发泄道路。

专业机构的调查显示，校园霸凌事件中施暴的孩子，有70%左右从小缺乏家庭关爱，甚至常常遭遇家庭暴力。

家庭暴力，有一点经常被人们忽视，那就是"隐形失陪"。比如，父母工作忙碌，虽然陪在孩子身边，却很少关注孩子的成长；或者夫妻关系不融洽，甚至离异，夫妻双方都不关心孩子。孩子从家庭中得不到应有的关爱和管教，就会选择用暴力宣泄自己的不满，这大大增大了青少年犯罪的概率。

自小缺失父爱母爱的人，内心会产生两种激烈情绪：

第一，仇恨：想毁灭这个世界。

第二，绝望：想逃离这个世界。

给大家做一个选择题：A. 你大脑中记得很清楚的事情；B. 你幼年时期发生的、大脑已经记不起的事情。二者中哪一个对你的影响更大？

答案是后者。如果把人比作一台精细的电脑，大脑能记起的事情就是我们能看到的电脑桌面，桌面上哪个程序有问题，需要怎么矫正，很容易做到。可隐藏在电脑中的、驱动电脑运转的系统程序，我们看不见，它决定了所有行为的运行规则，一旦出了问题，很难解决，只能刷机。

心理学上有句名言：幸福的童年可以治愈一生，不幸的童年却要用一生来治愈。心理学认为，大多数心理疾病，追根溯源，都是童年时的创伤造成的。

父母在孩子早期的错误教育很有可能在孩子心里留下巨大阴影，以致影响孩子一生的心理和精神。

因此，在孩子教育过程中，不仅要关注孩子肉体生命的成长，更要关注孩子精神生命（也就是慧命）的成长。慧命成长的关键就是心理营养。心理营养缺乏的孩子，有再多的物质营养都无济于事，他们的心里会留下一片空白，并因此引发各种心理问题。

孩子成长中不可缺少的五大心理营养

我太太喜欢养花，她特别喜欢养三角梅。她从花农那里买回来时三角梅是盛开着的，但之后就不再开花了。我太太一直不明白，她天天给三角梅浇水，经常施肥，三角梅长得如此茂盛，可是为什么就是不开花呢？

这是不是很像某些父母养孩子？我们对孩子这么疼爱，为孩子付出了这么多，为什么孩子就是不出成绩呢？

一次同学会后，我太太加了一位许久没联系的同学微信，从朋友圈发现这位同学养的三角梅开得十分漂亮。于是我太太向他请教，原来，三角梅是需要节水的，水多反而不开花，不仅如此，在不同的时期，三角梅还要施不同的花肥。在她同学的指点下，我家的三角梅终于重新盛开了。

孩子成长跟植物的成长一样，在人生的不同阶段，有着不同的营养需求，如果错过了一些特定的时期，就像我太太以前养三角梅一样，是开不出美丽花朵的。不仅如此，还可能导致伤残甚至夭折的发生。

不同心理学流派对孩子的发展有不同的阶段性划分，NLP把孩子的成长分为三个阶段：

印记期： 0～6岁，中国有句老话说"三岁定八十"，是不是三岁定八十我不知道，但心理学研究发现，0～6岁是人生最关键的时期，这个阶段的经历会像烙印一样刻在心里，深深地影响着人的一生。

模仿期： 6～14岁，这个阶段孩子的模仿能力特别强，偶像对他们的影响很大。孩子最早的偶像就是父母，所以，在这个阶段，父母的生活方式会成为孩子的标杆。

社交期： 14～21岁，也是俗称的"叛逆期"，这个阶段的孩子会试图从父母那里脱离出来，证明自己已经长大了，不再是个孩子了。这个阶段的孩子受朋友的影响比较大，所以父母可以通过他的朋友影响他，避免直接说教。

美国著名发展心理学家埃里克·埃里克森提出的人格发展理论，把人的发展分成八个阶段，其中跟家庭教育有关的是前五个阶段：

口唇期（0～1.5岁）：信任与不信任

这是获得安全感的重要时期。所谓安全感，就是这个世界是否是值得信任的。这个阶段如果母亲或其他养育者让婴儿感到世界是可以信任的，婴儿觉得所处的环境是安全的，就会将这种安全感扩展为对一般人的信任。婴儿如果得不到家人的关心与照顾，他就会对外界特别是对家人产生害怕与怀疑的心理，从而影响下一阶段的顺利发展。

肛门期（1.5～3岁，又称幼儿期）：自主与怀疑

在这个阶段，幼儿开始有了独立自主的要求，如想要自己穿衣、吃饭、走路、拿玩具等，他们开始探索周围的世界。这时候，如果父母及其他养育者允许他们独立地去干一些力所能及的事情，并且表扬

他们的行为，就能培养他们的意志力，使他们获得一种自主感，形成一种内驱力。相反，如果养育者过分溺爱，处处包办代替，什么也不让他们做；或过分严厉，这也不准那也不许，稍有差错就粗暴斥责，甚至体罚，孩子就会产生自我怀疑与羞耻感。这种孩子长大后最明显的表现就是过度依赖和拖延，需要在外力的推动下才会去做事，形成外驱型人格。

性器期（3～6岁）：自信与挫败

这个阶段又叫"学前期"，这是获得主动感而克服内疚感的阶段。这个阶段的肌肉运动与言语能力发展很快，对周围的环境（也包括他自己的机体）充满了好奇，常常问问这、动动那。这时候，如果成人对孩子的好奇心以及探索行为给予肯定、赞美、认同和鼓励，让他们有更多机会去自由参加各种活动，耐心地解答他们提出的各种问题，那么，孩子就会充满成就感，他的主动性就会得到进一步发展，表现出很大的积极性与进取心。反之，如果父母对儿童采取否定与压制的态度，对他们的行为横加阻挠、嘲笑或指责，就会使他们认为自己的游戏是不好的，自己提出的问题是笨拙的，自己在父母面前是被讨厌的，就会产生内疚感与挫败感。这种内疚感与挫败感还会影响下一阶段的发展。

潜伏期（6～12岁）：自尊与自卑

这个阶段又称为"学龄初期"，这是获得自尊感、避免自卑感的阶段。学龄初期儿童的智力不断发展，特别是逻辑思维能力发展迅速，他们提出的问题很广泛，而且有一定的深度。他们的能力也日益增强，参加的活动已经扩展到学校以外的社会。这时候，如果能够在探索中获得成功，则能促进他们做事的勤奋性，使他们对那些让他们成功的事情发生兴趣。如果在这个阶段获得足够的成功，将会建立对一生起到重要作用的自尊。

埃里克森劝告做父母的人，不要把孩子的探索行为视为捣乱，否则孩子会感到挫败，认为自己什么都做不了，是个没用的人，因而形成自卑的性格。应该鼓励孩子做一些力所能及的事，并且能够轻松完成任务，让他们感觉自己是有价值的。同时，还要鼓励他们尽最大努力与周围的人发生联系，进行社会交往，使他们相信自己是有能力的、聪明的，任何事情都能做得很好。

总之，让孩子感觉自己是有用的，是有贡献的，使他们学会在群体中承担责任。

生殖期（12～20岁）：自我意识与角色混乱

这个阶段的核心问题是自我角色的形成，也就是对"我是谁""我在社会上处于什么地位""我以什么方式存在于这个世界"等问题的回答。

自我角色也称"自我意识"，就是"什么是真正的自我"，也可称为"核心的自我"。青少年对周围世界有了新的观察与新的思考方法，他们经常考虑自己到底是一个怎样的人，他们从别人对他的态度中，从自己扮演的各种社会角色中，逐渐认清了自己。此时，他们逐渐疏远了自己的父母，从对父母的依赖关系中解脱出来。他们要证明自己已经不再是个孩子，因此，在行为上显得有些叛逆，所以，这个阶段又称为"叛逆期"。其实，他们的真正目的不是叛逆，而是要找到自己的存在感。只有那些在这个阶段找不到存在感的孩子，才会真正叛逆。

这个阶段的青少年急于脱离父母的影响，他们渴望同辈关系，在与同辈的交往中认识自己，也认识自己与他人在外表与性格上的异同，认识自己的现在与未来在社会生活中的关系。

埃里克森认为，这个阶段形成的自我意识可以帮助青少年了解自己以及自己与各种人、事、物的关系，以便能顺利地进入成年期，否则就会产生角色混乱。常见的表现是自我怀疑，不知道自己要什么，空虚，觉得人生毫无意义。为了找回自己的存在感，有的人会走向极端，为反对而反对，就是俗称的"杠精"，甚至发展成反社会人格。

下面依照孩子的成长规律，结合以上两种阶段划分方法，给大家分享五种重要的心理营养需求（如下表所示）。

成长重要阶段的心理营养

埃里克森发展阶段	0～1.5岁口唇期	1.5～3岁肛门期	3～6岁性器期	6～12岁潜伏期	12～20岁两性期
NLP划分	印记期（0～6岁）			模仿期（6～14岁）	社交期（14～21岁）
父母行为	爱、无条件接纳	允许、支持	肯定、赞美、认同、鼓励	让孩子有贡献	尊重、允许
心理营养	安全感	自主感	自尊感	归属感	存在感
缺乏的后果	不信任、退缩、自我保护	过度依赖、怀疑自己	内疚、自责、依赖、拖延	无能、自卑	角色混乱、反骨

安全感

0～1.5岁的孩子需要的最重要的心理营养是"安全感"。

安全感，英文的表述是security base，还可以翻译成安全的基地。在安全基地，孩子获得可以依赖、可以信任的情感体验，然后生出探索世界的自信和勇气。

获得安全感的两个关键
1. 无条件接纳

人类跟其他动物有着很大的不同，一般的动物出生后很短时间内就能独立生存，比如小鸡出壳后不久就能走路、觅食，但人类不行，人类在很长一段时间里必须依赖养育者才能生存。如果在这个脆弱的阶段得不到良好的照顾，婴儿会对世界感到恐惧。为了减少恐惧，他会把自己封闭起来，表现为对外界刺激没有反应，看起来呆板、冷漠，甚至没有表情。在人际关系中，他完全活在自己的内心世界里，无法适应外在现实。不少自闭症孩子的病因就是出生的早期没有得到很好的照料。

幸运的是，我们不得不感叹造物主的神奇和母爱的伟大。一个健康正常的女人生育后，体内会自动分泌一种叫"催产素"的激素。这种激素不仅能促使母亲分泌乳汁，满足孩子的生理需求，还会让母亲无条件地接纳自己的孩子。在催产素的作用下，母亲看到宝宝时，大脑就产生愉悦感。哪怕这个阶段的孩子长得并不好看，但在妈妈眼中，自己的孩子是最完美、最可爱的。

在催产素的作用下，母亲对于孩子给自己造成的麻烦会欣然接纳。比如，孩子拉屎拉尿，夜里哭闹让人睡不好觉，等等，母亲并不会感到难受，甘愿为孩子提供他需要的一切关怀，甚至愿意放弃部分自我。

在这个阶段，父母并不会考虑孩子未来会不会孝顺，会不会有出息，只是尽心尽力地对孩子好，这就是无条件接纳。

在父母无条件接纳的环境下，孩子能感知到自己是被这个世界所接纳的，他对这个世界也就有了最基本的信任，从而为一生的幸福奠定了良好的基础。

2. 爱

爱是一个很难验证精准定义的词。表达爱有很多种方式，对婴儿来说，最重要的是关注与温暖的回应。

还记得旷场实验里的幼猴吗？有绒布妈妈在身边，它们才能鼓起勇气探索世界。这个阶段的孩子就在经历这样一个过程。

婴儿要从温暖、及时的回应中获得安全感，感受世界的美好。若婴儿需要等待很久才能得到舒适感，或者被严厉对待，他们就会觉得这个世界是不可信任的、是不安全的。

有不少家长错误地认为，要从小训练孩子独立，过早地把孩子从妈妈身边强行剥离，像前面提到过的华生那样，反而会造成孩子安全感的缺失。

我们从几代人的总体安全感表现就能清楚地看到这个原理，对60后、70后而言，他们会担心未来吃饭的问题，但80后、90后、00后就没有这个问题，为什么会这样呢？因为60后、70后小时候是挨过饿的，但从80后开始，就不再有吃不饱的问题了。

就像一个从小就能吃饱的人不会担心没饭吃一样，一个在18个月以前获得满满安全感的孩子，长大后才能有勇气探索世界。

因此，18个月以前得到妈妈以及其他养育者足够的温暖关注和回应的孩子，长大以后才能轻松分离，因为他们在最关键的阶段从妈妈那里获得了足够的安全感。

无条件接纳的两个关键点

无条件接纳需要把握如下两点。

1. 无条件接纳不是纵容

无条件接纳并不是0～3个月时才需要的心理营养。就像身体的营养一样，1岁前，孩子需要汲取母乳中的养分，1岁后，他可以不吃母乳，但并不意味着以后就不需要喝奶了，人对奶中的蛋白质、钙、铁、锌等养分的需求伴随一生，所以，在成长过程中需要不断补充奶类营养。直到七八十岁，人类对"奶"类食物仍旧有需求。

同样的道理，"无条件接纳"这种心理营养，也是一生都需要的。

那问题就来了，0～3个月无条件接纳还能够接受，但孩子长大了，如何无条件接纳呢？那不等于放纵孩子吗？

比如孩子跟人打架了，也不管了？孩子不想写作业，那也要接受？

当然不是，无条件接纳，并不意味着要无底线无原则地接受孩子的全部，更不是对孩子有求必应，满足他所有的需求和欲望。当孩子的行为有问题的时候，我们有必要给他制定规则，温和而坚定地监督他纠正，和他一起寻找解决问题的方法，而不是听之任之。

甘肃的麦积山石窟是中国四大石窟之一，上面的221座洞窟全部雕凿于悬崖峭壁之上，洞窟之间通过栈道连接，走在栈道上向下望，风景特别好，完全是飘浮在天上的感觉。问题来了，栈道上如果没有护栏，你还有心情欣赏风景吗？估计很多人还没往下看，已经吓得瘫软在地了。

在教育孩子的过程中，底线和原则就像是悬崖边上的护栏，它能告诉孩子，所有在护栏内的活动都是自由的，你可以沿着底线向前走，也可以探过身体去看看规则外的风景。但是如果没有了底线和原则，孩子的行为就完全失控了，要么他会身陷险境，要么他会因为恐惧束手束脚，什么事都不敢尝试。

2. 无条件接纳的是人，而不是事

既然我们不能纵容孩子的不当行为，那"无条件接纳"到底要接纳什么呢？

无条件接纳的是孩子这个人，而不是孩子所做的事，要学会把人和事分开。比如，孩子考试不及格，这是一件事，如果孩子考试不及格，你也说"很好，没关系"，这不是"接纳"，而是"接受"。接纳，不是接受他所做的事，而是接纳人本身。所以，如果孩子考试不及格，父母要看到孩子的情绪和正面动机。这时，你可以这样对孩子说："宝贝，这次考得不好我知道你很难过，难过是可以的，从你的难过中妈妈知道你是很想考好的，对吧？妈妈相信你，只要你能从中吸取教训，下次一定会考好的。"

这就是接纳人，而不是接纳事。如何接纳一个人，可以参考如下几点。

第一，无条件接纳孩子的性格特质。

性格特质是人的一个部分，特别是先天气质，是与生俱来的，这一点我们在第二章已经讲过。

一个5岁的男孩，不喜欢汽车、枪类的玩具，偏偏喜欢芭比娃娃，并且抱着芭比娃娃一玩就是一天。你是男孩的妈妈，会怎么做呢？这个男孩的妈妈一开始不理解，还特意带儿子去看了心理医生。不过，她很快调整过来，既然儿子喜欢，就帮他收集了市面上各种芭比娃娃。再后来，儿子不认真学习，一心想着捏娃娃,给娃娃设计衣服,妈妈虽然心里忐忑,但还是支持他。

这个男孩长大后成了一名成功的服装设计师,在2010年的奥巴马总统就职仪式舞会上,奥巴马夫人穿的就是他设计的礼服。

有的孩子内向,喜欢独处;有的孩子外向,身边有很多朋友;有的孩子细腻,做事认真,就是速度有点慢;有的孩子直率,敢闯敢试,往往会忽略一些细节。

我们无条件接纳孩子,就是要接纳孩子的特质,尊重他的个体差异,给孩子自由空间,鼓励他尝试更多可能,而不是依照传统眼光,给他设定太多"应该"和"不应该"的框架,也不要按照自己的"梦想"去期待孩子。

第二,无条件接纳孩子的成长差异。

十根手指有长短,更不用说不同的人了。

别人家孩子1岁学会说话,自家孩子2岁了还说不好。

别人家孩子6岁搞定了数学乘除法,自家孩子8岁了还没弄清楚加减法。

你会不甘心吗?

每朵花都有自己的花期,还没到盛开的时候,我们着急催熟,花就难以呈现最美的绽放姿态。

每个孩子也都有自己的花期,男孩和女孩的成长规律不同,同性别孩子间的成长速度也有差异,当孩子处处不如别人、事事落后的时候,我们要学会接纳,允许孩子按照他的身心发展规律自然成长,而不是总想着拔苗助长,更不能因为孩子的暂时落后,就看低他的价值。

第三，无条件接纳孩子的情绪。

在情绪那一章我们已讲过，事情有对错，情绪没有对错，每种情绪都有其功能，所以，要无条件接纳孩子的情绪。

受伤了，会哭。

失败了，会沮丧。

取得成绩时，会高兴。

一个情绪被接纳的孩子，生命才是绽放的。

当然，接纳孩子情绪的同时，我们还要注意引导孩子正确地表达情绪。他可以有情绪，但不能带着情绪去表达，这个我们在情绪相关的章节已讲得十分清楚。

第四，无条件接纳孩子的正面动机。

前文我们讲过，每个行为的背后都有其正面动机，行为也许有错，但动机总不会有错。

当孩子犯错时，我们要看到他错误行为背后的正面动机，只有在接纳其正面动机的前提下，孩子才愿意改正其错误的行为。比如，孩子打架，单纯从打架这个行为来看，是错误的。但我们要看到，孩子为什么会打架？很可能他的正面动机是为了保护自己，或者保护某个弱小的同学。如果你看不到这一点，孩子不仅不愿意改变，还会感到委屈。但是，如果你能看到并接纳他的正面动机，效果就不一样了，他会感到父母是站在自己这一边的，只有感到父母站在自己身后的孩子，才会有力量。

什么情况会造成安全感的缺失

但是，并不是每个孩子都有这份幸运，在特殊情况下，孩子在这个阶段可能会失去安全感，比如如下情况。

（1）母亲身体疾病：在生育后，如果母亲身体患病，会影响催产素的分泌，没有催产素的作用，加上疾病的困扰，母亲可能会对照顾孩子缺乏耐心，孩子从母亲身上会感受到嫌弃。

（2）母亲有心理创伤或者疾病：如果母亲在自己幼年时遭遇过创伤性的经历，比如曾经被虐待过，对养育孩子会产生心理阴影；或者当下正遭到家庭虐待，在这种情况下，很难具备足够的爱心去照料孩子，这就造成了孩子终生的遗憾。

（3）孩子身体患病：孩子出生时身体患病，比如黄疸、早产等，需要医生、护士的照顾，不得不离开母亲的怀抱，就算医生、护士是充满爱心的，但毕竟他们的身体没有催产素的分泌，所以无法替代母亲的照料。加上身体疾病对婴儿造成的伤害，这样的孩子往往会缺乏"无条件接纳"这一重要心理营养。

（4）养育者的粗心或者工作太忙：安全感来自温暖且及时的关注与回应，如果养育者太粗心，或者忙于工作，缺乏对孩子的关注，让孩子在需要照顾时得不到及时的回应，孩子就会感到这个世界是不可信任的。

（5）养育者无知：现在生活条件好了，许多家庭有条件聘请专业人士护理婴儿，于是诞生了一个庞大的月嫂市场。不少人认为月嫂是专业的，把孩子交给月嫂比自己照顾更好，其实，这是一个无知的表现。前面说了，母亲之所以能无条件接纳孩子，是因为体内有催产素的作用。月嫂不管多专业，都无法做到对孩子无条件接纳。因为，月嫂毕竟是人，是人总会有自己的情绪反应，当孩子拉屎拉尿、哭闹时，难免会有心烦的表情，这些细微的表情婴儿会感受到。

当然，团长并不是说月嫂不好，如果经济条件允许，有月嫂的帮助，能大大地减轻母亲的压力，对于创造无条件接纳的环境会更有利。团长只是提醒大家，千万不能把照顾孩子的工作全然交给月嫂，月嫂只能作为母亲的辅助，否则，家长和孩子将来都会为此付出代价。

当然，安全感这种心理营养的缺失不仅限于上述五种情况，只要明白了其中道理，读者可以举一反三，避免这一重要心理营养的缺失。

安全感缺失的后果
1. D 型人格

荷兰心理学家约翰·德诺雷提出了一个 D 型人格概念，认为缺乏安全感的人长大后极有可能发展成 D 型人格。

D 型人格又叫忧伤型人格，这种人格呈现出情感消极和社交抑制两个突出特征，他们对任何事都持消极态度，习惯性地将愤怒、恐惧、悲观、焦虑等负面情绪无限放大，不敢尝试新事物，也不敢与人深入交往。

D 型人格很可能会呈现这样的生活态度：

9 岁，害怕爸妈离婚，每天想着离家出走；

15 岁，害怕喜欢的人不喜欢自己，只好放弃了告白；

18 岁，害怕考不上大学，结果考场发挥失常；

22 岁，害怕被拒绝，而不敢向心仪的工作单位投简历；

27 岁，害怕离婚，所以不敢结婚；

30 岁，害怕失业而惶惶不可终日。

严重缺乏安全感的人，会把自己包裹在一个坚硬的壳里，自己出不去别人也进不来。他们一生都困守在恐惧、焦虑、孤独之中，很难过好这一生。

给孩子一份安全感，就相当于给了他一套行走世界的铠甲，这是多少钱都换不来的财富。

2. 影响亲密关系

安全感缺失的孩子，会终其一生四处寻求别人的接纳，他会一直寻找一个无条件接纳他的人，他一生的大部分时间都在做这一件事。可悲的是，这种寻求是很难成功的，毕竟任何健康的、可持续的关系都无法依赖单方面付出。

婚姻中，他们会不停地问另一半：

"你爱我吗？"

"如果我变老了、变丑了，你还爱我吗？"

"如果你发现我有很多坏毛病，你还同样爱我吗？"

一个婴儿期缺少无条件接纳的孩子，他的一生都会受到这些问题的困扰。

3. 懦弱、畏缩

同时，安全感缺失的孩子，长大后会对外界特别是对周围的人产生害怕与怀疑的心理，由此失去了探索世界的勇气，会变得懦弱、畏缩，过度自我保护，不敢尝试新的事物，一直生活在一个狭小的空间里。

四种依恋关系

那我们如何判断孩子是否有安全感呢？

安全感的获得，源自孩子与养育者之间的情感联结。当养育者能够提供可靠的保障时，孩子能在这段关系中获得愉快的体验，在感到恐惧和压力时，能从这段关系中得到安慰。如果这种情感联结不存在，孩子就会对这个世界感到害怕、孤独，他的负面情绪也无法排解。

约翰·霍普金斯大学心理学家玛丽·爱因斯沃斯做了一个陌生情景实验，他将12~18个月的幼儿放在陌生的环境下，观察他们在母亲离开后和母亲返回重聚后的行为和情绪反应。

根据他们的反应，玛丽总结出亲子间四种依恋关系。不同的依恋关系，孩子的安全感的质量是不同的。

1. 安全型依恋

这类孩子在母亲离开后，会焦虑哭泣，在母亲回来后，会马上扑进她的怀抱中寻找安慰，并很快平复心情。

他们因为妈妈的离开而焦虑，因为妈妈的回归而开心，这就说明他们把妈妈当成了安全基地。在日常照料中，亲子间形成了牢固的信赖关系。

2. 矛盾焦虑型依恋

这类孩子在母亲离开时，很焦虑痛苦，当母亲回到身边后，则表现出生气和拒绝，甚至推打母亲，母亲费尽心思地抱、哄，都很难安抚他们的情绪。

这类孩子一直处于焦虑中，时刻在寻找爱，安全感明显不足。日常相处中，母亲往往对孩子的需求不能及时地、百分百地回应，可能有时候回应，有时候不回应，有时候延迟回应，这让孩子一直处于焦虑中。

3. 回避型依恋

这类孩子对妈妈的离开和回来都漠不关心，就跟对待陌生人一样。当被妈妈抱起时，身体还有抗拒、不愿意靠近的反应。

这类孩子表面看起来无动于衷，实际上内心一直处于痛苦中，只是压抑着不表现出来。日常照料中，他们的需求总是得不到回应，哭泣也得不到回应，养育者缺乏对婴儿的关心和耐心，甚至有精神虐待婴儿的问题。

4. 混乱型依恋

这类孩子表现出困惑、相互矛盾的行为。妈妈离开时，一会儿茫然无措，一会儿又焦虑不安，当被妈妈抱起时，一会儿冷漠，一会儿又悲伤地哭了起来。

这是缺乏安全感最严重的情况。日常，妈妈的行为很可能经常出现前后不一致的情况，时而亲近，时而发脾气，她既是孩子安全感的来源，又是孩子恐惧的来源。

上述实验虽然是在婴儿阶段做的，但是，你稍加留意就会发现，这四种依恋模式在成人的亲密关系中依然存在。因为，在这个阶段建立的安全感模式，会决定孩子未来的婚姻幸福。

"安全型依恋"下长大的孩子，会更加具备同理心，喜欢与人交往，容易跟人发展出信任关系。其他三种依恋关系的孩子很容易出现这样那样的问题。如果你希望你的孩子未来婚姻幸福、人际关系和谐，那一定要在这个阶段给予孩子足够的安全感。

如何带给孩子安全感

首先，养育者要情绪稳定。

1960年，心理学家吉布森和沃克设计了一个"视崖装置"来测试婴儿的深度知觉。他们用大玻璃板和黑白格花纹布做成一个视觉上的悬崖，然后选择了36个6～14个月大的婴儿进行实验。实验证实婴儿是能感知物体的深度和距离的，同时还证实了妈妈对婴儿的影响力。

实验中，婴儿爬到"视觉悬崖"边上时，如果"悬崖"对面的妈妈神情放松，对他微笑、点头，有的婴儿就勇敢地爬向了"悬崖"。如果妈妈神情紧张，露出了害怕或紧张的表情，婴儿会害怕地一动不动，甚至哭起来。

这个阶段的孩子，通过父母来感知周边的一切、认识这个世界。他们会敏锐捕捉父母的神态、眼睛、行为、语气中透露的信号。父母情绪平和，对孩子充满爱意，能及时满足孩子的合理需要，自然就会带给孩子安全感。

其次，养育者要敏感捕捉孩子的感受和需求。

我太太经常说一句话：我生的孩子，高兴还是不高兴，不用听他们说，也不用看他们的表情，只要他们在我身边，我闻味儿就能闻出来。

高兴的味儿是什么样的？我理解不了，可很神奇地，我太太真的能敏锐地觉察到两个孩子的情绪。

不管是回避型依恋、矛盾焦虑型依恋，还是混乱型依恋，这几种亲子关系中，孩子的需求和养育者的反应都是错位的。比如，孩子情绪低落，想要妈妈安抚一下的时候，妈妈却偏偏要给他立规矩；或者孩子正在专心地玩玩具，妈妈却偏要孩子立刻去吃饭，这些错位都会破坏孩子对妈妈的信赖。

心理学家形容安全型依恋为"敏感、协调的情感舞蹈"，在双人舞蹈中，步伐不一致，就会乱成一团，亲子间如果能做到像很合拍的跳舞搭档一样和谐，关系自然也就好了。

自主感

1.5～3岁的孩子，最需要的心理营养是"自主感"。

弗洛伊德认为，婴儿在这个阶段，排便训练对婴儿的心理健康有决定性作用，所以，这个时期被称为"肛门期"。

埃里克森认为，不仅是排便训练，还有很多因素对婴儿的心理产生影响，比如吃饭、走路、玩玩具等。这个阶段的幼儿已经进入了自我意识的萌芽期，他们希望自己能够做决定。

比如，我女儿有一天要穿公主裙上幼儿园，要知道，在广州的夏天穿公主裙可是一件很难受的事，因为天气又湿又热，为了不让她难受，我劝她不要穿。但女孩子爱美，她非穿不可。这时，如果你不允许她穿，她就会哭闹，不仅如此，还会摧毁她的自主性。所以，我的做法是让她穿，但在她的书包里放上一套夏天的短袖衣服。

晚上接她放学时发现她换上了我为她准备的衣服。我问她："怎么不穿公主裙啦？你不是很喜欢吗？"

她说："再也不穿了！太热了，不舒服！"

你看，给她自己体验一下，她自然会做出有利于自己的决定。

所以，这个阶段的养育者在安全的前提下，必须允许幼儿自己做选择，不仅要鼓励他自己大小便，而且要鼓励他自己吃饭，自己捡玩具，当然，要提供适当的指导。

这个时期的幼儿的控制能力还没发育完善，因此难免犯错。对于幼儿的错误，养育者要有足够的宽容和耐心，控制、责备和体罚会让幼儿产生羞愧感,并且怀疑自己的能力,这样的后果是放弃尝试,凡事依赖他人,无法形成健康的个体自主感,并埋下心理疾病的种子。

自主感缺失的幼儿长大后,很难与他人建立健康的关系,要么过度依赖他人,要么怀疑自己的能力。常见的表现是被动、依赖、拖延,缺乏内在动力。

自尊感

3～6岁的孩子最需要的心理营养是"自尊感"。

自尊是一个人对自我价值做出的主观判断以及对这些判断的感受。一个人对自己的评价通常来自父母以及身边的重要他人。

这个阶段的孩子刚刚有独立的意识,迫切地需要建立起自我认知。可因为他们的生活经验有限,他们无法评判自己,也无法判断哪些行为是正确的,哪些是错误的,来自父母这两个"重要他人"的肯定、赞美、认同、鼓励,能给他们指明方向,也能激发他们的自驱力。

1968年,心理学家罗森塔尔曾在美国某小学做过一次实验。他以专家身份对全校1～6年级的孩子进行了一轮智力测验,然后从中随机抽取了20%左右的学生,并告诉学校,这些孩子的未来很有潜力。8个月后,他对全校学生进行了第二轮智力测验,结果发现,他指明有潜力的孩子,智力较其他孩子有了显著提高。

罗森塔尔称这个实验是"权威性谎言"。他得出结论:来自权威的赞美、信任和期待具有一种能量，能让对方获得一种积极向上的动力，他会变得自信、自尊，会尽力去达成对方的期待。

对这个阶段的孩子来说，他们生命中最重要的权威就是他们信赖、钦佩、崇拜的父母，因此，来自父母的肯定、赞美、认同、鼓励，对他们有非常好的促进作用。如果这个阶段得不到父母的肯定、赞美、认同和鼓励，父母对孩子的过高要求会导致孩子的内疚感，降低他的生活质量，一生都活在自我指责中。

不仅如此，缺失这种心理营养的孩子还有一个严重后果，长大后自我价值会比较低，这一点我们下一章再展开讨论。

归属感

6~12岁，埃里克森把这个阶段称为"潜伏期"，NLP把与这个阶段相近的时期称为"模仿期"（6～14岁），这个时期的孩子最需要的心理营养是"归属感"。

在这个阶段，孩子开始慢慢脱离父母进入学校这个小社会圈子，同龄的朋友对孩子的影响力一步步超出父母的影响力。比起父母的认同来，孩子更加看重朋友的认同。为了获得认同，他们会不由自主地做出一些模仿和配合行为。

比如：

为了跟朋友有共同语言，平时不玩游戏的孩子会学着玩自己原本不感兴趣的游戏；

为了有一双跟朋友一样的名牌鞋，平时很节俭的孩子会要挟父母花大价钱给自己买；

为了合群，平时很善良的孩子会附和着朋友去嘲笑或欺凌同学。

很多父母想不明白，自家孩子咋就变得连自己都不认识了呢？

沉迷游戏、爱攀比、欺负同学，孩子是变坏了吗？并不是。我们要明白孩子当下的处境。

这个年龄段的孩子，身处集体环境，会在无形中受迫于一种看不见的力量，这种力量叫作同伴压力。因为渴望被同伴接纳、认可、肯定，他们被迫在行为和态度上尽可能地与同伴保持一致。

为了避免孩子被坏朋友带到沟里，有些家长会阻止孩子结交朋友，想着掐断他与同龄人的交往，这并不利于孩子的发展。

心理学家马斯洛认为归属感是人们重要的心理需求，只有满足了这一需求，才可能达成自我实现。人是群居动物，对青少年来说，在同龄人中建立归属感意味着他们找到了自己的位置，并与他人建立起紧密联系。如果这种归属感无法建立，他们就会感到焦虑和孤独，自尊心和自信心都会受到打击。

另外，与同龄人的交往，是孩子建立社交能力的关键渠道，我们关闭了这扇门，孩子的社交能力也就无从发展。

那么，父母该做些什么才能让自己的孩子融入同龄人的群体，获得归属感呢？最好的方法是让自己的孩子在这个阶段建立责任感，一个有责任的孩子才是受欢迎的，一个负责任的孩子才有勇气和力量融入群体，才能真正与他人合作。

那么，父母需要做些什么才能帮助孩子建立责任感呢？

第一，父母要起到模范作用。

这个阶段叫作"模仿期"，顾名思义，孩子会模仿他心目中偶像的行为，而父母是孩子的第一任偶像，所以，父母的示范会对孩子起到指南针的作用。

对孩子来说，他需要快速地掌握大量与人交际的技巧，而父母的示范是他们获得实用信息的最主要途径。

碰到难题时，应该怎样应对？寻求帮助、思考解决方案，还是抱怨？

心情不好时，应该做什么？发脾气宣泄、向亲近的人倾诉，还是憋在心里？

与别人有矛盾时，应该做些什么？积极沟通、生闷气，还是置之不理？

父母的反应方式都会成为孩子处理问题的示范和模板。

第二，父母要让孩子有被需要的感觉。

现在生活条件好了，孩子在家里什么都不用做，这会让孩子感到自己是个多余之人。所以，不管生活条件如何，都要让孩子做一些力所能及的事情，这样他才会感到自己是被需要的，是有价值的。

同时，一家人分工合作，让孩子感到他对这个集体是负有责任的，是被他人需要的。只有有责任感的孩子，才是受他人欢迎的，才能有效地融入团体。

第三，父母要发掘孩子的特长，建立优势领域。

每个孩子都有自己的天赋，千万不要因为某些技能显得无用而打击孩子的爱好，因为一个拥有特长的孩子才是受欢迎的，才是有力量的。

一个人的自尊不仅来自学习成绩，还来自社交能力、运动能力、艺术能力以及外貌，不管在哪一个方面出众，都能帮助孩子建立自尊。因此，一些看起来无用，甚至耽误学习的特长，比如玩游戏、化妆、讲笑话等，都是帮助孩子建立自尊的有效方式。千万不要否定孩子的这些特长，否则，他的责任感会遭受打击。一个在优势领域无法表现的人，在其他方面更加不愿意承担责任。

第四，父母要坚定地站在孩子背后，成为孩子力量的源泉。

孩子毕竟是孩子，在融入群体时一定会遇到困难。当然，一般情况下，孩子自己的社交问题应该由孩子自己去解决，不过，当孩子遇到挫折时，父母一定要站在孩子背后，成为孩子力量的源泉。

不少父母在教育孩子时总喜欢对事不对人，遇事喜欢分析对错，这样做无异于落井下石，严重摧毁孩子的归属感。

比如，如果你的孩子在学校与同学发生冲突，本来他已经不爽，想从父母那里获得支持，没想到回家反而被父母批评，说自己做得不对，你想孩子会有什么感受？他肯定会很窝火，觉得连父母都跟自己作对，自己更加孤立无助。

正确的做法是"对人不对事"，暂时把事情的对错放一边，先关心你的孩子，坚定地站在你孩子的身后，成为他的精神支柱，让孩子感到有后台，这样，他才有力量去面对矛盾。要相信孩子的智慧，只要他有力量，他就有足够的能力应对他所遇到的问题。只有有力量的孩子才愿意承担责任。

当然，在一些特殊情况下，比如孩子被欺负、被排挤，甚至被伤害时，家长就有必要采取行动，帮孩子一把了。

下面几种表现就是我们要干预的信号：

孩子一直在单方面讨好朋友；

孩子常常被嘲笑、轻视、抵制；

孩子经常陷入沮丧和伤心的状态中；

孩子跟着朋友学到的坏的言行远远多于好的言行。

当发现这些信号时，我们就有必要多和孩子聊天，一是交流他与朋友的相处情况，二是引导他对自己当下状况做出正确判断，三是给他提供一些好的建议。

存在感

12～20岁，埃里克森把这个阶段称为"生殖期"，因为在古代，这个年龄可以生小孩了。NLP把与这个阶段相近的时期称为"社交期"（14～21岁）。这个概念更容易理解一些，因为这个阶段的孩子有一种脱离家庭、融入社会的冲动。这个阶段的孩子最需要的心理营养是"存在感"。

美国电影《搏击会》是一部经典的动作惊悚片，在这部电影里，主人公创建了一个搏击俱乐部，供人们不戴护具进行徒手搏击。搏击俱乐部吸引了很多人，他们的意图只有一个：给自己一个活着的证明。电影里有这样一段经典台词："我们只是历史的过客，目标渺茫，无地自容，我们没有世界大战可以经历，也没有经济萧条可以恐慌。我们的战争充其量不过是内心之战，我们最大的恐慌就是自己的生活。"这个俱乐部之所以能吸引众多顾客，就是因为这些搏击者希望打倒别人或者被人打倒来证明自己的存在和价值。

"我的存在有什么意义呢？"这个问题让很多青春期的孩子备受困扰。

这个阶段的孩子，认知从懵懂到成熟，进入了思考的年纪，开始分析自己、他人和身处的世界，开始批判生活中的丑陋、不公和人性的缺点。他们几乎对所有事情都持否定态度，其中包括自己。

在印记期（0～6岁），孩子能从父母的肯定中找到存在的意义；

在模仿期（6～14岁），孩子能从同伴的接纳中找到自己的价值；可是到了社交期（14～21岁），父母对他们人生的影响力已逐步淡去，同伴的接纳也不再能满足他们内心深处的渴望了，他们需要证明自己的存在，证明自己的价值。

如果找不到存在感，他们会感到空虚，觉得人生没有意义。于是，有人开始摆烂，无所事事，放逐自己，有人则通过各种另类、极端的行为刷存在感，比如搏击俱乐部里那些打黑拳的青年。

其实，真正到了这个时候，孩子最大的需求是证明自己已经不再是个孩子。因此，父母的干预越多，孩子的存在感就越弱。

那父母该怎么办才能让孩子在这个阶段获得存在感呢？

第一，关注孩子——我看见你了（I see you）。

英文的"I see you"并不是"我看见你"这么简单，是让孩子感觉自己被关注。

为了获得关注，这个阶段的孩子会有一些怪异的表现，比如留长发和穿奇装异服，如果学校规定不能在头发和服装上突出自己，他们就会在行为上表现怪异，以显得与众不同。

如果你能关注到他的优点，让他感觉到自己的存在，他就无须刻意做那些怪异的动作了。

稍加留意你会发现，那些刻意表现怪异的孩子，都是在家里缺乏关注的孩子。

第二，让孩子有被需要的感觉，让孩子有价值感。

本章开篇谈到，现在生活条件好了，孩子的问题反而多了，其中一个重要原因是家庭对孩子的需要越来越少了。也就是说，孩子除了读书什么都不用做，这样的后果就是孩子没有了价值感，觉得自己是个多余的人。

所以，不管家里条件多好，都要创造机会让孩子为家庭做贡献。只有当孩子知道家里需要自己时，他才会感觉到有价值，这样的生命才有意义。

第三，尊重孩子的个性。

这个阶段的孩子会努力证明自己不再是个孩子，所以，很可能会出现一种所谓"叛逆"的现象，你让他往东，他偏要往西。其实，这不是叛逆，只是想证明自己而已。因此，对于这种行为，父母要给予足够的尊重，允许孩子的个性化表达。要把他当成人看，不再认为他是个孩子。

当然，这个阶段孩子身上的激素分泌还不稳定，他有时候像个成人，有时候又像个孩子。当他回到孩子状态时，父母依然要像对待小孩子那样爱他。

第四，允许孩子对父母的挑战。

任何新思想的诞生，从某种程度上来说，不外乎受父权洗礼，而后对父权挑战，最后将自身树立为一个崭新父权的历程。

人类的进步就是一代代孩子对父母的挑战，从而取代父母成为新的权威的过程。

所以，要允许孩子对父母的挑战，只有这样，你的孩子才能青出于蓝而胜于蓝。如果父母的权威不容挑战，那将会导致孩子的思想被禁锢，无法创新。

在这个阶段青少年如果被父母或者社会限制过多，被迫做出与自己愿望不匹配的选择，他们会浅尝辄止，失去目标，会感到生命没有意义。为了找回存在感，他们会刻意去做一些引人注意的事情，比如刻意跟人作对，甚至发展成反社会人格。

　　上述五种心理营养并不是只在人生的某一个阶段才需要，在人的一生中都不可缺少。之所以分阶段讲述，是让大家在养育孩子的过程中特别关注某个阶段中的重要营养。除了在特定阶段强调的营养，其他营养也是需要的，千万不要以为某一阶段完成了任务，其他阶段就不再需要了。

如果错过了一些关键的心理营养，怎么办？

前文已经讲过，心理营养缺失会导致偏差行为。偏差行为分为四个阶段：

- 寻求关注
- 争夺权力
- 报复
- 放弃

当这些偏差行为出现时，有些家长会以"叛逆期"自我安慰："这是孩子发展的一个阶段，等长大了，自然就好了。"

长大之后真的会好吗？并不能，心理营养缺乏不是感冒，它是无法自愈的，不加干预的话，会一直存在，并凭借血脉遗传下去，就像繁殖实验中的恒河猴，由假妈妈带大的猴子是没有繁殖意愿的，哪怕被迫生育了后代，它们也无法正常对待。

所以，萨提亚说，一切没被疗愈的，都会传给你的孩子。

问题来了，如果孩子因为心理营养不足，已经出现了偏差行为，该怎么办呢？

有句话说得好，种一棵树最好的时间是十年前，其次是现在。

心理营养也是一样，最好的补充时间是上面所说的关键期，其次就是现在。

就像补充身体营养一样，缺什么补什么，任何时候补充都为时未晚，尤其是对孩子来说。

当然，有些营养因为错过了关键时候，补起来会有一定的难度，但不能因为困难就放弃，因为每种营养都关乎孩子未来一生的幸福。

冰冻三尺，非一日之寒。在这里提醒各位父母，要有足够的耐心，千万不要因为一时没有效果就放弃努力。你要知道，从冰箱里拿出来的肉，也需要一定的时间解冻，何况是被你"冷冻"了十几年的孩子？

特别提醒

还是那句话，千万不要因为过去自己的疏忽给孩子造成了不良影响而自责，这会让你陷入一种无助的状态，这样就更没有力量去弥补你过去所犯的错了。

中国有句老话：不知者不罪。每个人在每一刻都做了当时最好的决定，当时你那样做，说明在当时的认知下，你已经做到最好了。所以，无须责怪过去的自己。只要从现在开始，按照本章内容去对待你的孩子，你的孩子一定会感谢你今天的决定。因为，你今天的改变足以影响孩子的未来。

如果你真想为过去的自己赎罪，减轻内疚感，团长这里有个建议：把你今天从本书中学到的内容分享给身边那些正在关键期的孩子父母，让他们不再犯你当年所犯的错误，这样，你的心里会舒服很多。

| 本章功课 |

1. 对照本章的五大心理营养，检查你的孩子现在的表现，看看缺少哪几种营养。

2. 与你的伴侣一起制订心理营养补充计划，并且相互督促，落到实处。

· 第六课 ·

人生剧本：身份定位

家庭教育，光有爱是不够的

说到爱，连树都懂。

有一年去加州旅行，当地朋友带我去参观了洪堡红杉州立公园的原始森林，这里让我感到震撼的并不是那些高大的红杉，而是由红杉树形成的"精灵环"。

在森林中，有很多遮天蔽日的高大红杉树，树干有 90 多米高，直径足足有 6 米，很多树龄超过了 500 年。红杉林中有一个奇特的现象：高大的红杉树手牵手地围成一圈，中间有一圈空白地带。当地的印第安人称它为"精灵环"。这是怎么形成的呢？

树木的繁殖是一个很有爱的过程，母树会散播种子到自己的周围，一圈小树围着它慢慢成长起来。可母树实在太高大、太强壮了，它的枝叶长得又高又密，抢占了上空的阳光资源，它的根系蔓延百里，抢占了下方的水分资源，小树的成长特别艰难。这个时候，母树就会牺牲自我。

一场雷电过后，母树被击中，烧成了灰烬，中间就会出现一片空地。之后，周围的小树茁壮成长，就形成了一个圆环。

当然，母树的牺牲不一定是有意识的牺牲，可我们从中足以见证母爱的伟大。

在这里跟大家分享这个故事，团长想强调的并不是爱，我想告诉大家的是，仅有爱是不够的，我猜大家已经看过无数亲子教育的书，或者听过无数人跟你讲过，教育孩子，要有爱。可是，关于"爱"，连植物都懂，更何况我们。实际上，现在的父母在"爱"方面已经做得足够多了。

我在自序中讲过两个关于"爱"的故事，我们一起来回忆一下。

脸上有胎记的杰里米，父母为他营造了一个全然有爱的环境，他每天感受到的全是照顾和关爱。可是，在充满关爱的环境中成长的杰里米，却变成了问题儿童。

还有，那个在充满爱的家庭中长大的孩子，却闹着要自杀，他说"活着没什么意义"。

在全然的爱和自由中长大的孩子，为什么会出现这些问题呢？

我们换个角度来思考。请你想象一下，你现在老了，已经过上了退休的生活。吃完饭，你想把碗筷收到水池里去，孩子说："妈妈，家里什么事都不用你做，你只要好好享受生活就好了。"

你拿起拖把想打扫一下卫生，你的孩子制止了你："妈妈，你都退休了，就不要再干活了，享受生活吧。"

你看到孙子很可爱，正想抱抱他，你的孩子拦住你说："妈妈，都说家里的事不用你干了，有保姆带孩子，不需要你，你都辛苦了大半辈子了，好好享受生活就行。"

……

总之，在家里什么事情都不用你干，也不准你干，你只有一件事可做，用你孩子的话说就是好好享受生活，但你心里知道，这明明是在等死。

这样过日子你会有什么感受？你会觉得"我什么忙都帮不上"，然后得出一个结论：我没用。

孩子也一样，在充满爱的家庭中长大的孩子之所以还会出问题，表明家庭教育光有爱是不够的！

那除了爱，还需要什么呢？

对一粒种子来说，肥沃的土地和充足的阳光雨露当然很重要，但是，决定一粒种子是长成参天大树还是小草的，并不是营养，而是种子的内在基因。

杉树的种子跟香草的种子，外形非常相似，但是，杉树的种子，就算营养不良，最终还是会长成大树，哪怕是歪歪扭扭的大树。可是，小草的种子，不管给多少营养，最终只能长成一棵小草。

家庭教育也一样，还有比心理营养更重要的东西，这就是一个人的身份定位。身份定位就像种子的基因，会决定孩子长大之后成为一个什么样的人。团长把这个部分称为"人生剧本"（如下页图所示）。

身份定位就像一棵树的正根一样，往下深深地扎根于大地。种过树的人都知道，一棵树只要长出了正根，就不怕风吹雨打了。但如果由于某种原因，比如树底下刚好有石头，或者种树的地方土壤板结，树的正根无法往下延伸，那么，这棵树就没有抗风能力，一旦遇到台风，整棵树都会连根拔起。

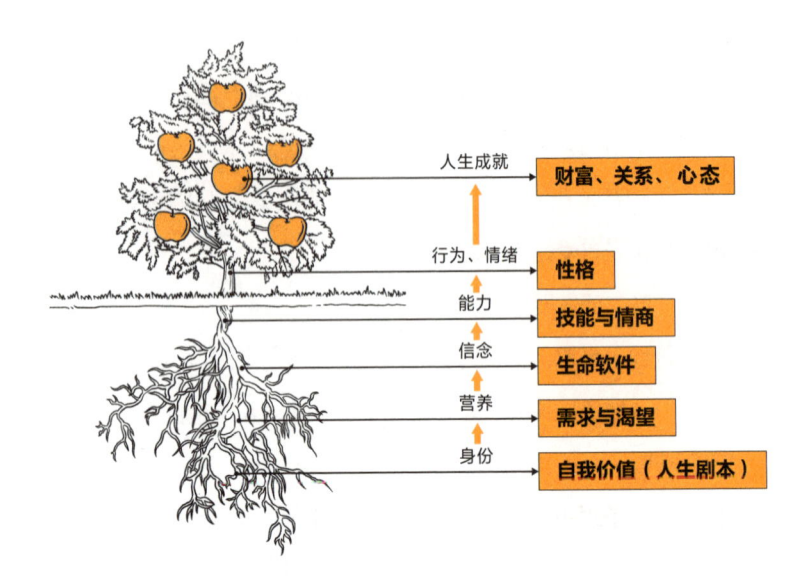

层次	
人生成就	**财富、关系、心态**
行为、情绪	**性格**
能力	**技能与情商**
信念	**生命软件**
营养	**需求与渴望**
身份	**自我价值（人生剧本）**

什么是身份定位？

成龙主演过一部电影，名字叫《我是谁》。电影刚开始，成龙扮演的角色因为一场意外失忆了，他逢人就问："我是谁？"人们干脆称呼他"我是谁"。电影结束前，他终于找回了记忆，也回答了"我是谁"这个问题。

"我是谁？"这个问题的答案的总和，就是身份。身份也可以理解为关于"我是谁"的信念。

那什么是身份定位呢？

《富爸爸穷爸爸》的作者罗伯特·清崎把人分成四种：职员、自由职业者、企业主、投资人。

有的父母在教育孩子时会这样对孩子说："宝贝，你要好好读书，将来找份好工作。"这样的父母无形中把自己的孩子定位成什么人？对，职员，也就是俗称的"打工人"。

有智慧的父母会对孩子这样说："宝贝，你要好好读书，将来很多人要靠你吃饭的。"你细品一下，这跟上一种父母有什么不同？我相信你已经感觉出来了，这种父母已经给孩子植入了一个关于他是谁的信念，他将成为一名领导，或者创业者，或者发明家，总之，他会成为一个与众不同的人。

这就是身份定位。

大家应该都听过这个故事，一只幼鹰在鸡窝里长大，它自小跟小鸡一样，啄米、捉虫，扑腾腾地走路，它认为自己是一只长相怪异的鸡。长大后，它自始至终都没学会飞翔。老鹰本该搏击长空，最终却落得跟鸡一样，为什么？因为它自己认为自己是只鸡，就该跟鸡一样走路，最终活成了一只鸡。

这就是身份定位在家庭教育中的重要性。

当然，身份定位并不是告诉孩子你会成为什么样的人这么简单，而是在教育的过程中，让孩子潜移默化地形成一个关于"我是谁"的总体认知，这个认知最核心的部分就是自我价值。下面我们一步步让大家学会如何给孩子的人生做好身份定位，身份定位就像人生剧本一样决定着你的孩子会成为一个什么样的人。

什么是自我价值

自我价值的核心

自我价值是一个人自己对自己价值的主观评判。

比如，有的人会认为自己很重要，很有价值；这样的人会爱自己，珍惜自己的生命。相反，有一种人认为自己很没用，什么事情都做不了，是个废物；这样的人会糟蹋自己，虐待自己，严重时甚至放弃自己的生命。

一个人对自我的评价会影响到生活的方方面面。

有心理学家做过一个疤痕实验，化妆师给10名志愿者脸上画上了恐怖的疤痕，然后拿镜子给他们看。紧接着，心理学家说：现在，给你们脸上喷上药水，保证疤痕不会蹭掉。之后，志愿者就被带到了医院的候诊室，感受身边人的反应。

实验结束，志愿者们的反应出奇地一致，他们都觉得自己因为脸上的疤痕受到了周围人的鄙夷、厌恶、不友好的对待。可实际上呢？心理学家最后在他们脸上喷的药水不是加固疤痕的，而是消除疤痕的，也就是说，他们的脸上当时并没有疤痕，是他们对自我的认知影响和改变了他们对外界的感知。

"我是个满脸疤痕的让人生厌的人。"这样的自我认知，让他们真的成了"让人生厌的人"。

自我价值由自信、自尊和自爱组成，核心是自尊。

自信、自尊与自爱

什么是自信？

记得有一次有位学员问我："团长，我不够自信怎么办？"

我反问他："你真的不自信吗？"

他说："我真的不自信。"

我再问他："你真的不自信？"

他坚定地说："团长，不骗你，我真的很不自信！"

我说："你好像对自己不自信这件事情挺自信的啊！"

一句话把他说愣了。

我继续问他："你走路的时候自不自信？"

他点头。

我接着问："你穿衣服的时候挺自信的吧？吃饭的时候也挺自信吧？"

他整理了一下思路："我做这些驾轻就熟的事，肯定很自信。我的意思是，当我想到要上台演讲，我就不自信了。"

我说:"啊,原来是你做某些事情时不自信,并不是你这个人不自信。"

通过这个案例,我相信大家已经十分清楚什么是"自信"了。

自信就是信赖自己有所需的能力。自信是关于"事"的,当你拥有做某件事情的能力,你做这件事时一定会自信。以团长为例,我讲课二十多年,在讲课这件事上,我驾轻就熟,我当然自信。但你让我在台上唱歌就不一样了,我会双腿发软,一点都自信不起来,因为我没有受过唱歌的训练,而且五音不全,我又怎么自信得起来呢?

什么是自尊?

明白了自信,我们来看看什么是自尊。

自尊就是尊重自己。自尊是关于"人"的,与能力无关。就算我在某一方面没有自信,但我不会觉得我这个人有什么问题。我不会唱歌,但我不会因为自己不会唱歌而感到羞耻。我虽然有不足,但我依然尊重自己,这就是自尊。

跟大家分享两个高自尊的案例。

刘德华是我喜爱的明星。2007年的刘德华香港红馆演唱会非常震撼,舞台效果创下了很多现象级的纪录。在这次演唱会现场,发生了一个意外事件。当时,刘德华边唱边跳,他一个大动作,咔嚓一声,裤裆爆开了,露出了里面的白色底裤。现场有一两万人,刘德华是如何反应的呢?他说了一句:"不好意思,裤子爆了。"然后该唱唱该跳跳,完全没有理会爆开的裤子,按照彩排流程，正常完成了既定的演出内容，直到下去换衣服，没有受一点干扰。

为什么我会欣赏刘德华，因为他有一种底气，他知道自己的价值跟穿的衣服无关，跟站的舞台无关，跟是否出现意外也无关，他很确信，我只要做好自己，就足够好了。

这就是高自尊的表现。一个高自尊的人不会因为某件事情的失败而感到羞耻，这样的人才有勇气和能力直面困难。

另一个高自尊的案例是团长十分佩服的企业家俞敏洪。

2022年，受政策的影响，俞敏洪的新东方一夜之间跌入谷底，学校关门、老师下岗、学员遣散。从"事"上看，他好像完全失败了。但是，俞敏洪并没有因此而沉沦，没过多久，一转身，他又在直播电商领域做得风生水起，像刘德华不会因为裤子爆裆而受到影响一样，俞敏洪也没有被新东方一时的挫折打败。

这就是高自尊的力量，一个高自尊的人不会受到一时成败的影响。他们清楚地知道，事不等于人，事情可以失败，但人不会失败。

低自尊的人就不一样了，一个低自尊的人，往往会受到事情失败的影响。

只要你稍加留意就会发现，近几年，网络暴力事件层出不穷。

2022年1月24日，16岁的刘学州被指责向亲生母亲勒索，承受不住网暴的压力，自杀身亡。

2023年6月2日，在学校被肇事车辆碾轧去世的男孩的母亲跳楼自杀了，原因竟然是网络上充斥的"这位妈妈儿子死了还化妆""这位妈妈利用孩子的死蹭热度"等网络评论……

托尔斯泰说，幸福的人都是相似的，不幸的人各有各的不幸。这句话反过来说也是对的：不幸的人都是相似的，幸福的人各有各的幸福。

这类悲惨的事件都有一个共同的特点，都是因为某件事情的失败而放弃人生，甚至放弃生命。

一位研究生因为论文答辩没过关而放弃生命；

一位创业者因为创业失败而放弃生命；

一位投资人因为投资失败而放弃生命；

一位年轻人因为失恋而放弃生命。

……

类似的事情不胜枚举，其背后的原因都是低自尊导致的，一个低自尊的人心中的逻辑是这样的：我个人的价值等于我所做的事情的价值，因此，如果事情失败了，就说明我这个人失败了。这种逻辑注定会有一个悲惨的结果。

没有十全十美的事情，人生难免会犯错误。如果我们把人的价值建立在所做的事情上，就算没有放弃生命，也无幸福可言。

什么是自爱？

自爱就是爱自己。一个爱自己的人才懂得爱他人。相反，一个人连自己也不爱，就更不可能爱别人，别人当然也不会爱他。

自爱跟自恋不是一回事，不少人把自恋当成自爱。那什么是自恋呢？

自恋（narcissism）一词见于欧美文学作品，直译成汉语是水仙花。这个词来自一个凄美的古希腊神话：美少年纳西索斯在水中看到了自己的倒影，便爱上了自己，对美丽多情的少女伊可的爱慕则不屑一顾。纳西索斯每天茶饭不思，憔悴而死，变成了一朵花，后人称之为水仙花。

弗洛伊德给"自恋"的定义是：一个人将"力比多"（libido）投注在自己身上的一种状态。力比多是一种性能量，但弗洛伊德所说的性并不是大家习惯理解的性，而是指人的一种能量，也可以理解为心理能量。一个人的能量是有限的，当一个人将能量全部投注在自己身上，就无法投注在他人身上。

精神病学家、临床心理学家借用这个词，用以描绘一个人爱上自己的现象。

自爱与自恋是两个完全不同的概念。自爱是一种健康的心理状态，爱自己也爱别人，同时也会得到别人的爱。而自恋是一种病态，只爱自己，对别人不屑一顾，这样的人不仅得不到别人的爱，还会招来大家的厌恶。

自我价值从哪里来

既然自我价值如此重要，那么，自我价值从哪来？为什么有的人自我价值高，有的人自我价值低呢？自我价值跟家庭教育有什么关系？

先给大家介绍法国精神分析家拉康的镜子理论。

什么是镜子

日常生活中，我们会照镜子，看看自己的衣服穿得合不合适，脸上有没有脏东西。最重要的，通过照镜子，我们才知道自己的外表究竟长什么样子。

从镜子中我们可以看见自己真实的外表，可是，我们又怎么知道自己的内在呢？我是一个什么样的人？我是有价值的还是没用的？我是善良的还是邪恶的？我是有才华的还是无能的？我究竟是谁？这些抽象的认知从哪里来呢？

举个例子，如果一个人的父母从小就不断地告诉他"你是个人才"，这话说得够多的时候，他就会认同自己是个人才。相反，如果父母告诉他"你就是个废物"，只要这种说法反复出现足够多的次数，那么这个孩子就会认为自己真的是个废物。即使他的主观意识不承认，但他的潜意识也会认同这种观点。

这个过程心理学称为"自我认同"。

自我认同很好理解，如果我问你："你是谁？"你大概率会回答你的名字。比如，你问我我是谁，我会告诉你："我是黄启团。"我怎么知道我是"黄启团"呢？因为小时候父母给我取了这个名字，我认同了，所以，"黄启团"就成了我的一部分。

除了名字，我们还从别人那里认同了很多关于"我是谁"的答案：

我是美的还是丑的；

我是好人还是坏人；

我是有能力的还是没用的；

……

你稍微细想一下便可知道，一个人对自己的认知基本上来自他人，拉康把它称为"他者"。父母对我们的评价通过自我认同会内化为自我认知的一部分。当然也少不了老师等对我们产生影响的人。这些重要他者对我们的评价就像一面镜子，让我们可以从他们的言行中感知到"我是谁""我是一个什么样的人"。

拉康把这些让我们知道我是谁的"他者"称为"镜子"。

明白了这个概念，我们就知道了，你对自我的认知，你对自己的评价是积极的还是消极的，都来自他者这面镜子。

从镜子中我们形成了一个对自己的印象。这个从镜子中得来的自我评价就是自我价值，也就是一个人对自己价值的主观评价。这种评价的高低决定了一个人自尊的高低，它影响着一个人一生的幸福。

破碎的镜子

当你照镜子时，你的镜子是碎的，你会从镜中看到什么？你会看到里面有很多个自己，有的自己的形象甚至是扭曲和颠倒的。

前面说过，他者就是我们的镜子，从他者那里，我们知道自己是谁。

可是，如果他者是混乱的呢？比如，有位父亲平时对孩子非常温柔，充满关爱，但一旦喝醉酒就会虐待孩子。在孩子的心中，他从父亲那里形成了多个形象：有时，"我是一个值得爱的人，父亲对我很好"；有时，"我是一个被虐待的出气包，爸爸很讨厌我"。所以，"我"到底是个怎样的人呢？这种不一致的形象导致了孩子对自我认知的混乱和破碎。

拉康把这种现象称为"破碎的镜子"。

他者就是我们认识自己的一面镜子。如果我们身边的重要他者是不稳定的、混乱的，或者某些重要角色（比如母亲或者父亲）缺失了，我们就很难获得一个稳定而清晰的自我认知，只能形成一种破碎的自我形象，这种破碎的自我形象会成为心理疾病的根源。

扭曲的镜子

如果你照的是一面平整的镜子，你从镜子里会看到相对真实的自己的形象。但是，如果你前面是哈哈镜呢？你会看到一个扭曲的自己。

拉康有一位病人，是一位身高1.85米的神父，他的身高比诊室的门还高，他进门时会弯腰，说明他的意识是正常的，能够正确地感知和控制自己的身体。然而，这位身高1.85米的神父居然认为自己很矮小，这就是典型的认知扭曲。

为什么会这样呢？原来，在他幼年时期妈妈总嫌他矮，并且经常性地否定他、打击他。从母亲这面镜子中，他获得了关于自我的扭曲认知。

父母在早期教育中对孩子的影响是巨大的。孩子在构建自我形象的过程中，需要通过被爱来建立自我价值感。父母或主要养育者的爱和关注对孩子的心理发展至关重要。而痛苦和不被爱的体验可能导致身体形象的扭曲。这意味着孩子会感到自己的身体形象不符合社会期望或自己的内心感受，从而出现对身体形象的困惑和不安，比如上面神父的例子。

镜像误入

"镜像误入"这个词翻译得很形象，让我想起了一些童话电影中的画面，主角可以走进镜子里面的世界，从此过上幸福的生活。

童话故事都是美好的，但现实生活中就没有那么美好了。如果一个孩子走进了镜子中的世界，意味着他跟他者融合在一起，这种现象拉康称之为"镜像误入"。这样的结果会导致孩子失去自我，这也是精神疾病产生的原因之一。

为什么会产生镜像误入现象呢？

匈牙利心理学家玛格丽·马勒发现，在最初的18个月里，婴儿与母亲处于共生融合的状态，没有明确的个体自我。然而，随着时间的推移，婴儿开始逐渐分离出来，形成了边界，能够在心理上与母亲区分开来，形成独立的自我意识。

但是，如果没有代表规则的父亲的介入，或者母亲过于溺爱，孩子会期望成为母亲欲望的对象，永久地留下母亲并占有她。在孩子的想象中，他们可以占据其他孩子的位置，成为母亲独特的关注对象。这会导致各种妄想，这种现象就是镜像误入。

另外一种情况是，如果母亲对孩子的期望过高，孩子无法摆脱母亲的期待时，孩子会为了实现母亲的期待而失去自我。如果把母亲这个重要的他者看成一面镜子，过高的期待就像一个永远都满足不了的空洞，孩子会被吸入空洞中，这也是一种镜像误入。

还有一种镜像误入的情况是自己造成的。如果一个人在追求理想的自我时遇到重大挫败，投注出去的心理能量退回到自我，已丧失的客体（原来追逐的目标）会留下一个空洞，这个空洞也会像镜子一样反射出自己的无能。在这个巨大的空洞面前，好不容易建立的自我会被吸进去，甚至消失。当自我受到损毁时，距离精神疾病也就不远了。

所谓镜像误入，就是孩子误入了重要他者（多数是母亲）的世界，从而失去了自我。

世界有很多种爱，大多数爱都是以结合为目标的，但是，父母对孩子的爱是以分离为目标的，因为一个无法从父母尤其是母亲的世界中分离出去的孩子，是无法独立生活的。也就是说，一个误入母亲镜像的孩子，很难适应社会，在未来融入社会的过程中会遇到很大的困难，会引发神经症甚至精神疾病。

那如何才能避免镜像误入呢？拉康认为，父亲的介入起到了重要作用。

父亲代表了规则和秩序，当父亲介入时，孩子就无法继续与母亲保持融合的状态，只能遵守规则。当然，对孩子来说，与母亲的分离是痛苦的，孩子会与父亲产生对抗，这就是弗洛伊德著名的俄狄浦斯情结。

但父亲的强大会让孩子不得不接受父亲的权威，并以此构建自我理想：未来我会成为像父亲一样的人，并拥有一个爱我的伴侣。这样，孩子就能够走出俄狄浦斯情结。

因此，避免镜像误入的关键在于父亲和规则的介入。父亲的角色对孩子的成长起到十分重要的作用，如果父亲能成为孩子心目中的模范，那么这个孩子的心理健康就有了坚实的基础。因为，一个具有理想自我范本的人是不会得精神病的。

可见，父亲的角色对一个孩子的健康成长是多么重要。

看到这里，各位单亲妈妈不用害怕，因为在拉康的理论中，父亲并非现实生活中的父亲，父亲是一种象征着规则的符号。符号父亲也被称作"父之名"（Name-of-the-Father）。它是一个社会和文化概念，指的是父亲在家庭和社会中的权威和统治地位。它强调父亲作为家庭的领导者和决策者以及社会中的权力和控制。总之，在拉康的思想中，我们可以把它视为规则的代表。

如果母亲能在教育孩子的过程中注重规则，一样能培养出健康的孩子。历史上孟子的母亲就是一个很好的例子。相反，就算是父母双全，如果父亲是一个懦弱而无规则的人，父母双方都溺爱孩子，一样会培养出精神不健康的孩子。

拉康用镜子这个比喻让我们对自我价值的来源有了十分具象的认知。同时，也让父母知道，孩子的自我价值，也就是他的人生剧本，跟你这面镜子有着莫大的关系。

镜子是我们了解自我的工具，一面公正、客观、中正的镜子会让我们看到相对真实的自己。但是，如果我们周围的镜子是破碎的、扭曲的、奇形怪状的，那我们只会从这些镜子中看到一个扭曲的自己。

所以，父母要努力成为孩子的神奇镜子，让孩子从你这面镜子中看到自己美好的未来。

为什么自我价值是人生剧本

自信、自尊和自爱构成了自我价值，自我价值就是身份定位的内核，就像一粒种子内在的基因一样重要。一粒种子的基因决定种子是长成小草还是参天大树，而一个孩子的自我价值决定他将来会成为一个什么样的人。

如果把人生看成一出戏，那么，自我价值就是人生的剧本。为什么这样说呢？

在心理学中有一种现象叫作自我实现的预言。

那些认为自己一事无成的人,结果真的一事无成;

那些认为自己不适合创业的人,一辈子都是打工人;

那些认为自己不适合结婚的人,一辈子单身;

那些认为自己不适合养育孩子的人,选择了丁克;

……

自我实现的预言是怎么发挥作用的呢?

信念会决定行动,行为会创造结果。当一个人大脑中形成了某种信念之后,他就会通过行动创造出结果来。每个人都要证明自己是对的,没有人愿意承认自己是错的。所以,当你认定自己是一个什么样的人时,你一定会想方设法活成自己所认定的那种人。

比如,以现在流行的直播为例,有不少跟团长差不多年纪的同行,他们认为自己年纪大了,不适合直播,直播是年轻人的事。当他们有了这样的信念后,他们就不会尝试,于是,结果跟他们心中所想的一样,他们果然不适合做直播。

但团长不一样,我认为直播跟年纪无关,我也是一个能做直播的人。当我心中认定了这一点后,我就开始行动,虽然一开始观众很少,但是我没有放弃,不断尝试,不断进步,终于在直播中小有成绩。这同样验证了我的想法:我是一个适合直播的导师。

其实,自我价值就是关于"我是谁"的信念,它会决定你将成为谁。关于"我是谁"的所有答案,就是自我价值。因此,自我价值就像人生的剧本一样,决定着你的一生。

父母的自我价值不足怎么办

高自我价值的父母才能培养出高自我价值的孩子。

如果父母的自我价值不足怎么办？

熟悉团长的朋友都知道，团长出身农村，不仅贫困，而且体弱多病，父母忙于工作，疏于照顾，所以，团长在学习心理学之前，是一个自我价值极低的人，这个在我的第一本书《圈层突破》中已有详细描述，这里就不再赘述了。

然而，今天的团长，虽然不能说有很高的自我价值，但至少能对生活和工作中的困难坦然面对。

跟大家分享两个案例，让大家感受一下团长学习心理学后自我价值的改变。

大概每一个穷人家的孩子，都有一颗玻璃心——害怕别人看见自己经济上的窘困，总要小心翼翼保护那点倔强的尊严。可越是保护，就越是敏感。别人善意的示好，在我眼中都可能被扭曲成一种侮辱。那时的自己，就像一只刺猬，拼命守护着脆弱的自尊。

我曾邀请过一位朋友来家里做客，广东人有个习惯，家里来客人都要泡茶喝。我拿出自己觉得很好的茶给朋友喝，朋友喝了一口，无心评论了一句：这个茶叶不好。

这句随口说出来的话，像一记耳光刮在了我的脸上。

这位朋友回去后不久，给我寄了一包茶叶过来，说：你试试我这个茶，比你那个好。我看着那包茶叶，觉得自己受到了奇耻大辱。立即给朋友回了封信，言辞激烈，一再强调自己就是喜欢自己的茶叶，喝不惯别的茶。然后将朋友送的茶叶硬是寄了回去。

回看过去，以前的团长是多么自卑！别人的好意会被看成"侮辱"。为了维护那点少得可怜的自尊，我不得不用尽一切办法来证明自己，却不曾觉察，在我证明自己的同时，把一包上好的茶叶推了出去。

其实，被我推出去的，又何止一包茶叶？

一个内心贫乏的人，为了保护那颗脆弱的心，通常都会在外面竖起一堵又高又厚的围墙，把自己困在一个小小的世界里独自挣扎。这堵墙在保护自己的同时，也把一切美好挡在墙外。

第二个故事是最近一次直播中的故事，通过这个故事，大家会看到团长的改变。

有一次，我跟一位学院派的心理学专家连线直播，这位专家是一位在心理学界颇有影响力的人物，理论功底深厚。而大家都知道，团长是位心理学的"用"家，我喜欢用简单易懂的语言让大家明白一些复杂的心理学原理，并且重点在原理的使用上。因此，在讲述同一个理论时，我俩的风格完全不一样。

这位专家的粉丝非常护主，用我学生的话来说，这场直播惨不忍睹，满屏都是对团长的指责甚至诋毁，比如：

"你有什么资格跟××老师对话？"

"你给我闭嘴，让××老师多说点！"

"一个江湖派的伪心理学有什么资格跟学院派的老师对话？！"

……

还有很多更难听的，我就不一一列举了。

直播结束后，好几位学生私信我："团长，我看了今天的直播，都替你难受。你怎么能够在这种情况下还能谈笑风生呢？"

我开玩笑说："我高度近视，别人在屏幕上说了什么，我都没看到。"

我当然看得到，直播时我前面不仅有手机，还有电脑。我除了能看见骂我的人，还能看到我的书的销售数据，那天的直播中，我的书卖了超过2000本。我清楚地知道，直播间有不喜欢我的人，也有喜欢我的人。

同时，对于"江湖派"这一称呼，我从来不介意。庄子说："相濡以沫，不如相忘于江湖。"江湖，一个多么广阔的世界！只要你不居庙堂之上，你我皆江湖儿女。真不知道从什么时候开始，"江湖"变成了一个贬义词，江湖儿女居然鄙视江湖儿女，这是多么荒唐的事情。如果团长以后有足够的影响力，我还真想创立一个叫"江湖心理学"的流派，为广大的江湖儿女服务。

从这两个案例可以看出团长前后的不一样，那为什么以前别人送一包茶叶都觉得是侮辱，现在面对满屏的指责依然淡定从容呢？

答案是自我价值的提高。

日本心理学家岸见一郎写过一本书，名叫《被讨厌的勇气》。在书中，他说了这样一句话："我们应该常常回顾与检视自己，自己过去的经历、自己的成功，是否只是以害怕被他人讨厌而换来的。若是如此，那你的人生、你的成功，不幸地只代表你活在他人的期待中，你是为他人而活。"

如果我们活在他人的期待中，那就相当于我们人生的每一步都背负着难以摆脱的枷锁。别人的讨厌，我们左右不了，也控制不了，太过在意的话，这份讨厌会压在我们心中，我们会受到负面情绪一刀又一刀的凌迟酷刑。

高自我价值最起码要做到，不论别人怎么评判，我们都有着不害怕被讨厌、勇敢做自己的勇气。

团长的亲身经历，足以证明自我价值是可以改变的。如果你跟曾经的团长一样，有着玻璃心般脆弱的自我价值，请不要担心，只要你愿意，你完全可以像团长一样通过学习心理学来提升自我价值，换一种方式过你的下半生。

那如何才能提升自我价值呢？

第一，接纳过去的自己。

提高自我价值首先要做到自我接纳。

自我价值高的人并不是完美的，而是能够接纳自己的不足，不会因为自己的某些不足而小看自己，相信自己是独一无二的存在。

接纳自己的现在，才能有力量面对当下与未来，才能有勇气通过学习和实践去提升自我价值。所以，接纳自己的不足是第一步，承认是成长的开始。

第二，通过学习心理学疗愈过去的创伤。

前面我们已经讲过，自我价值低是我们童年时从身边的重要他人身上反观自己形成的，他们像镜子一样让我们照见自己，如果这些镜子是破碎的、扭曲的，我们从镜子中就会看到一个破碎和扭曲的自己。

那些让我们扭曲自己的经历，心理学上称之为创伤性事件。今天你对自己产生的扭曲的看法，是那些创伤性经历导致的。

明白自我价值的来源，并不是要你回去责怪你的父母，父母当年也不懂这些，他们之所以会这样对你，是因为他们的父母也是用同样的方式对他们的，他们也是受害者，他们已经用了他们认为最好的方式对待你。

我们今天已经不再是个孩子了，我们没有资格责怪自己的父母，我们可以为自己的人生负责。我们无法改变过去，但可以改变对过去的看法。自我价值是一种主观认知，是可以改变的，就像你不喜欢你的名字就可以改一个名字一样，你可以改变对自己的评价。只要你愿意回到过去，重新面对那些创伤性经历，让自己从创伤中疗愈，你的自我价值自然会提高。

当然，任何事情都需要学习，改变自我价值也不例外。

心理学是改变自己最好的学问，团长就是通过学习心理学而改变自己的。在团长眼中，心理学就像一束光，照亮了我的人生。团长相信，这束光同样能照亮你的人生。

第三，勇敢地行动，通过实践训练自己。

自我价值包含自信、自尊和自爱，我们可以从自信开始。

形体艺术家王德顺是团长十分佩服的一位人物，他79岁成名，如今 80 多岁依然活跃在各种秀场上。有记者问他，你为什么能如此自信？他自豪地回答说："我的自信来自过去一点一滴成功的累积。"

自信与能力有关，只要你具备某一方面的能力，你自然会拥有满满的自信。

那能力从何而来？当然是实践！

过去几年由于疫情的原因，线下课程受阻，我们的课程不得不转战线上。刚开始直播的时候，我很不自信，一想起直播就浑身不自在。我想逃避，自己明明可以靠才华，为啥要靠脸吃饭呢？我还很挫败，每次对着镜头都不知道聊啥。我跟人面对面聊天的时候，很自信，可换成对着手机，就觉得很难受，各种不适应。

可是，我并没有知难而退，而是勇敢地面对，在经历了 100 场直播后，感觉完全不同了。现在我做直播根本不用准备，随便一个主题，坐下来就讲，我能两个小时不带停顿地讲下去。现场的观众随意提出任何问题，我都能自如应对。现在面对直播，我会非常自信，这个过程发生了什么？

100 场直播，每场两个小时，100 场就是 200 个小时。有了这 200 个小时的训练，我对着镜头直播的能力练出来了。能力有了，自信也就有了。

所以，如果你自我价值低，不妨先从树立自信开始。只要你能勇敢地训练自己，积累能力，为他人和社会提供价值，你就能够拥有满满的自信。当你有了自信，加上自尊和自爱，你的自我价值自然就提高了。

有关如何提升自我价值的内容，我在《圈层突破》一书中已经详细写过，本书的重点是如何培养孩子，所以，这部分内容点到为止，有需要的朋友可以阅读《圈层突破》，这里就不赘述了。

| 本章功课 |

1. 对照本章内容，反观一下自己的自我价值，对自己的自我价值进行评估，0～10分，你可以为你的自我价值打多少分？

2. 对照本章内容，评估一下你孩子的自我价值，对孩子的自我价值进行评估，0～10分，你认为孩子的自我价值可以打多少分？

3. 思考一下：如何才能提升自己以及孩子的自我价值？

· 第七课 ·

如何才能培养
高自我价值的孩子

父母的语言

前面借用拉康的镜子理论说过,自我价值源自成长中的重要他人,特别是父母,父母的一言一行就像镜子一样,让孩子看见自己,认知到自己是谁。可见父母对孩子的自我价值形成起到关键性的作用。那么,父母如何才能培养出高自我价值的孩子呢?

前面在讲身份定位时举过一个简单的例子,如果父母跟孩子说"好好读书,将来找份好工作",孩子会被暗示将来做一个打工人;但如果父母跟孩子说"好好读书,将来很多人靠你吃饭",孩子会收到一个信息,自己是个能为他人创造价值的人。

因此,父母的语言会直接影响到孩子对自己的评价,也就是直接影响到孩子的自我价值。

什么是伤自尊的语言

在我们意识不到的地方,父母的语言会在孩子内心种下自我价值的种子。

我们来设想一个场景。

这次考试，孩子没及格，是班里的倒数第一名。晚上，孩子放学刚进家门，家长就开始责难了：

"你今天还有脸回来吗？"

"考了倒数第一名，你今天还有脸吃饭啊！"

"花了那么多钱让你去读书，就考这个成绩回来，你说你每天都在干什么？"

"我真是想不明白，你是猪脑袋吗？蠢得不行，怎么教都学不会。"

"我真是后悔，当年生你的时候，怎么就没把你扔了呢？"

"辛辛苦苦养这么大，就是要气死我。"

……

如果你是孩子，你会有怎样的感受？

东北方言里有句话叫"伤自尊"，什么叫伤自尊？这就是伤自尊的语言。

自尊是自我价值的一个重要部分，是对于人的主观评价，如果因为一件事而否定一个人，这就是伤自尊。

上面的例子就是典型的对人的否定，是典型的伤自尊。一个孩子如果感到自尊受到伤害，一般会通过如下四种方式保护自己：

一是指责。

"我身上是谁的基因？我这么笨还不是因为你的基因差！"

孩子为了保护自己弱小的自尊，他会通过指责来还击。

孩子跟父母的对抗就这样开始了。

二是讨好。

"妈妈,对不起。我没有认真学习,我对不起你。你打我吧。"

比起指责、抗争来,这个孩子在委屈自己,他的内在已经没有力量了。

比起第一种,很多父母的感受可能会舒服一点,可孩子的状态却是更差了。

三是超理智。

"有什么关系?就一次没考好,好多科学家、发明家,他们都成绩不好,后面也很厉害。"

这个孩子看似很理智、很有说服力地在讲道理,实际上,他剥离了自己的感受,用超理智的方式去防御父母的攻击。

四是打岔。

"妈妈,你生起气来也这么可爱,你新做的这个发型,怎么就这么美呢!"

孩子在顾左右而言他,用幽默掩盖自己的情绪。

孩子的这四种反应,固定下来,就会形成我们前文所讲的四种缺陷性格。

性格缺陷通常是自尊受到伤害的结果,有缺陷的性格会给孩子带来有缺陷的人生。

有一幅漫画，很形象地表达了这种教育方式。"你剪断我的翅膀，却抱怨我不会飞。"这里的"翅膀"就是自信和自尊。伤孩子的自尊，就等于剪掉孩子的翅膀。

批评的正确打开方式：先对人后对事

那怎么才能不伤孩子的自尊呢？难道就不能批评孩子了？

当然不是，还记得杰里米的故事吗？那位出生就有胎记的孩子，父母为了保护他，跟学校一起哄着他，最后变成了问题儿童。

在孩子的教育过程中，批评是必不可少的。就像一个婴儿永远在无菌房不能健康成长一样，一个孩子在没有批评的环境中成长心理也是不健康的。那如何批评孩子才不至于伤害孩子的自尊呢？

自尊是关于人的，与事情无关，所以，在批评中如果能做到不贬低、不伤害孩子，只是批评孩子所做的事，这样的批评方式，就不会伤害孩子的自尊。

具体的批评方式可以分如下三步：

（1）先肯定人；

（2）批评他所做的事；

（3）再回到人，提出希望。

以上面的例子为例，如果你的孩子考试考得不好，你可以这样批评他：

第一步，先肯定人：在妈妈的心目中，你一直都是个优秀的孩子，你看你玩游戏级别最高，球也打得好，平时脑瓜子也灵光。

第二步，批评考试不合格这件事：像你这么聪明的孩子，考试怎么能考这么差呢？你对得起你身上的优良基因吗？你最近是不是偷懒了，还是什么别的原因？

第三步，回到人，提出希望：我相信你是个聪明人，我知道你会想办法补救的，希望下次你能考出个好成绩，这样才能不辜负老天给你的聪明大脑。

这样，你越批评，孩子就越有能量。所以，批评是可以的，但是要有方法。

"事"是可以批评的，但是千万别伤"人"，也就是说，千万不能因为某一件事而贬低你的孩子。孩子的一生会做无数的事情，如果因为某些事情的失败而贬低、否定孩子这个人，那么，他就很难做出成功的事情来。

事在人为，只要人有力量，事情迟早会成功的。所以，在教育孩子的过程中，无论如何不能因为事情的暂时失败而否定一个人。

表扬的正确打开方式：从事到人

批评需要有方法，表扬也一样，错误的表扬方式也会伤害孩子的自我价值。

比如，不少父母会虚泛地表扬自己的孩子：

"宝贝，你真棒！"

"宝贝，你好聪明！"

"宝贝，你真漂亮！"

这种虚泛的表扬方式会让孩子错误地以为自己天生就很棒，不需要努力，这种扭曲的认知不利于孩子的成长。

因此，表扬一定要具体，具体到他可以为之努力的行为。还记得我们前文讲过的贝特森对海豚的研究吗？当我们肯定某个具体行为时，被肯定的行为会被强化成为习惯。

所以，表扬要从事到人。具体步骤如下：

（1）描述事实；

（2）上升到人的特质；

（3）推演未来。

比如，某天晚上回家，你发现你的孩子主动收拾了家里的卫生，怎么表扬呢？

第一步，描述事实："妈妈看见你把客厅收拾得很干净、整洁。"

第二步，肯定人的特质："从这件事中，妈妈看到你长大了，懂得为家里分担了，你真是个懂事的孩子。"

第三步，推演未来："你今年才6岁就懂得帮妈妈干活，可见你是一个很有责任心的人。长大之后，你一定能够有所作为，实现你的理想。"

肯定什么，你就会得到什么。同样，你想要你的孩子养成某种良好的习惯，你只要抓住机会，在他做了你想要的行为时，及时肯定就可以了。

批评与表扬结合

著名心理学家阿伦森有一个理论：人都喜欢那些对自己有好处，并不断升级的行为，而反感那些好处变少的行为。

很多家长反映，孩子越大，越不肯跟家长说话，每天回到家，就钻进房间，连吃饭都自己端到房间里吃。如果你不希望孩子与你的距离越来越远，每次跟孩子交谈，最好都给他一种好的体验，有一个愉悦的结局。

那么，问题来了，批评孩子的时候，怎么能让孩子有愉悦的体验呢？

当然可以，批评完之后，记得表扬就可以了。

比如，老师告状：孩子上课打瞌睡。

我们先按照上面三个步骤批评：

在妈妈心目中，你一直都是个严谨、认真的孩子。（肯定

"人"的特质）

你上课打瞌睡是怎么回事呢？是最近没休息好，还是晚上玩手机了？（纠正不良行为）

你这么聪明，肯定能找到原因，及时调整过来，行不行？（回到"人"的特质）

这个时候，如果孩子反馈："妈妈，我知道错了，我会尽快调整过来的。"接下来，就可以表扬了。

妈妈听到你说知道错了，要尽快调整过来。（描述"事"实）

你真是一个知错能改、遇到问题懂得反思的孩子。（肯定"人"的特质）

你有这样的特质，未来肯定会越来越好。妈妈为你自豪。（推演未来）

从批评开始，以表扬结束，既指出了孩子的问题，又不会给他带去负面情绪，亲子关系也能始终保持和谐。有这样的父母，孩子永远不会逃避亲子沟通。

最好的教育方式：鼓励

个体心理学的创始人阿德勒认为，表扬和批评都不是教育孩子的好方法，最好的方法是鼓励。

为什么呢？因为，无论批评还是表扬，都是父母对孩子所做的评价。它蕴含着两个潜在信息：

（1）父母是高高在上的，孩子是低人一等的。

（2）家长是可以操纵、掌控孩子的。

这两种方法都是建立在"不平等"的基础上的，如果孩子习惯了这种不平等的沟通方式，未来很可能会被居心不良的人操控。

首先声明，团长对这个观点是不太认同的，因为，再伟大的父母也不可能成为全能的神，我们是人，把孩子从一个什么都不懂的婴儿一点点养大，双方有一个漫长的依赖和被依赖、教导与被教导的过程，能力的天平难免会导致权力天平的倾斜，做到绝对的"平等"是不现实的。阿德勒的观点只能作为一种理想的目标，就像北斗星指引我们的方向，但我们永远也到达不了北斗星的位置。因此，团长在本书中依然给大家介绍表扬和批评的方法。

不过，阿德勒基于平等原则提出的"鼓励"的观点，确实是一种近乎完美的教育方式。

什么是鼓励？在国内外各种版本的词典中，鼓励和表扬的意思差不多。这里的"鼓励"，是阿德勒的专用词，并不是字典上的意思，阿德勒对鼓励的定义是：在平等的情况下，让孩子感受到自己的行为是有价值的。鼓励与表扬最大的区别在于双方是否平等。

鼓励包含三个步骤：

第一步：描述孩子的行为；

第二步：强调孩子行为给父母带来的价值；

第三步：表达感谢。

以上面的孩子主动干家务的场景为例：

第一步，描述行为："妈妈看见你把客厅收拾得很干净、整洁。"

第二步，强调孩子行为给父母带来的价值："有了你的帮忙，我就有时间学习提升自己了。"

第三步，表达感谢："感谢你的帮忙，有你真好。"

你看，这样的鼓励方式，妈妈跟孩子是平等的，她只是在分享孩子的行为带来的价值，然后对他表达感谢，没有谁是高高在上的，也就没有谁是低人一等的。采用鼓励的方式，孩子会更有价值感。

提升孩子自我价值的五句话

除了前面的批评、表扬、鼓励三个方法，还有五句话对提升孩子的自我价值很有帮助，请各位家长熟记于心，经常对孩子说。

第一句：我看到你了

前面提过，这句话是英文"I see you"的翻译，在中文语境中，不能直接这样对孩子说。这句话的意思是要让孩子感觉到你对他的关注。

20世纪二三十年代，美国研究人员在芝加哥一家名叫霍桑的工厂进行了一项生产效率的研究。研究人员先是尝试改变外部工作条件，如照明强度和湿度，但工人的生产效率没有任何改变。他们又试着改变休息间隔、工作时间、领导风格等心理影响因素，工人的生产效率还是没有任何改变。接下来，研究人员专门抽出了六个女工作为特别观察对象，这一次，工人的效率有了明显提升。

这就是著名的霍桑实验。当受到特别关注时，人们会加倍努力工作，以证明自己是优秀的，是值得关注的。

孩子自尊的建立，首先就要给他一种被看见的感觉。

英国国家健康中心的心理咨询师布拉夫曼博士，从事儿童与青少年心理咨询长达50年之久，他将自己丰富的咨询经验写进了《看见孩子，看见自己》这本书，书中提到了8岁男孩安德鲁的故事。

　　安德鲁在长达三年的时间里一直备受大便失禁的困扰，父母带他看过很多医生，都没能解决，直到父母带他来到布拉夫曼博士的心理诊室。布拉夫曼博士在聊天中发现，安德鲁大便失禁的身体反应，根源在于他的内在备受情感的困扰。三年前，安德鲁敬爱的爷爷去世，他的父母觉得孩子还小，对亲人去世没什么感觉，就没让他参加爷爷的葬礼，也没跟他好好沟通，更没觉察到安德鲁的悲伤。

很多父母都以为自己很爱孩子，其实不然。一个天天与孩子在一起的父母，他可能连孩子身上有几颗痣都一清二楚，可还是没有做到真正理解孩子，他们看到的只是孩子外在的表现，而没有看到孩子的内心世界。只有看到孩子的内心，才是真正的看见。

所以，看见，并不仅仅指看见孩子的外表，还要关注孩子的内心。在上面这个例子中,妈妈其实可以这样对安德鲁说:"我知道你很悲伤,悲伤是可以的,如果你想哭就哭吧,妈妈陪着你。"

第二句:你是有价值的

《生命重建》一书的作者露易丝·海研究了大量患有重大疾病的病人之后发现,虽然疾病不同,但几乎每个病人都有一个共同的心理原因,他们内心都有一个声音:"我不够好。"

"我不够好"这个声音从哪里来呢?从父母的错误教育中来。

小时候,孩子不小心打碎了杯子,有些家长会责怪"你怎么这么笨",有些家长则会安慰:"都是杯子不听话,别怕!下次还是妈妈帮你倒水吧!"两种处理方式,都传达给了孩子这样的信息:你不行,你做不好,你不能做!

类似的事情还发生在孩子的整个求学阶段,我们的言语中总会有这样的潜台词:

"你就是考不好!"

"你就是不如别人。"

"你就是不行!"

很多家长的出发点是好的,想通过言语来刺激孩子,让孩子进步的时候不骄傲,退步的时候奋勇向前,可他们不知道,这样的潜台词有巨大的杀伤力,它会让孩子觉得"我是没有价值的"。

因此,在亲子沟通中,我们要避免否定孩子的价值,不要让孩子产生"我不够好"的感觉,不要给孩子埋下重大疾病的隐患。

作为父母,我们有必要经常性地用各种方式告诉孩子:"你是有价值的。"

第三句：你是有贡献的

心理学上有个富兰克林效应，它背后有这样一个故事：

美国前总统富兰克林在做州议员时，有另一个议员跟他政见不和，处处跟他作对。有一次，富兰克林听说这个议员收藏了一套绝版图书，就写了一封信给他："这套书我找了很久都没找到。你能不能借给我看看？"没多久，他就收到了议员给他寄来的书。富兰克林读完之后，随书附送了一份小礼物给这位议员，感谢他的慷慨。神奇的事情发生了，两人再见面时，这位议员就像老朋友一样与富兰克林交谈，他成了富兰克林的朋友、支持者。

这中间发生了什么？通过借书、还书、表达感谢，富兰克林让议员认识到，他是有贡献的，一下击中了议员的心。就像那句话说的，"士为知己者死"，议员很乐意为认可自己的人献出自己的忠心。

没有行动配合的话，单单言语上告诉孩子是有价值的，言语就是苍白无力的。所以，我们还要创造机会，让孩子可以为家庭做出贡献。这样，孩子会感觉自己是有价值的。

第四句：你是独特的，我欣赏你的独特之处

阿德勒认为，身体的缺陷会导致一个人产生自卑情绪。女歌手王菲的女儿李嫣是先天的唇腭裂，小时候，她做了很多次手术，嘴唇还是能看到一些缺陷。可她每次在媒体上出现都是自信满满的，她是在怎样的环境中长大的呢？

在一次采访中，王菲提了这样一个观点，全家人一直把李嫣当作正常的女孩，觉得她很漂亮，没有什么缺陷。有一次放学，李嫣问奶奶："为什么我的嘴巴和别人不一样？"奶奶是这样回答的："每个人的眼睛和鼻子都长得不一样，你的嘴巴和别人不一样也不是什么稀奇的事。"

孩子身体的缺陷被看作是个性的独特之处被肯定、被欣赏，这样长大的孩子自然是自信的。

每个孩子都有其独特的地方，不管是优点还是缺点，只要父母能够接纳并欣赏其独特之处，孩子就能从中建立自信。

第五句：你属于这里

前面，我们讨论了为什么农村的父母能培养出优秀的孩子，而在城市里优渥的环境中长大的孩子却可能有这样那样的问题。

记得我当年离开国企下海创业时，父亲对我说："你想好了，就大胆去闯，外面混得不行，就回家。家里还有几亩地，总能给你一口饭吃。"

这句话给了我一种力量，让我知道，我是有归属的，是被接纳的，是可以去尝试、去试错的。

但现在不少城市里的父母会这样对孩子说："在外面不混出个人样来，你就别回这个家，丢人！"

如果你是孩子，你喜欢哪一种父母呢？

毫无疑问，你会选择前者，因为前者会给你力量，而后者会把你推远，就像一艘没有港口可以停靠的船，只能在茫茫大海里漂泊、流浪。

人本主义心理学家马斯洛认为，人有归属的需求，只有当孩子有归属感时，他才能有力量去面对外面世界的挑战。

如果你希望你的孩子未来有力量，你最好让他清楚地知道："你属于这里！"

对人不对事

错误的教育方式：对事不对人

我在网上曾看过一则让人心痛的新闻，因一次成绩下滑，一个9岁的小女孩跳楼自杀了，她还留下遗书："为什么我干什么都不行？"

前面举了不少自我价值低导致不良后果的例子，为什么那些自我价值低的人会因为某件事情的失败而放弃生命呢？这种严重的后果是什么教育方式造成的呢？

造成严重后果的教育方式就是我前面讲的：对事不对人！

什么是对事不对人？我们看个常见的例子：

> 孩子考试成绩不错，很多家长一高兴就会变得很慷慨："这次成绩不错，奖励你去迪士尼玩"，"这次考了100分，给你买你最喜欢的××"。
>
> 但一旦孩子考试失败，家长的脸马上就黑了起来："考这么点分数，你丢不丢人？这个月零花钱别拿了！"

这就是典型的对事不对人，事情做好了，就能获得奖励；事情没做好，就受到惩罚；对待孩子像公司考核员工似的。

奖勤罚懒在公司管理中没有问题，对事不对人，也是工作中提升效率的好方法。尽量减少人的主观因素，要求员工像机器一样完成工作任务，这种方式确实能大大提升工作效率。

但对于一个小孩子来说，这种教育方式会留下隐患，因为会无形中给孩子灌输这样一个信念：

人的价值等于他所做的事情的价值。

这样会让孩子感到，人是没有价值的，只有事情才有价值，如果事情失败了，人也就失败了。

这就是为什么有那么多人在某件事情失败后会一蹶不振甚至放弃生命。

这种对事不对人的教育方式不仅会造成孩子的低自我价值，还会导致孩子变成一个外力驱动的人，也就是被动的人。孩子学习本来是他自己的事情，他本可以自己在学习中获得乐趣，但是，经过父母这种教育方式训练之后，他就变成了一个被动学习的人，为了奖励而学习，没有奖励时就没有了动力。

这样做，短期来看会有一定的激励作用，长远看，这会削弱孩子的学习动力，限制孩子的成长和发展。

正确的教育方式：对人不对事

自我价值是关于"我是谁"的一个答案，而不是关于"我做了什么事情"的答案。要培养出高自我价值的孩子，必须在"人"上下功夫，特别是家庭教育，更应该把焦点放在人身上，把事交给孩子自己完成，要相信孩子。人对了，事就对了，因为，事在人为。

那重点要关注人的什么呢？

（1）**情绪**。事情有对错，情绪没有对错。孩子有情绪的时候恰恰是最适合教育的时候。父母能够关注并接纳孩子的情绪，会让孩子感到自己是重要的，这是自我价值的重要来源。

（2）**正面动机**。人非圣贤，孰能无过？何况孩子。孩子并不是有意做错事的，每个行为背后都有其正面动机。当孩子做错事的时候，那是他最需要支持和帮助的时候，这时最需要父母站在孩子的身后，成为孩子坚强的后盾。

父母是孩子力量的源泉，如果这时候父母反而指责孩子，无异于落井下石，雪上加霜。这时候有智慧的父母会看到孩子的正面动机，肯定其正面动机，这样，孩子才有力量去面对自己的错误，也才能改正错误，从错误中学习和成长。

（3）**价值观**。价值观是衡量价值的标准，关于什么是重要的、什么是不重要的观念就是价值观。价值观是一个人的人生指南针，人的每一个判断都是以价值观为衡量标准的。

父母要从小为孩子树立正确的价值观，这是一个家庭家风传承最重要的部分。如果你的家庭还没有建立良好的家风，那么现在正是开始的时候了。对孩子而言，你给他留下万贯家财都不如好的家风。

（4）**需求**。萨提亚认为，一个健康的家庭要有五种自由：看和听的自由、承认事实的自由、冒险的自由、行动的自由，以及表达需求的自由。表达需求是一个家庭健康的标志，如果父母不允许或者看不见孩子的需求，孩子就会压抑自己的需求。一个压抑自己需求的孩子，生命是无法舒展的。因此，父母要看见并鼓励孩子表达自己的需求。当然并不是说要满足孩子的所有需求，表达跟满足是两回事，千万不要满足孩子所有的需求，因为那会扼杀孩子的创造力。

（5）**渴望**。渴望是深层次的需求，可以简单地理解为欲望。不少父母会错误地认为，欲望是不好的。比如，在中国的宋明理学中，主张存天理，灭人欲。但从心理学的角度来看，欲望并不是不好的东西。欲望是"想要"减去"需要"后的剩余，用公式表示如下：

$$欲望 = 想要 - 需要$$

举个例子，当我口渴时，我需要喝水，这是我的基本需求。可是，我想要喝可乐，这时，我手上虽然有一瓶矿泉水，但我并不会满足，因为虽然矿泉水可以解渴，但我想要可乐这个想法并没有被满足，这个没有被满足的需求就是欲望。

一般人认为欲望是不好的。其实，欲望是人改造世界同时也改造自己的根本动力，也是人类进化、社会发展与历史进步的动力。

印度哲学家克里希那穆提说，对欲望不理解，人就永远不能从桎梏和恐惧中解脱出来。如果你摧毁了你的欲望，那就同时摧毁了你的生活。如果你扭曲它、压制它，你摧毁的可能是非凡之美。

如果一个母亲无节制地满足孩子，那孩子的任何欲望在出现的那一刻就被爱堵死了，这个孩子肯定会做噩梦的。因为欲望是动力的来源，一个欲望完全被满足的人是没有动力的，他的人生也会因此而失去意义感。因此，无节制地满足孩子的欲望，无异于剥夺了孩子生活的乐趣。

因此，面对孩子的欲望，我们首先要做的不是去满足它，而是接纳孩子的欲望得不到满足时的张力，允许欲望的存在，保持其张力的存在。有张力，才会有进步。

（6）**身份定位**。身份定位就是关于孩子是一个什么样的人的所有内容，也就是本章的所有内容。

上述六点只是其中的一部分，还有很多需要关注的地方，这里就不一一列举了。总之，家庭教育的核心是人，不是事，只要孩子这个人健康成长，他自然会做好他该做的事。

遗憾的是，现在大多数家长都本末倒置了，把大量时间花在孩子做的事情上，比如学习、作业，为了孩子的学习成绩，不惜摧毁孩子的自我价值。一个自我价值被摧毁的孩子，学习成绩再好，也是个病人，未来的一生都会因此付出代价。

我们要相信学校，孩子每天花那么多时间在学校，学校里有那么多受过专业训练的教育工作者，要相信他们会培养孩子做事的能力。除了学习成绩，还有大量的工作需要家庭教育来完成。学校与家庭教育要有所分工，学校负责让孩子学会做事，而家庭教育的重点在于教会孩子成为一个什么样的人！

这两者千万不要混淆，更不能本末倒置。

尊重孩子的主观感受

我们不会怀疑一个心理健康的父母对孩子的爱,但父母单方面的"我这是为你好"真的对孩子有好处吗?我们来看一个真实的案例。

有一位女士找我咨询,因为她一直为自己错过了领导给她的升职加薪机会感到苦恼。每当领导有重要任务分配给她,她都觉得自己肯定胜任不了,于是把机会推了出去。那些能力明显不如她的同事,却因为把握住了机会而不断升职加薪。

她不仅错失了工作中的机会,而且在生活中她也显得不够自信,比如名贵一点的衣服,她穿起来有一种负罪感。朋友送的礼物她也不好意思收,就算收了,也要还一份同等价值的礼物才安心。

经过探索发现,原来她在很小的时候被父母过继给了大伯当养女,因为大伯没有孩子。当我通过催眠把她带回到被送走的那一刻时,她撕心裂肺般的号啕大哭至今仍然响彻在我的耳边:

"为什么是我?为什么不是弟弟妹妹?!"

因为这段经历,尽管她在家境殷实的大伯家得到了良好的教育,成为家里唯一一个有机会离开农村的孩子,可生活条件最优涩的她，内心始终有一个声音："我不够好，要不然爸妈不会把我送走。"这个声音限制了她的职场发展，也限制了她的人生。

当局者迷，旁观者清。我想各位读者从旁观者的立场读到这个故事时，一定会清楚地知道，父母当年那样做，是为她好。可是，作为当事人的她，却有另一番感受，她感受到的是爸妈不要我了，是因为我不够好。这件事成为她自我价值低的主要原因。

沟通的意义在于对方的回应。

因此，父母在教育孩子时，要从孩子的角度去感受，不要单方面站在自己的立场，打着"我这是为你好"的旗号，用善良的心去做一些伤害孩子的事。

前文我们说过，孩子的成长有不同的阶段，除了注意不同阶段的心理营养，也要注意不同阶段自我价值形成的重点（如下图所示）。

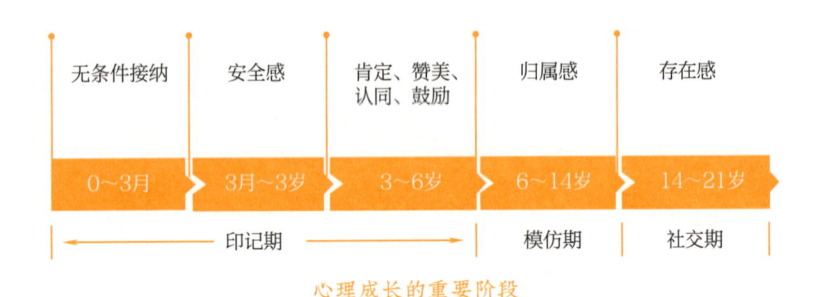

无条件接纳	安全感	肯定、赞美、认同、鼓励	归属感	存在感
0~3月	3月~3岁	3~6岁	6~14岁	14~21岁
印记期			模仿期	社交期

心理成长的重要阶段

印记期

这个阶段孩子的大脑还没有发育完全，主要通过感受来认识这个世界。

印记期，顾名思义，这个阶段的孩子，你要给他留下一个好的印象，靠嘴巴说"我是为你好"，效果为零，他一丁点儿都接收不到。他所有的认知都来自感受，对他来说，感受到的东西才是最重要的。

这个阶段，父母就是孩子的镜子，他从父母对他的回应中，直接感受到自己是一个什么样的人。这个阶段是自我价值形成的重要阶段，父母要想方设法让孩子感受到自己是重要的，是值得被爱的，是有价值的。

模仿期

这个阶段的孩子需要的是在同龄人中找到归属感。这个时候，他最重要的是融入某一个圈子，交到一些朋友，否则，人生就会留下很大的遗憾。

现在学校对校园霸凌非常敏感，为什么？因为这个阶段的孩子如果遇到被同学疏离、隔离、敌对，他的心理就会留下严重的创伤。他的自我价值来自同龄人的接纳。

这个阶段，同龄人就是孩子的镜子，他从同龄人的言语、态度中编写自己的自我认知代码。这个阶段，孩子感觉自己是受欢迎的、被接纳的，对他的自我价值形成特别重要。

但是，父母不可能干涉孩子的社交，所以，父母要尽可能地成为孩子心目中的偶像，如果你能成为他心目中的偶像，你对孩子的影响力就能压倒一切。因为这个阶段，孩子心中那些重要的人对他的肯定显得十分重要，如果偶像都肯定认可他了，其他人也就无关紧要了。

社交期

这个阶段,孩子最最需要的就是存在感,他们会想尽办法证明"我不再是一个孩子了"。所以,这个阶段,父母要让孩子感受到自己是个大人,千万不要再把他当孩子看。把孩子的人生交回给孩子,只有在孩子发出帮忙的请求时,父母才能出手,否则,你任何的好意,对孩子来说都是干涉。

总之,自我价值是一个人对自己的主观评价。既然是主观的,也就没有什么道理好讲。尊重孩子的感受。没有所谓真实的世界,只有感观塑造出来的世界。只有孩子感觉到的,对他而言,才是真实的。

所以,"我这是对你好"不是真的好,只有孩子感觉得到的好,才是真的好。

让孩子有被需要的感觉

团长坚定地认为，家庭教育，光有爱是不够的！那除了爱还需要些什么呢？

我们先来看一个很美的故事。

有一天，催眠大师米尔顿来到一个小镇工作，小镇里的一个学生请他帮他的姑姑做一个治疗。他的姑姑是一个患了抑郁症的老人，一个人独居在一套又老又旧的房子里面，非常孤独。

米尔顿跟随他的学生登门拜访了这个老人，老人比他想象的还要严重，一个人住在一座大房子里，郁郁寡欢，没有一点生气。寒暄之后，米尔顿提出："你能带我参观一下你的房子吗？"

在参观房子的时候，米尔顿发现院子里长着一盆非洲紫罗兰，他眼前一亮，它正是自己想找的、有生气的东西。米尔顿停下来，对老人说："这盆花好漂亮。"老人叹息说："是的，先生，我平常在家没事做，就种点花打发时间。"

米尔顿说："太太，如果你的亲戚朋友或者你的邻居，在他们特别的日子里，孩子生日啊，结婚纪念日啊，能收到这么漂亮的花，你猜他们该有多开心！"

米尔顿留下了这句话，就告别离开了。神奇的事情发生了，在以后的日子里，这位老太太开始大量种植非洲紫罗兰，她开始留意邻居近期特别的日子，到了这一天，她会从花圃里挑选一束最漂亮的花送过去。几年过去了，小镇上的人虽然不知道这位老太太的名字，但他们都称呼她"非洲紫罗兰皇后"。

有一天，小镇当地报纸的头版头条变黑了，上面大大的标题写着：今天，我们痛失了非洲紫罗兰皇后。原来这位老太太过世了。在老太太的葬礼上，这个不到3万人的小镇，有几千人出来为老太太送行。从送葬的场面，我们就能感受到老太太晚年的幸福。

为什么米尔顿简单的一句话不仅治好了老人的抑郁，还改变了老人的晚年生活呢？

这句看起来简单的话其实并不简单，它隐藏着一个巨大的心理学秘密：

人不仅要获得别人给予的爱，还要有被需要的感觉。

一个人只有在被需要时，才会感到生命的价值，才会感到生命的意义。

英国哲学家维特根斯坦说，世界的意义在世界之外。个人的价值也在个人之外。当孩子被他人需要时，孩子会感觉到自己的生命是有价值的、有意义的。这就是本书开篇提出问题的答案。

为什么现在孩子生活条件好了，可是问题却越来越多了？为什么在一个充满爱的家庭长大的孩子，还会出现那么多的问题？为什么心理营养充足的孩子，依然会选择自杀？

这些问题的答案就是，现在的孩子缺少了一个重要元素——被需要的感觉。

缺少被需要感觉的后果，我们在老人身上最容易发现。

哈佛大学心理学教授埃伦·兰格曾做过一个实验，她在养老院中挑选了一批年龄跨度为 65～90 岁的老人，给他们每人一棵植物，并把老人分为两组。

A 组的老人被告知他们对自己的生活有自主控制权。比如，可以自己决定房间的布置，可以选择要哪一种盆栽植物，并告诉他们要照顾好植物，为植物淋水、晒太阳。

另外一组为对照组 B，他们被告知，护士会给他们营造舒适的环境，在各方面为他们提供周到的服务，护士每天会来给植物浇水、照顾，他们只需要好好享受生活就好，其他什么都不用做。

实验一共持续了 18 个月，兰格教授惊讶地发现，在这 18 个月中，B 组有 30% 的老人离开了人世，而 A 组中去世的老人仅有 15%！

兰格认为，让老人做些力所能及的事情，可以提升老人的责任感和自我控制感，这样做不仅可以提高老人的生活质量，还可以大幅延长老人的寿命。

看完这个实验，你知道什么才是真正的对父母好了吗？

我们可以设想一下，到了你退休的时候，一下子空出了大把时间,你想帮忙带孙子,儿子说:"不用,有月嫂。"你想给全家人做顿饭,儿子说:"你做的我们吃不惯,我们出去吃。"你想拖拖地,儿子说:"你赶紧放下,我来。你伤了腰,我更麻烦。"你会有什么感受?你什么都不需要做,也就是不被这个世界需要了,你的存在还有何意义?

老人如此,孩子也一样,每个人都需要有一种被需要的感觉。

曾经在海边或者河边生活过的朋友都知道,如果空船出海,渔民会搬几块石头放在船上,这些石头叫作压舱石。压舱石的作用就是压低船的吃水线,让船有抗风浪的能力。如果没有压舱石,船太轻,一旦遇上风浪,就有船翻人亡的风险。

现在的孩子动不动就自杀,正是因为生命太轻。

年纪稍长一点的读者都知道,以前有几个孩子小时候不曾被父母打过?团长也不例外,小时候,房子旁边有很多竹子,我做错事时父亲会从竹子上扯下一根抽我的腿,现在想起来还能感觉到那种火辣辣的疼,可是,就算被打,也没听过哪个小孩子会自杀。

可是现在的孩子就不同了,不仅打不得,话说得稍微重一点,就寻死觅活的,搞得父母和老师都头痛不已。

为什么团长这一代人小时候打不坏呢?因为我们有"压舱石"。

在记忆中,我自懂事开始,就要帮家里做家务。四五岁就放鸭、放鹅、放牛,六七岁放学回来就开始煮饭,如果父母从田地里回来没饭吃,那可是要挨打的。像我们这种贫困家庭的孩子,自小就要分担家里的重担,感觉家里离开了自己就转不动似的,怎么可能会想死呢?连生病都不敢,生怕生病了会给家人带来负担。

这就是两代人的不同,也是现在的孩子容易出问题的原因。

现在的父母，特别是独生子女的父母，把孩子视作掌上明珠，除了读书，什么都不用孩子做。孩子一点为家里做贡献的机会都没有，如果读书成绩还行，他还觉得有点价值；万一读书成绩不好，他就感觉自己是个废物，一点用处都没有。

我们都知道，你觉得有用的东西，你会好好爱护，珍惜它，善待它。同样，如果你觉得自己有价值，你也会善待自己，爱自己，这就是自爱的基础。

相反，你觉得没价值的东西，你会丢弃它，把它扔进垃圾桶。那么，如果你觉得自己没用，你会怎么对待自己呢？这就是会有人放弃自己生命的原因。

当一个人缺乏被别人需要的感觉时，他会感觉自己没价值。因此，家庭教育，光有爱是不够的，而且远远不够，还要让孩子有被需要的感觉。

那如何才能让孩子有被需要的感觉呢？

我们还是回到老人身上，从抽离的角度你也许更容易理解。

如果你家里有保姆，不需要妈妈操心家务，但这并不意味着妈妈什么都不用做，在某个特别的日子，如果你跟妈妈说："妈妈，我好想吃你煮的面，米其林餐厅的面都没有你煮的好吃。"我猜你妈妈一定高兴得不得了，比收到你的一份大礼还开心，因为，她心里会想，不管孩子多么成功，还需要妈妈。

对孩子也是一样，我女儿五六岁时就会站在小板凳上煮菜，当然她做的菜并不好吃，但我们装作特别喜欢她做的菜，她就很喜欢做菜给我们吃。稍大一点会做蛋糕，我们过生日的蛋糕就包在了她身上。小学时参加裁缝班，会自己做衣服，给我做过短裤，给妈妈做过裙子，她当时给妈妈做的裙子，我太太现在还会穿。

现在女儿长大了，有关互联网的知识比我懂得多，更离不开她了，很多我不会的事情都是让她帮我搞定。而且，我女儿在审美上有特别的天赋，家里的装饰，我和太太的衣服，都需要她来把关。

让孩子有被需要的感觉，并不是像我们小时候那样，让孩子做那些粗重的家务活。现在生活条件好了，也没有多少活可干，但并不意味着就不能创造机会让他有被需要的感觉。我们可以根据孩子的能力，主动提出一些他力所能及的事。他是否真的能帮上忙不重要，重要的是让孩子有被需要的感觉，让他感觉自己是有用的。就像你见到团长时请我在书上签个名一样，我在书上写上自己的名字，对你来说不见得有什么用，但对我来说很重要，因为会让我有被需要的感觉，我会觉得自己好有价值。

家庭教育要有两个维度

综合前面的内容,家庭教育可以分为两个维度(如下图所示)。

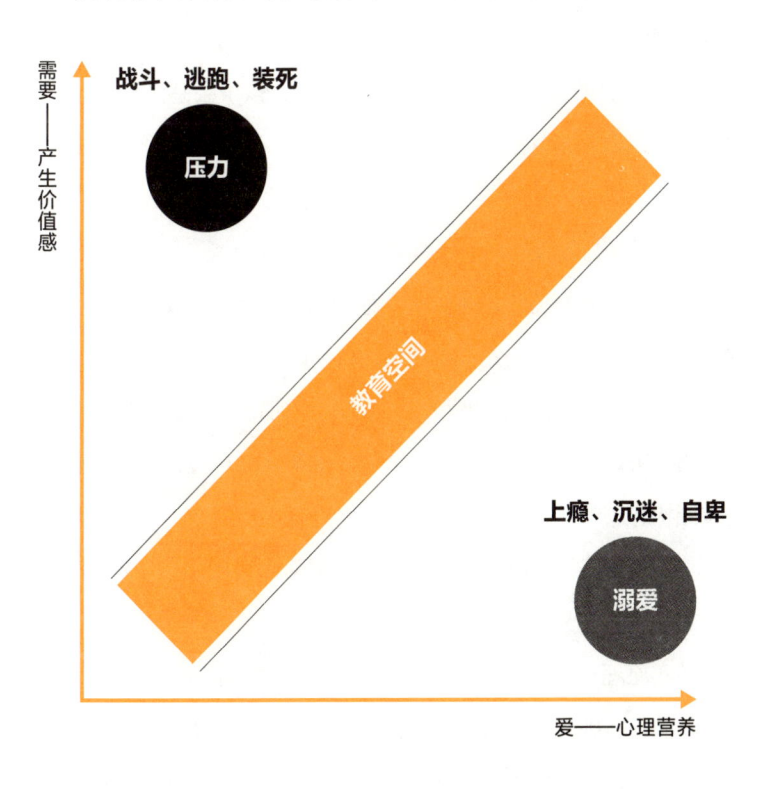

纵轴:需要——产生价值感
横轴:爱——心理营养

- 压力(战斗、逃跑、装死)
- 溺爱(上瘾、沉迷、自卑)
- 教育空间

第一个维度是：爱。

这个维度也就是前面所说的心理营养。

人参错用是毒药，砒霜用对是良方。任何东西都会过犹不及，心理营养也是一样，如果心理营养太多，但不被需要，在这样的环境中成长的孩子会沉迷，会上瘾，也会自卑，因为会感觉自己没用，这就是俗称的"溺爱"。长期在溺爱的环境中长大的孩子会变得脆弱、敏感。

第二个维度是：需要。

这个维度会让孩子产生价值感，感觉自己是有用的，是可以为家里做贡献的。

但是，如果只有需要，缺乏心理营养，孩子会感到压力。在压力状态下，动物会有三种本能的反应：战斗、逃跑和装死。孩子也会这样。

如果孩子总跟父母顶撞，那是孩子在战斗。

如果孩子离家出走，那是在逃跑；孩子沉迷于游戏，也是一种逃跑，因为在现实世界无处可逃，只好逃到虚拟世界。

如果孩子封闭自己，变得麻木、自闭，那是孩子在装死；孩子变得乖巧、听话，也是一种装死方式；孩子割腕、自残，则是一种严重的装死状态。

很多家长无法理解，为什么孩子会割腕、自残，为什么会做这么痛苦的事情。

其实原理很简单，动物在面对强大的天敌，打不过又跑不掉时，为了降低即将到来的痛苦，动物会分泌一种激素，在这种激素的作用下，动物受伤时不仅不会感到痛苦，还会产生快感。这就是有些孩子会自残的原因。孩子也是动物的一种，身体也有同样的反应机制。当孩子面对一个高压环境，比如强大的父母和高要求的老师，他无法战斗，也无法逃跑，在这种状态下，只能进入装死的状态。这时，为了减轻内心无法排解的痛苦，孩子会选择自残，以此来减轻内心的痛苦。

就算你的孩子没到自残的地步，但长期在高压环境中也会变得好斗（战斗）、畏缩（逃跑）和冷漠（装死）。

从上图我们可以清楚地看到，只有爱与需求相互匹配时，孩子才有教育的空间。

就像一位老中医开处方一样，如果用了温热的药，必须用寒凉的药调配。教育孩子也一样，光有爱是不够的，还得有智慧。教育孩子的智慧可以用中国道家的太极图表示（如下图所示）。

给予，可以让孩子获得足够的心理营养；需要，可以让孩子产生价值感；二者缺一不可。

"给予"和"需要"就像太极的阴和阳一样，孤阴不长，独阳不生，只有阴阳平衡，才能教育出健康的孩子。

提升孩子的抗挫折能力

一个自我价值高的人最明显的表现就是抗挫折能力强,就像一辆大排量的越野车,再烂的路、再陡的坡都能如履平地,轻松前行。

如果你由于过去的疏忽,已经造成了孩子自我价值不足的问题,我们可以通过训练提升孩子的抗挫折能力,由外而内地提升孩子的自我价值。

抗挫折能力与自我价值是互为表里的一对,如果一个人的自我价值高,他的抗挫折能力就会强。同样,如果一个人的抗挫折能力弱,在遇到一些外在打击时,仅有的那点自我价值会受到毁灭性打击。

前面我们说过,自我价值是一个人对自己价值的主观评价,这种评价最早源自身边的重要他者,这些重要他者像镜子一样让我们看见自己的形象,从而形成自我价值。

那么问题来了,在家里我们可以确保孩子得到比较好的评价,但在家庭之外呢?如果遇到老师、同学的差评怎么办?那不是一样会影响孩子的自我价值吗?

俄国作家契诃夫在他的短篇小说《装在套子里的人》中塑造了一个很特别的人:

不管什么天气，他出门总是穿着鞋套、带着雨伞，总是把脸藏在竖起的衣领里，把眼睛藏在黑色眼镜后面，给耳朵塞上棉花，坐出租马车的时候一定会要求车夫把车篷盖上，总之，他通过各种途径给自己包了一层外壳，觉得这样才安全。

可绝对的安全存在吗？人可以与外部环境隔绝吗？当然不能。身边有朋友向我咨询了这样一件事：

他的孩子在五年级的时候突然换了一个语文老师。之前的老师是一位新毕业的年轻教师，很有亲和力，跟孩子和家长都处得跟朋友一样，可新换的这位老师是一个严厉的老教师，不苟言笑，动不动就打击、训斥孩子。开学没几天，孩子就挨了老师一顿训，话可能有点难听。孩子听了老师的话，就真的觉得自己很笨，没有语文天赋，怎么努力都学不好。他上课听不进去，语文成绩一落千丈！

面对这种情况，身为家长的我们，该怎么办呢？

这几年的新冠肺炎疫情给我们上了一课，病毒是避无可避的，我们不可能不出门，也就必然会接触到病毒。也就是说，要想不生病，躲避病毒是行不通的，唯一的途径是固本培元、提升自己的免疫力。同样的病毒进入不同人的身体，有的会猖獗地侵害身体健康，有的在还没发挥作用之前就被免疫力打败。隔离或者阻隔都只能暂时起作用，免疫力才是应对病毒的最好手段。

同样的道理，如果你不想孩子受打击，逃避是没用的，最好的方式就是训练孩子自身的免疫力，让他拥有在风霜雨雪中屹立不倒的本领。这个时候，打击也就不再是伤害，而是一种训练。

我们改变不了外面的世界，那就改变我们能掌控的内部世界。

那如何才能训练孩子的抗挫折能力呢？我们要先了解两个心理学概念——敏感化和复原力。

敏感化与复原力

先给大家讲一个真实的案例：

我儿子三年级的时候参加了一个夏令营，这个夏令营是父母与孩子一起参与的，有意思的是，夏令营的带队老师鼓励冲突，于是，就发生了如下有趣的一幕。

孩子们在玩游戏时发生了冲突，30多个孩子分成了两个阵营，在老师的鼓励下，孩子们从口角变成了肢体冲撞，也就是真的打起来了。老师不仅没有制止，还会鼓励："打得好，继续打！"

在一旁的父母们可受不了，看到自家孩子吃亏了，家长们也参与到其中，本来是孩子们的冲突，最后演变成了家长们的争吵，这一吵，吵得天翻地覆，持续了好长时间。

这时，神奇的事情发生了，刚才还在大打出手的孩子们突然就和好了，在家长们吵得不可开交的时候，他们又玩起了游戏。

可是，家长们可没有那么容易和好，那是一个五天的夏令营，直到结束，参与了吵架的家长还在对彼此怒目而视。

从这个案例大家可以看到，有些人很快就能从一种状态中恢复过来，比如上述案例中的孩子；而另一些人，却需要很长时间，甚至一辈子都无法恢复。

一个人对事件的过度敏感反应被称为敏感化。

一个人能从突发事件中恢复的能力被称为复原力。

一个敏感化的人遇到一些小事也可能造成创伤，但一个有复原力的人，就算遇到重大挑战，也不会受伤。

如果你的孩子是一个敏感化的孩子，那么他在家庭之外很容易受到伤害，从而影响自我价值的建立。但一个拥有复原力的孩子就不一样了，就像一些强壮的大树一样，虽然台风来时，会被吹得东倒西歪，但台风一过，很快就挺立如初。

那一个人的敏感化或复原力，究竟跟什么有关呢？

跟刺激的方式有关，当外在的刺激以不可预见的、极端的、长期的方式激活时，个体的系统就会变得过度活跃，产生过度反应，这就会导致敏感化。

什么叫"不可预见的、极端的、长期的方式"呢？

比如父母情绪不稳定，动不动就发脾气，你不知道他什么时候会发作，或者父亲有酗酒习惯，一喝醉就骂人，甚至打人，孩子在这样的环境中长大，就会导致敏感化。

过度敏感是有代价的，会让人适应不良。一个生活在家庭暴力中的孩子长大后就会过度警觉，不停搜索一切充满威胁的信息。因为他原来的生活环境充满了危险，虽然现在危险早已过去，但大脑的惯性反应被保留了下来。

相反，当应激反应系统以可预见的、适当的、可控的模式被激活时，大脑的耐受力会得到有效提高。比如学习、运动等，这种方式可以培养更强大、更灵活的应激反应能力，这种能力就是复原力。

敏感化与复原力的原理如下图所示：

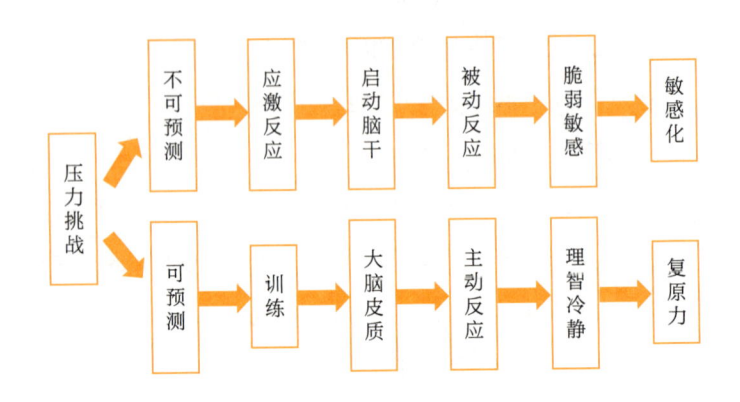

压力挑战 → 不可预测 → 应激反应 → 启动脑干 → 被动反应 → 脆弱敏感 → 敏感化

压力挑战 → 可预测 → 训练 → 大脑皮质 → 主动反应 → 理智冷静 → 复原力

敏感化的三个原因

要想提高孩子的抗挫折能力，更好地适应环境，我们就要避免敏感化，增强复原力。那如何才能避免敏感化呢？

一般来说，造成敏感化的原因无外乎以下三个：

第一，小时候内心有伤口。

婴儿有没有记忆呢？

小时候的事情，长大后都不记得了，很多人因此得出结论，婴儿是没有记忆的。

实际上，婴幼儿时期没有得到很好照顾的孩子，心理创伤会影响一辈子，并且年龄越小，影响越大。

婴幼儿时期是人类大脑发育的关键时期。早期大脑中的神经元还没有成形，此时正是神经髓鞘化、神经触突建立联结、神经功能完善的敏感期，会比成年人的神经元更容易吸收新信息并固化下来。这些信息会储存为内隐记忆，成年后一旦遇到诱因，内隐记忆就会变成外显记忆，曾经的创伤会影响到我们的认知、决策、反应。

就像那句话说的，幸福的人用童年治愈一生，不幸的人用一生去治愈童年。一般情况下，5岁之前的孩子如果内心有创伤，就会为未来的敏感化埋下种子，创伤越早，反应越严重。如果在这个时间段，孩子能得到很好的关爱和照顾，后期孩子就很容易建立起强大的复原力。

第二，身边没有良好的关系。

同一类事件发生，有的人会受伤，有的人不会，区别在于关系。

一个人际关系健康（他与家庭、集体和社会联结得很好）的人具有与逆境抗衡的能力，良好的关系可以降低患心理疾病的风险。婴儿时期养育者方式的不同，直接决定了一个人是敏感型的还是具有复原力的。

为什么关系会降低人的敏感度呢？我们可以从达尔文的进化论中找到蛛丝马迹。远古时代，人类在丛林中与猛兽竞争生存空间，可人的身体很弱小，没有老虎的力量，没有小鸟的翅膀，也不能像鱼一样在水里潜伏，人类靠什么站到食物链的顶端呢？靠的正是人与人之间的关系，人们学会了合作，就能战胜一切敌人，就可以无所畏惧。良好的关系能够承托起我们的安全感，让人类不会因为一点风吹草动就战战兢兢。

第三，遗传因素。

每个家庭都有自己的思维、信仰、行为模式和独特之处。这些都像身体特征一样，代代相传。敏感这种特质也会进入基因编码，一代代遗传下来。

因此，世上存在一些天生就很敏感的人，他们小时候没有心理创伤，身边也充满了爱，但仍旧表现得很敏感。

如何提升复原力

2001年9月11日，美国世界贸易中心和五角大楼被恐怖分子袭击，造成了3000多人遇难。这是"9·11"事件的官网遇难数据。实际上，这起事件的影响范围远远超过3000人。"9·11"事件前，美国创伤后应激障碍（PTSD）的平均患病率为3.5%，"9·11"事件后，纽约居民的创伤后应激障碍患病率增加到了11.2%，居住在五角大楼附近的居民患病率更是高达20%。

一个突然的意外伤害会让人产生巨大的情绪反应，在伤害结束之后，当事人在三个月内或是事件发生一年后还会反复体验到紧张、担心和恐惧等情绪，这就是创伤后应激障碍，也叫创伤后遗症。

创伤后应激障碍患者的其中一个症状就是敏感化。

可是，那些经常性出入各种灾难现场的消防战士为什么就不会患创伤后应激障碍，不会敏感化呢？

"9·11"事件中的灾难与消防战士面对的灾难有什么不同呢？

两者的根本区别就在于：一个是突然发生的，一个是有预见性的。

我们可以来想象两个场景：

第一个场景：万圣节那天晚上，你家门前来了一大群穿着极度恐怖的"鬼怪"。

第二个场景：一天晚上躺在床上，你刚要进入梦乡，有人敲门，你开门一看，一大群穿着极度恐怖的"鬼怪"出现在你家门口。

两种场景，哪种会吓你一大跳？显然是后者。万圣节见鬼，你是有心理预期的。有心理准备的是训练，没心理准备的就是灾难。

明白了这个原理之后，提升复原力就简单了，可以采用如下方法训练你的孩子。

打预防针

我女儿高中跨区转到了一所新学校，我知道她进入一个新环境会不适应，于是，我提前打好预防针，我告诉她："你们班里的很多同学是从同一个初中升上来的，他们都很熟悉，而你是从外校过来的，跟大家都不熟悉。他们很可能会孤立你，你可能会没有朋友，到时你会怎么做？"

我女儿说："应该有个别同学跟我的情况一样，我跟那些孩子一起玩，放心，我会找到朋友的。"

这个沟通的过程很重要，女儿提前有了心理准备，她进入新学校，没有朋友，被孤立、被冷落的时候，很快就能从困局中走出来，因为爸爸一早提醒过这种情况，她心里早有准备。

提前训练

孩子不敢坐过山车，我们直接把他按到了大型过山车上，这次体验对孩子来说就是创伤性事件。

孩子不敢坐过山车，我们先让孩子体验不刺激、很平和的小型过山车，再让他挑战有一点刺激的，最后，再让他坐大型过山车，这对孩子来说就是训练。再遇到类似的刺激游戏时，孩子就能接纳、复原。

同样的道理，学校里的老师很严厉，总是批评甚至辱骂孩子。我们就可以在家里给孩子做一些类似的演练：

> 妈妈来扮演一个严厉的老师，用恶毒的语言批评孩子："你真是个懒猪，总是做不完作业，真不知道你妈是怎么教你的！"

有了提前训练，孩子做好了接纳的准备，事情真的发生时，他就不会有挫败感，更不会崩溃。

只要你平时有意识地训练孩子应对可能的打击，让他的大脑形成一条应对攻击的回路，那么他就能自如地应对外面的恶劣环境。就算他在外面遇到最差的老师、最糟糕的同学，也不会影响他的自我价值。

如果没有做好这一步，就像你养了一盆漂亮的花，放到室外，一场风雨过后，你的心血会毁于一旦。

| 本章功课 |

1. 对照本章内容，制订提高孩子自我价值的计划；
2. 对照本章内容，制订提升孩子抗挫折能力的计划；
3. 与你的伴侣一起，相互监督，把计划落到实处；
4. 三个月后，再次评估孩子的自我价值，看看有多大的提升。

· 第八课 ·

灵性：与世界的关系

什么是灵性？

前面我们讲了身份定位的重要性，身份定位就像种子的基因一样决定着种子会长成什么样的植物。当然，种子再好，没有适合的土壤也是没有用的，所以，前文讲的心理营养同样重要。一个孩子的成长就像一棵树，需要各种各样的条件，在因缘和合的情况下才能长大成才。

那么，除了营养、种子，孩子的教育还有什么至关重要的因素呢？

这一章我们继续深入探讨人生大树最深层的部分——树的毛细根须（如下页图所示）。

一棵大树除了需要一根正根深深地扎入大地，还需要很多毛细根须与土壤连接，吸收大地的养分，这些毛细根须就是"灵性"。灵性，就是一个人与世界的连接方式。

先跟大家分享一个我很喜欢的故事。

我在一所华侨捐建的大学读书，我的同学几乎都是华侨子弟，他们的亲戚很多都在国外，那时候，我听他们讲述他们国外亲戚的故事时，对这个世界充满了憧憬，所以，我立志41岁退休，然后去周游世

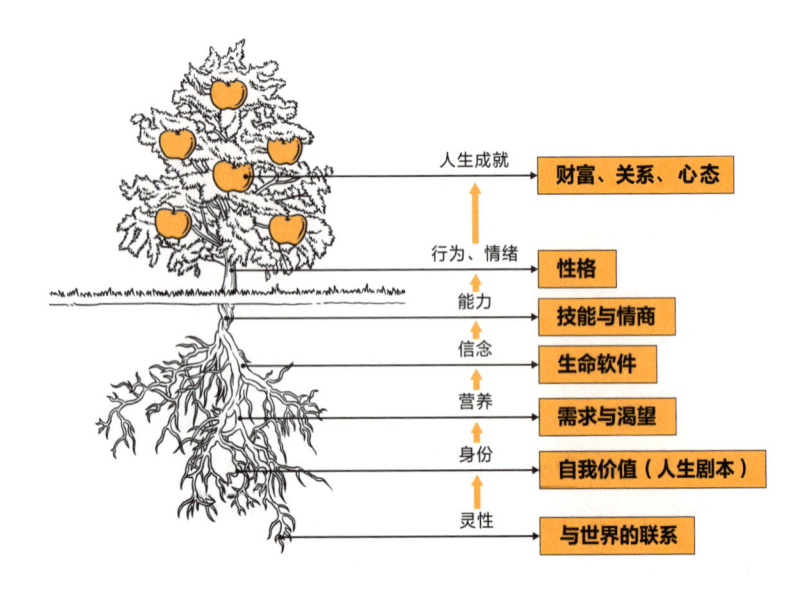

```
                            人生成就 → 财富、关系、心态
                               ↑
                            行为、情绪 → 性格
                               ↑
                            能力    → 技能与情商
                               ↑
                            信念    → 生命软件
                               ↑
                            营养    → 需求与渴望
                               ↑
                            身份    → 自我价值（人生剧本）
                               ↑
                            灵性    → 与世界的联系
```

界。可是，自从我的老师苏茜·史密斯给我讲了下面这个故事之后，我决定不退休了。

这个故事为什么有那么大的威力呢？因为它真的打动了我内心最柔软的部分。

有个小女孩叫爱丽丝，她的爷爷是一个旅行家，每年四处游玩。他在海边有一套很大的别墅，每当放假时，她都会到爷爷家住一段时间。爱丽丝很羡慕爷爷的生活，有一次，她对爷爷说：

"爷爷，我长大以后也要像你一样周游世界，同时我也要在海边拥有一套面朝大海、春暖花开的房子。"

爷爷听后，笑着对爱丽丝说："宝贝，人光有两个梦想是不够的，人还得有第三个梦想。"

爱丽丝好奇地问："第三个梦想是什么？"

爷爷告诉她:"人来到这个世界一趟不容易,你还要做一件让世界因为你的存在而变得更加美丽的事情。"

对一个小女孩来说,她并不知道什么叫作"让世界因为我的存在而更加美丽"。但爷爷的话说得多了,就在她的潜意识埋下了种子。

随着时间的推移,小爱丽丝变成了大爱丽丝,大爱丽丝变成了老爱丽丝,当她退休的时候,她的前两个梦想都实现了,她走遍了世界大多数她想去的地方,而且,她在海边拥有了一套她心仪的别墅。可是,第三个梦想成了她心中的遗憾,她不知道如何去做一件让世界因为她的存在而变得更加美好的事情。

有一天,她散步的时候,惊讶地发现,她家的后山坡上也长了很多漂亮的鲁冰花。这是她最喜爱的一种花,她在自家的花园里种满了鲁冰花,她不明白,怎么在后山坡上也会长出鲁冰花呢?

她思考了一下,马上明白了,很可能是风,或者是鸟,把她家鲁冰花的种子带到了后山坡。爱丽丝灵光闪现,她终于知道怎么实现第三个梦想了。她去买了大量鲁冰花的种子,走到哪里,都拿一把撒下去。第二年春天,但凡她经过的地方都长出了美丽的鲁冰花,她终于做了一件让世界因为她的存在而变得更加美丽的事情。

这是一个很美的故事,对吗?

"立德、立言、立功"是儒家思想中的"三不朽",这种精神一早就种在团长的心中,这个故事一下子把我心中的种子唤醒了。我们生而为人,来到这个世上走一趟真不容易,是了无痕迹,还是让自己更有价值，为世界做一件因为你的存在变得更美丽的事情？

当时我的心被这个故事震撼了，新的梦想萌芽了，我也要效仿爱丽丝，把美的种子撒向世界。只是，我手里的种子是看不见的，它是精神的种子，是幸福的种子，我要把心理学这种让人幸福的种子撒到尽可能多的人心里去。

怎么做到呢？我有了明确的目标，我要在有生之年培养3000名像团长一样的实用型心理学导师。中国不缺心理学专家，但真正能把心理学应用到生活中的"用"家很少。如果把我毕生所学传授给这些导师，通过他们把心理学的种子撒向更多的学员，按一位导师一生影响10万名学生算，那么3000位导师就能让3亿人受益于心理学！这是多么让人激动的梦想！

于是，从2015年开始，我启动了心理学导师育成计划。在我启动这一计划之后，神奇的事情发生了，不仅我的世界豁然开朗，而且我接触到了更多的资源，邂逅了更多志同道合的朋友，对世界有了更深的领悟和触达。仿佛有一股神秘的力量在帮助我一样，我的路越走越顺，至今8年过去了，我已经培养了1200多位导师，其中超过200位导师已经活跃在心理学的讲台上。我相信，无须另一个8年，我的梦想就能实现。

这就是灵性的力量，当你发愿为他人、为世界提供价值时，世界都会成为你的助力。

什么是灵性呢？

说到"灵"字，人们往往会联想到很多神秘的东西，其实，那是对灵性的误读。

繁体字的"灵"由三部分组成，上面是雨、中间是三个口，代表咒语，下面是巫。巫能沟通鬼神（如下图所示）。

古人造字有一个规律，上面的代表天，下面的代表地，所以"灵"字的含义就是，巫师通过咒语可跟天沟通，向天求得雨露甘霖。衍生的意义就是人跟天地、宇宙万物的关系，也包含着个体跟他人的关系。所谓"灵性"就是个体与世界的关系。

我们常赞美小孩：这个孩子好有灵性。一个有灵性的人，他整个人是打开的，是能与他人连接的，是敢于去碰触新的东西的，敢摸、敢闻、敢尝、敢不断挑战的。

灵性的反义词是什么？我们会说这个孩子呆滞、呆板。一个呆滞、呆板的人被很多无形的框困住、限住了。

所以，一个有灵性的人是能够与人连接、与世界连接的人，一个能够与他人很好连接的人就像一棵树拥有大量的根须一样，能够更好地从大地吸取营养，获得更多的资源，也就能够成就更大的事业。

如何培养一个有灵性的孩子

《绿色星球》是我很喜欢的一部纪录片,里面提到一种很神奇的植物。

塔克拉玛干沙漠是全球最干旱的荒漠之一,这里的环境非常不利于植物生长。偏偏有一种树木,不仅在塔克拉玛干沙漠顽强地生存了下来,有些树龄还超过了一千年,它就是胡杨。

胡杨有一个奇特的功能,它的树根可以超长延伸,一片区域内,所有胡杨的根系彼此连接,形成一张巨大的网。只要一棵胡杨能找到水源,其他胡杨都可以共享。方圆百里的胡杨,只要有一棵能扎到水里,它就会把水吸出来,分享给身边的胡杨,然后一棵棵传递,它们就靠着抱团共享的方式在严酷的环境中生存下来。胡杨也因此成为生活在沙漠中的唯一的乔木。

人类之所以能靠弱小的身体站在食物链的顶端,靠的是跟胡杨类似的合作方式。一个拥有灵性的人善于跟他人合作,因此,能获得更多的资源,能更好地适应环境。

一棵树都懂得分享,何况一个人呢?可是,为什么有的人会封闭自己、缺乏灵性呢?

《圣经》中记载了一个"五饼二鱼"的故事。

有一次，耶稣在野地里讲法，有五千多人聚集过来听，等耶稣讲完，天已经黑了。门徒提议，大家散了，各自去找饭吃吧。耶稣摇了摇头，他站起来说："各位，现在到了晚餐时间了，我来展示一个神迹给你们看。谁身上有食物，拿一点出来，我能把它变多，变到所有人都能够吃饱。"话音刚落，有一个小孩举起了手："我有五张饼两条鱼。"耶稣把这五张饼两条鱼拿了过来，分到了十二个篮子里。他告诉门徒让群众一排排坐好，每排五十人左右。耶稣让门徒把篮子放在众人面前，然后说："大家各自按需取用吧。"

一顿晚饭结束，在场的所有人都吃饱了，耶稣吩咐门徒把十二个篮子收回来，低头一看，十二个篮子都满满当当。

五张饼两条鱼是怎么让五六千人吃饱，还有剩余的呢？

团长无意亵渎宗教的神迹，在这里只是想从心理学的角度做一个猜测。

在那个年代，不像现在，出门三五步就是饭店，所以那时候的人出门都会自带干粮。也就是说，在场的五千多人都会自带干粮，只是自带的干粮有限，仅够自己一个人吃，所以不愿意首先拿出来分享而已。

当那个小孩子首先贡献出自己的五饼二鱼之后，其他人当然不好意思继续藏着自己的干粮，于是纷纷把自己随身携带的干粮贡献出来，这样，大家当然都能吃饱了。

一个人之所以会封闭自己，不愿意分享，是因为内心的恐惧。一个内在匮乏的人是不会分享的，只有内心富足的人才愿意分享。

我们设想这样一种场景，在一次海难中，你与一群人流落到一个荒岛上，已经三天三夜没吃过任何东西了，这时救灾人员空投了一些食物下来，你好不容易抢到了一个馒头，而周围的人都没有抢到，请问，饿极了的你，愿意把仅有的馒头分享给别人吗？

我相信大多数人都不会。这跟一个人是否自私、品德是否高尚无关，而是跟一个人内心是否富足有关。

我们来看另一种场景，某天中午你外出吃饭，点心点多了，吃饱之后还剩下不少，你打包回公司，这时你很容易就会把打包回来的点心分享给你的同事，因为你肚子已经吃得饱饱的了。

当一个人匮乏的时候，他一定是自私的。

我刚参加工作的时候，工资只有100多元钱，吃饭都不够，还要靠父母补贴点大米红薯之类才能度日。当年我最怕的就是接到同学结婚的请柬，这个请柬对我真的是名副其实的"红色炸弹"，按照我们当地的风俗，高中同班同学这种很亲近的关系，结婚红包要封50元。这50元拿出来，我半个月的工资也就没了。因此，每当有同学结婚，我就会很纠结。其实不仅仅是我，当时我的同龄人都是这样的感受。当一个人匮乏的时候，是很难不自私的。

物质世界如此，精神世界也一样。

那如何才能让孩子的精神世界变得富足呢？

充足的心理营养

一个人不可能给予别人连自己都没有的东西。

美国电视脱口秀节目主持人奥普拉·温弗瑞在《你经历了什么》一书中讲述了这样一个故事：

在一次拍戏现场，身为演员的奥普拉有一幕戏是给一个正在睡觉的孩子盖被子。表演开始，奥普拉就像铺床一样，把被子盖在孩子身上，然后把四个角压在床垫下。导演立刻喊了"咔"，问她："你这样盖被子，孩子能舒服吗？"奥普拉愣在当场，她请导演示范一下应该怎么做。导演动作轻柔地把被子盖在孩子身上，然后把两侧的被角掖在孩子身下。每个动作都透露着满满的爱，生怕把孩子吵醒，又怕孩子晚上着凉。

看到这一幕，奥普拉忍不住泪流满面，她说："原来盖被子是这样的，我从来都没有被这么对待过，又怎么知道如何为别人盖被子呢？"

奥普拉被认为是美国最具传奇色彩的黑人女子，她的母亲在未成年时，因一夜激情生下了她，她的童年面对的是隔代抚养的祖母、每天跟不同男人厮混的母亲，一直没得到成年人的细心照顾。后来，她主持的脱口秀节目多年位居美国电视收视率的榜首，她也成为美国第一位黑人亿万富翁。除了主持人，她的身份还有演员和制片人，都有不错的成绩，但不管是财富还是受人敬仰的身份，都无法弥补她童年的缺憾。

我们被这个世界如何对待，就会用同样的方式对待这个世界。如果我们没有被温柔地对待过，也就无法用温柔的方式去对待我们的孩子，我们的孩子也就无法学会温柔地对待其他人。

因此，在孩子小的时候，身为父母的我们要尽可能地给予孩子足够的心理营养，只有孩子的内心是富足的，才有可能有灵性。否则，童年的匮乏会让孩子自我封闭。

可是，问题又来了，既然一个人不可能给予别人自己没有的东西，那父母身上没有的，如何能够给予孩子呢？

一切未被疗愈的都会传给我们的孩子。因此，还得从我们自己开始，只有我们自己先去勇敢地疗愈内在的创伤，成为一个有灵性的人，我们的孩子才会有希望。

拓宽人生的框架

我们在前文讲过一个很有意思的故事，父亲让儿子搬石头，儿子搬不动，说自己尽力了，可父亲说，他还没有尽力，因为他没有请求父亲帮忙。

这个故事中，孩子思维中的尽力是"尽自己的力"，他没有想到，所谓的尽力，除了尽自己的力，还可借他人之力。

佛法认为，人本自足。心理学有类似的表述："每个人都拥有获得成功快乐的所有资源。"

为什么有的人拥有无限资源，而大多数人的资源却是如此匮乏呢？

答案是被自己的思想禁锢了。每个人都是自己思想的囚徒，只要你能从自己思想的牢笼中走出来，你就能获得所需要的资源。

我写了六本书，《圈层突破》是我最喜欢的一本，虽然经常被网友批评文字太烂，但书里面都是我最珍贵的人生心得。我从农村走向城市，再让我的孩子从中国走向世界，用我朋友的话说，我用两代人完成了三代人的事。我何德何能？我之所以能实现圈层突破，靠的就是学习心理学，用心理学的方法破掉了一个个框架而已。打破的框架越多，拥有的资源就越大。

如何才能打破框架，我们在第四章已经清楚阐述过了，这里不再赘述。

在纪录片《绿色星球》里，除了胡杨，还有一种植物让我印象深刻。它就是亚马孙雨林的霸王莲。

霸王莲一出场，视频弹幕上都在刷一句话："隔着屏幕都感觉到了旁边植物的绝望。"为什么绝望？因为霸王莲生命的意义就在于进攻，将所有资源占为己有。一开始，它会先挥舞着长满尖刺的"流星锤"给自己清场，等到周围的水域空了，它开始伸展开第一片叶子，并且以每天20厘米的速度向外扩张，它的每片叶子的直径都可以超过2米，等它的所有叶子都铺展开之后，遮天蔽日、密密麻麻，整片水域全部成了霸王莲的领地，阳光、水分全部归它所有，其他植物都被无情扼杀，水里的鱼儿因为接触不到阳光也会灭绝。

可是，你见过霸王莲吗？杨树在北方随处可见，可是，为什么如此有战斗力的霸王莲却极少有人见过呢？

自然界有一股神奇的力量，会让世界处于一种平衡状态。正所谓得道者多助，失道者寡助。胡杨和霸王莲呈现了两种生存方式：一种是相互扶持，纵使相隔万里，仍旧唇齿相依；另一种是把其他生命无情绞杀，只要自己独活。

霸王莲般的人生，可能会有短暂的辉煌，但绝对不会长久，因为，它的存在会成为所有人的公敌。

只有有灵性的人，才能在这个世界上长久幸福地生活。

本书写到这里,家庭教育的一棵大树就完整地呈现给大家了。如果你希望你的大树结出硕果,就必须在树的根部下功夫(如下图所示)。

同样,如果你希望你的孩子一生幸福,你最好在如下几个方面做好工作:

- 性格
- 能力
- 信念
- 心理营养
- 身份定位
- 灵性

种一棵树最好的时间是在十年前,其次就是现在。如果你爱你的孩子，请从现在开始，改变原有的教育观念，用全新的方式教育你的孩子。我相信，你的孩子，你孩子的孩子，你的子孙后代，都会感谢你今天的改变。你今天的改变，足以改写你们家族的历史。

| 本章功课 |

1. 对照本章内容评估一下，你的孩子是一个有灵性的孩子吗？
2. 制订提升孩子灵性的计划，并落实到具体的家庭教育中。

· 第九课 ·

自卑与超越

人生最大的问题：懒和贱

前面八章的内容，都是关于如何做好家庭教育的，可能有读者会问：我在看你这本书之前，已经犯了不少错误，现在孩子已经出现问题了，该怎么办？

其实，这个问题的答案就在前面八章。

为了让大家能更清楚怎么做，团长尝试从另外一个角度带大家去找到解决方案，也可以当成对前面内容的一个总结。

什么是"懒"

在一次课程中，我们住在一座高尔夫球场的五星级酒店里。

早上6点，我起来练功，正赶上一场暴雨。15分钟后，暴雨停歇，酒店后面的高尔夫球场出现了一辆电瓶车，从电瓶车上下来一伙人，开始打高尔夫，那一刻我被深深震撼！

为什么震撼？对团长来说，高尔夫还是一项"打不起"的高"贵"运动，现在出现的这伙人肯定是比我收入高百倍千倍的高收入人群，这些人在早上6点多，而且刚刚下过暴雨，就出现在高尔夫球场上，我们可以想象，他们有着怎样的生活习惯！而这个时候，有多少人仍旧在睡梦中？就算能起来，看到外面的暴雨，也会重新躺下来吧？

这件事还让我想起了我曾经发过的一个视频，我在自己的视频号上就"油价上涨"这一热点话题讲过一个观点：油价会涨、菜价会涨、房价会涨，目前中国的消费市场整体都呈上涨态势。老百姓没有别的办法，要想活得好一点，唯一的出路就是让自身价值的提升跟上并超越物价的上涨，当我们财富的增长速度大于油价的上涨速度之后，我们就没什么可怕的了！所以，与其每天为物价的上涨而揪心，不如关注自己的内在价值的提升。

没想到这条视频发出来之后，评论区里涌来一群人，变着花样骂我："站着说话不腰疼""嘴皮子一碰说得简单""自己价值能涨的话谁不想涨"……总之，提升自我是空话、套话，我给出的这个方向太不切实际了！

现实是那些优秀的、掌握大量财富的人还特别勤奋，异于常人。

我这里有一组统计数据：

乔布斯在世的时候坚持每天早上 4 点起床；

苹果 CEO 库克每天早上 4 点半准时起床发邮件；

股神巴菲特因为年纪大的关系 6：45 "才起床"。

特斯拉的创始人埃隆·马斯克则是工作到凌晨 3 点，依靠安眠药快速入睡，每天最多睡 6 个小时。

就像《基业长青》的作者柯林斯说的："我还没有见过任何一个懒惰的富人，当然那些通过继承获得巨额财产的人除外。富人工作都很拼命，做着普通人做不到的事情。"

团长虽然算不上什么成功人士，但我想告诉你们的是，我写到这里的时候正是 2023 年的国庆长假，大多数人都在风景区吃喝游玩的时候，我正在写作。

对比之下就很明显了，那些天天抱怨生活不如意的人最大的问题是什么？

人不是生而富贵的。当然也有一些命好的人是含着金汤匙出生的，但即便如此，如果他"懒"字当头，富贵早晚会远离他。

懒的根源

目前，直播是最好的流量风口，套用一句网络流行语：站在风口，猪都能飞起来。可再看看我们身边，有多少人飞起来了？

别的行业我不知道，但我知道的心理咨询行业中，参与到直播这个风口的同行并不多，我作为一个 50 多岁的中年人，过去四年来每周坚持直播，他们为什么不尝试呢？

我猜大概有如下几种可能：

A. 尝试了一个月，觉得没人看，就放弃了。

B. 根本就没有尝试，他们可能认为，直播不适合自己。

C. 他们想，干吗要这么辛苦呢？

但是，我有一位朋友，他从来没有做过直播，一开始直播时也没几个人看，但他咬牙坚持了 200 多天，每天都是几十人在听他讲，突然有一天，他的直播间涌进来几万人，一下子就火了。2022 年，他一年直播的纯利润超过 2000 万元，他一个人的创收超过了一家普通的中型企业。

很多人羡慕他走了狗屎运，可我知道，在 200 多天的时间里，他一直在默默地打磨课件，直到他终于踩准了抖音的推荐逻辑。

有些人不敢尝试，有些人浅尝辄止，他们最大的问题是什么呢？

一句话，就是懒！

当然，这里所说的懒，并不是肢体上的懒，而是思想上的懒。有些人看起来很勤奋，但在团长看来，那并不是真正的勤劳，那些看起来忙忙碌碌的人，其实连大脑都懒得动一下，他们每天都在重复做同一件事情，在同一个圈子里打转，他们在拿肢体的勤奋来掩盖头脑的偷懒。真正的高手可能看起来很懒，实则是解决问题的高手，他们不满足现状，一刻不停地动脑子去创新，任何新事物都想着去尝试、去利用，他们才是真正的勤快。

那么，一个人的思想为什么会变懒呢？主要有下面两个原因。

习得性无助

前文已经给大家解释了"习得性无助"这个心理学概念。还记得吗？那只经历了无数次挫败的狗，哪怕栏杆已经降到它能够跨越的高度，它依然不敢尝试。

一个懒惰的人也许是在过去遭遇过挫败，从此不敢尝试、不敢行动，终其一生，苟且偷安。

思想固化

思想决定行动，当一个人的思想固化之后，行动也就被固化了。

对一头拉磨的驴来说，磨坊就是它的全部世界。同理，每天在既定的路线上重复做同一件事情的人，看起来很勤奋，实则是天下最懒的人。

为什么有的人会把一辈子活成了一天呢？最大的可能性就是，在他的思想中，他认为自己只能这样活。

重复过去的行为，只能得到过去的结果。

一个连思想都懒得改变的人，又怎能改变自己的人生呢？

什么是"贱"

什么叫贱？贱，就是看轻自己，用心理学的专有名词来说叫作"自卑"。

对物品来说，贱比较容易理解。比如，我有一支笔价值10元，可偏偏要卖2元，这就叫"贱"卖。贱，对人来说也是一样的道理，自己明明是个宝，却偏偏把自己当成草。也就是说，总觉得自己没用，认为自己不够好。

贱，只是一种主观的、扭曲的心理认知，就像一个人拿着金饭碗去讨饭一样愚蠢。

明明自己是个无价宝，可是，为什么偏偏有人觉得自己贱呢？

还记得我讲过的那位身高1.85米的神父吗？明明自己很高，可内心认为自己矮小。他之所以有这样扭曲的认知，就是因为小时候妈妈对他的否定，妈妈的言行像镜子一样让他"看见"了一个矮小的自己。

所以，父母的错误教育，是一个人贱的根本原因。

贱的代价

几乎所有人生的问题都是贱的代价，因为，人生绝大多数的问题都是由贱带来的，包括前面所说的懒。

为什么会这样说呢？

道理很简单，我们用物品来做比喻。

团长记得小时候红薯的产量很高、很贱，卖不了几个钱，所以我家的红薯到处乱放，任由老鼠偷吃也不管，烂了就扔掉，反正不值钱。稻谷就不一样了，那时候水稻的产量很低，粮食不够吃，很金贵，所以，父母会用大铁桶把稻谷封得严严实实，生怕被老鼠偷吃。

牲畜也一样，猪、鸡、鹅、鸭相对比较贱，都不怎么管，但牛就不一样了，牛是生产工具，很金贵，所以我父亲会把牛照顾得很好，生怕牛生病。

现在的宠物就更金贵了，我家的小狗是我女儿的宝贝，就不说它的吃喝拉撒了，就是为了训练它，都花了好几千块钱学费。

当一个物品没什么价值的时候，你不会珍惜它、保护它，你甚至会把它扔进垃圾桶。

同理，当一个人觉得自己没有价值时，他会同样对待自己，其表现如下：

- 糟蹋自己的身体，熬夜、酗酒、吃垃圾食品等，总之，不会善待自己的身体。
- 糟蹋自己的心灵，任由自己痛苦、不开心，有心理问题也不去处理。谁会关心一头猪开不开心呢？
- 穷，缺乏好的生活条件。既然自己没什么用，为什么要让自己生活得那么好呢？猪活在猪圈里就行了，干吗要让一头猪生活在宫殿里呢？
- 婚姻不幸。既然你连自己都看不起，又怎能指望你的伴侣看得起你呢？所以，两个贱人在一起只能相互伤害，又怎能相互恩爱呢？

- 人际关系差。贱人连自己都不尊重，你又怎能要求他去尊重别人呢？
- 职场、事业失败。一个觉得自己没价值的人如何为企业创造价值？如果你无法为企业创造价值，请问哪个领导愿意给你机会？
- 不成长，人生没进步。我女儿之所以会送狗去训练，是因为她认为她的狗很重要。可是，谁愿意花钱给猪做培训呢？一个认为自己没价值的人，是不会进步的，他绝对不可能在自己的进步上花一分钱，因为，他认为不值得。

总之，用一句话来概括：贱为痛苦之源。

自卑与超越

既然贱为痛苦之源，那怎么办呢？答案很简单：一贵天下无难事。用阿德勒的理论来说，就是"自卑与超越"。

贱，就是自卑；贵，就是超越自卑。所以，如果你的孩子在过去的教育中存在某种缺陷，不用担心，只要能够超越他的自卑就可以了。下面借用阿德勒的理论为大家提供一个简单实用的解决方案。

自卑并不可怕，可怕的是自卑情结

阿德勒认为，人生而自卑，自卑并不可怕。

阿德勒从小体弱多病，一场肺炎、两次车祸都差点要了他的命。因为得过佝偻病，他个子很矮，运动能力也差，再加上学习成绩不好，所以他从小就很自卑。

因为小时候总生病，受够了生病的痛苦，他立志成为一名医生，去帮助像自己一样的孩子！有了志向后，他开始发奋学习，经过多年努力，他考上了维也纳大学的医学博士，实现了自己的理想。

一个曾经自卑的孩子最终成为心理学界"三巨头"之一，他用自身的经历证明，自卑是可以超越的。

进化论决定了，依赖是人的天性。刚出生时，婴儿没有生存能力，必须依赖他人的照顾，哭泣是他们唯一的武器。从出生那一刻开始，我们的基因中就刻入了自卑的印记。在自然界，我们的祖先必须彼此依赖才能抵抗猛兽的袭击。现代社会，依赖仍旧无处不在，吃的、穿的、用的，我们都要依赖别人。有些女性主张独立，不依赖任何人。作为一个男人，我倒愿意很坦荡地承认，我要依赖女人，因为我不会生孩子，我要繁衍后代必须要依赖，这没什么丢人的。人，生而需要依赖，依赖也就意味着承认自己的不足，因此，人，生而自卑。

自卑感是指在和别人比较时，由于低估自己而产生的情绪体验。而这种自卑，又会让人产生一种叫"心理补偿"的心理机制。

所有人都有一种天生的自卑感，但又不想感受这种自卑的感觉。于是自卑感不光会激发我们的创造力，还会激励我们通过改善自己的处境来缓和或消除这种自卑的感觉，这就是心理补偿。

比如有的孩子，长得不如别人好看，成绩也没有学霸好，但他跑步快，他就会努力发挥这方面的优势，长大成为运动员。这就是心理补偿，目的是寻求内在的平衡。

所以阿德勒认为，正因为有自卑感，人们才会想成功、出人头地。如果不自卑，人是不会努力的。所以，自卑不仅能推动个人努力，整体来看还是推动人类发展的动力。

可是，为什么有的人自卑能像阿德勒那样超越自卑，走向成功；有的人却因为自卑走向沉沦，甚至犯罪呢？答案是心理补偿的方向出了问题。

一个人感到自卑时，如果能够往对社会有益的方向补偿，就会超越自卑。相反，如果往对社会无益甚至有害的方向补偿，就会产生一种心理疾病——自卑情结。

当一个人面对一个无法应付的问题时，他不相信自己可以解决这个问题，此时出现的情绪便是自卑情结。

自卑情结一般有以下两种表现方式：

- 走捷径：破坏规则。如：考试作弊、沉迷游戏、上瘾、吸毒等；
- 放弃：认为自己不行，遇到困难就会轻易放弃，严重时会放弃生命。

比如，孩子考试怎么努力都考不好，这时候就会感到自卑。当一个人出现自卑感时，就会有心理补偿的需要。如果这个孩子能够在画画、音乐或者体育方面努力并取得成绩，他就是在朝对社会有益的方向进行补偿，这种心理补偿会帮助他超越自卑。

但是，如果他不相信自己可以解决这个问题，那么，学习上的困扰便会导致自卑情结。为了避免这种自卑的感受，他要么作弊，要么直接放弃学习，沉浸在游戏的世界里；或者成为街头小混混，整天不干"正事"。

生活中免不了会出现困难，面对困难时的态度决定了两种完全不同的人生。"走捷径"和"放弃"是危险的。比如，如果你觉得通过自己努力才能吃饱饭实在是太难了，于是干脆扛起枪、套上头套，走进了银行……这当然是一条捷径，但也是一条走向沉沦的捷径。

放弃就更加危险,小的放弃会导致一事无成,穷困潦倒,严重的直接放弃自己的生命,"一了百了"。

阿德勒认为,犯罪和自杀是一样的,表面上看很"勇敢",但都是懦夫的行为,都是没有勇气面对生活的逃避。毕竟下坡路总是容易的,就像古罗马诗人维吉尔说的"通往地狱的路走起来最容易"。

一个真正勇敢的人是有勇气直面生活困难的人,是能凭自己努力超越自卑、走向成功的人。

自卑不可怕,自卑情结才可怕,它会让人陷入内耗。这就好比置身一个泥潭,越是挣扎,陷落得越深。

超越自卑的两条路

《史记》中记载了一个这样的故事:春秋五霸之一的晋文公姬重耳没有继位之前,有长达19年的时间在各国流浪。有一次,在逃避追杀的路上,他身上没带钱,实在是饿得不行了,就向路边的村民乞讨。赶巧了,他碰到了一个不是很善良的村民。这个村民从地上捡了一块土扔给他,说"吃吧"。重耳大怒,拿出鞭子就要抽他。他身边的谋士拦住他说:"这是上天要赠予你土地的意思啊!他是上天的使者,我们得感谢他。"重耳听完,收起了鞭子,郑重其事地给村民行了个礼,还祭拜了上天。自此之后,民间就流传开了,说重耳是个受上天眷顾的人。

这就是土块里挖出金子来。同样一件事情,我们的主观评价改变了，事情的本质也就变了。自卑也是一样，不同的人面对自卑会有不同的应对策略。

两条路是如何产生分歧的呢？

回答这个问题之前，我们还须学习阿德勒的另一个概念："追求优越"。

人类的一切行为都受"向上意志"的支配，就像森林里的树，都往向阳处生长。一个人生来就有一种内驱力：要求自己高人一等、出人头地。

这种为优越而进行的奋斗是内在的，不仅在个体层面，在一切文化层面同样进行着这样的奋斗，它引导着群体和种族不断进步。

但阿德勒所说的"追求优越"并不总是朝向美好的一面，有时候也会朝向危险、破坏，甚至痛苦的方向。比如，一个孩子为了追求优越，会用功读书，考个好成绩，让自己表现突出，成为众人的焦点；但有些孩子读书不行，就通过搞破坏，成为坏孩子的头儿，来让自己出人头地。

所以，当人想要获得优越感时，就有了两个方向，一个是朝向对生活有用的方向，另一个是朝向对生活无用的方向。前者是超越，后者是病态。

不管是孩子还是成人，追求优越是导向健康和幸福还是疾病和不幸，取决于他所追求的标准是否符合社会价值观。

心理健康的人会通过做有益的事情获得优越感，不健康的人会通过破坏规则来获得优越感。

两条路如下图所示：

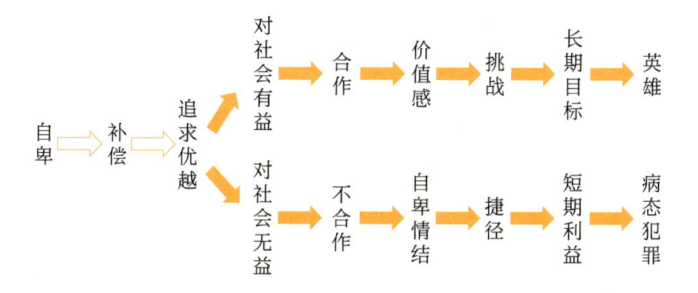

自卑 → 补偿 → 追求优越 → 对社会有益 → 合作 → 价值感 → 挑战 → 长期目标 → 英雄

追求优越 → 对社会无益 → 不合作 → 自卑情结 → 捷径 → 短期利益 → 病态犯罪

总结起来，追求优越有两个方向，一个是对社会有益的，另一个是对社会无益的。

对社会有益的方向，比如说努力读书、掌握一技之长，这类人走的是合作路线，主张和周围的人建立友好关系，达成最终目标。比如，读书，我们就要与老师、父母配合，取得好成绩，也就是收获价值感，然后就会接受更大的挑战，实现更长远的目标，这类人最终会成为众人眼中的"英雄"。

对社会无益的方向，这类人走的是"不合作"路线，也就是对抗路线。他会与身边所有人对抗，跟整个社会对抗，他的目标不是从根本上解决问题，而是走捷径，让自己看起来优越。比如，有的人因为某些缺陷而被别人瞧不起，这让他陷入自卑情结，他选择的道路不是弥补缺陷或者拉长自己的长板，而是打架斗狠。他觉得只要拳头硬，别人就不敢瞧不起自己，他眼中只有短期利益，最终会走向病态犯罪的道路。

问题孩子的四味药方

前面借用阿德勒的理论换个角度来看问题孩子的形成，其实原理跟前面八章的内容是一样的，只是表述方式不一样、涉及的概念不一样而已。

明白了问题孩子产生的原因，下面就可以对症下药了。团长把应对问题孩子的方法简单总结出如下四味药。

（1）补充心理营养，填满匮乏的空洞。

贱是所有人生问题的根源，贱的心理学表述就是自卑。

前文讲过，心理营养缺乏会导致孩子自卑。缺什么补什么，所以，第一味药很简单，对照"心理营养"的内容，把原来没做到的，或者少做漏做的部分补回来就可以了。

（2）提升自我价值，改写人生剧本。

自卑就是自我价值低，自我价值是人生的剧本，前面我们用了两章内容来阐述。只要能够按照那两章的内容去做，就可以提升孩子的自我价值。只要自我价值提升了，一切因为自我价值低导致的问题都会消失。

（3）唤醒孩子梦想，建立长期目标。

一艘没有目标的船，海上吹什么风都不是顺风。

阿德勒超越自卑的两条理论中讲过，一个人是走英雄的路还是病态犯罪，除了取决于心理补偿方式（对社会有益还是无益），还有两个重要因素：是否有长期目标，是否懂得合作。

一个有长期正向目标的孩子是不会走歪路的，因为明确的目标能为行动指出正确的方向，也能杜绝很多无谓的诱惑。

设想一个场景，你和你倾心已久的偶像约好了今天晚上一起吃饭，在去赴约的路上，有熟人邀你打麻将，你会去吗？你不会。为什么？因为你已经有了一个笃定的目标，有了目标之后，次要的东西都诱惑不了你。

但是，没有目标就不一样了，如果下班之后你没事可做，别说打麻将了，路边有一群人你都会过去看看，反正你没事可做。

这就是目标的重要性，一个没有目标的孩子，他的人生会被很多东西诱惑。一个有目标的孩子，他会直奔目标，不受干扰。

每天早上叫醒我们的不是闹钟，而是心中的梦想！当一个人心中有梦想的时候，他的动力就会无限大。有了梦想，有了明确的目标，我们就会一心一意地奔向目标而无暇旁顾，也就顾不上自卑了。

所以，如果你的孩子自卑，不妨跟他一起制定一个长远的目标。

（4）提升思想维度，建立合作意识。

阿德勒认为，超越自卑的一个有效方式就是与他人合作。

我们在前文讲过，人是弱小的，因为合作才变得强大。一个懂得跟他人合作、有良好人际关系的人，会越来越强大，一个不懂得跟他人合作、没有良好人际关系的人，会越来越脆弱。

阻碍我们合作的是我们大脑中的信念，所以，只要按照前文讲的内容，破除限制性信念，打开你孩子的世界，把他培养成为一个善于合作的人，原来的问题将不再是问题。

| 本章功课 |

1. 对照本章内容，评估一下你的孩子是否有"懒"和"贱"的问题，如有，对照本章的"四味药"去疗愈你的孩子，顺便也按本章的方法疗愈你自己。